U0372359

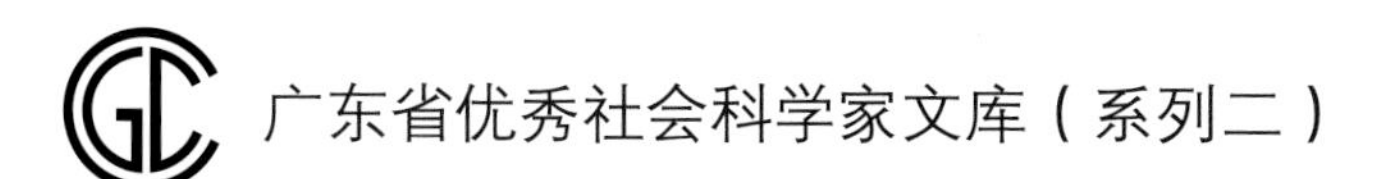

王珺自选集

王珺◎著

·广州·

图书在版编目（CIP）数据

王珺自选集／王珺著．—广州：中山大学出版社，2017.11
（广东省优秀社会科学家文库．系列二）
ISBN 978－7－306－06137－9

Ⅰ．①王…　Ⅱ．①王…　Ⅲ．①经济学—文集　Ⅳ．①F0－53

中国版本图书馆CIP数据核字（2017）第187709号

出 版 人：徐　劲
策划编辑：嵇春霞
责任编辑：徐诗荣
封面设计：曾　斌
版式设计：曾　斌
责任校对：廉　锋
责任技编：何雅涛
出版发行：中山大学出版社
电　　话：编辑部 020－84111996，84111997，84113349，84110779
　　　　　发行部 020－84111998，84111981，84111160
地　　址：广州市新港西路135号
邮　　编：510275　　传　真：020－84036565
网　　址：http：//www.zsup.com.cn　E-mail：zdcbs@mail.sysu.edu.cn
印 刷 者：广州家联印刷有限公司
规　　格：787mm×1092mm　1/16　20.25印张　340千字
版次印次：2017年11月第1版　2017年11月第1次印刷
定　　价：60.00元

王　珺

1958年10月生，河北唐山人。现任广东省社会科学院院长、党组副书记，中山大学经济学教授、博士生导师，国务院政府特殊津贴专家。1982年南开大学经济系本科毕业，1985年中山大学经济系硕士毕业，2001年获中山大学管理学博士学位。1988年10月至1989年11月为英国莱斯特大学访问学者，1994年2月至1995年4月为美国哈佛大学费正清研究中心访问学者，2005年8月至2006年7月为美国麻省理工学院富布莱特基金访问学者。兼任广东经济学会会长、《南方经济》主编。

主要研究领域为制度经济学、产业经济学与企业理论，在产业集群、国有企业转制和改革、中国制造业创新和升级、经济发展过程中地方政府行为等方面取得了突出的研究成果。至今已在《经济研究》《管理世界》等国内外刊物发表论文100多篇，出版著作5部，并主持教育部哲学社会科学重大课题攻关项目以及国家自然科学基金、国家社会科学基金等课题项目20多个。曾3次获得广东省哲学社会科学优秀成果一等奖，2次获得教育部哲学社会科学优秀成果三等奖。先后获得教育部“高校青年教师奖”“宝钢优秀教师奖”等，并获得第二届广东省“优秀青年科学家奖”。2015年，被评为广东省第二届优秀社会科学家。

“广东省优秀社会科学家文库”（系列二）

“广东省优秀社会科学家文库”（系列二）

出版说明

习近平总书记在党的十九大报告中明确提出要“加快构建中国特色哲学社会科学”，为新时代中国哲学社会科学繁荣兴盛指明了方向。哲学社会科学是人们认识世界和改造世界、推动社会进步的强大思想武器，哲学社会科学的研究能力是文化软实力和综合国力的重要组成部分。广东改革开放近40年所取得的巨大成就离不开广大哲学社会科学工作者的辛勤劳动和聪明才智，广东要实现“四个坚持、三个支撑、两个走在前列”的目标更需要充分调动与发挥广大哲学社会科学工作者的积极性、主动性和创造性。中共广东省委、省政府高度重视哲学社会科学，明确提出要打造“理论粤军”、建设学术强省，提升广东哲学社会科学的学术形象和影响力。这次出版的“广东省优秀社会科学家文库”，就是广东社科界领军人物代表性成果的集中展现，是广东打造“理论粤军”、建设学术强省的一项重要工程。

这次入选“广东省优秀社会科学家文库”的作者，均为广东省第二届优秀社会科学家。2014年7月，中共广东省委宣传部和广东省社会科学界联合会启动“广东省第二届优秀社会科学家”评选活动。经过严格的评审，于2015年评选出广东省第二届优秀社会科学家10人。他们分别是（以姓氏笔画为序）：王珺（广东省社会科学院）、毛蕴诗（中山大学）、冯达文（中山大学）、胡经之（深圳大学）、桑兵（中山大学）、徐真华

(广东外语外贸大学)、黄修己（中山大学）、蒋述卓（暨南大学)、曾宪通（中山大学)、戴伟华（华南师范大学)。这些优秀社会科学家是我省哲学社会科学工作者的杰出代表和学术标杆。为进一步宣传、推介我省优秀社会科学家，充分发挥他们的示范引领作用，推动我省哲学社会科学繁荣兴盛，根据省委宣传部打造“理论粤军”系列工程的工作安排，我们决定在推出“广东省优秀社会科学家文库”（系列一）的基础上，继续编选第二届优秀社会科学家的自选集。

本文库自选集编选的原则是：(1) 尽量收集作者最具代表性的学术论文和调研报告，专著中的章节尽量少收。(2) 书前有作者的“学术自传”，叙述学术经历，分享治学经验；书末附“作者主要著述目录”。(3) 为尊重历史，所收文章原则上不做修改，尽量保持原貌。(4) 每本自选集控制在30万字左右。我们希望，本文库能够让读者比较方便地进入这些当代岭南学术名家的思想世界，领略其学术精华，了解其治学方法，感受其思想魅力。

10位优秀社会科学家中，有的年事已高，有的工作繁忙，但对编选工作都高度重视。他们亲自编选，亲自校对，并对全书做最后的审订。他们认真严谨、精益求精的精神和学风，令人肃然起敬。

在编辑出版过程中，除了10位优秀社会科学家外，我们还得到中山大学、暨南大学、华南师范大学、广东外语外贸大学、深圳大学、广东省社会科学院等有关单位的大力支持，在此一并致以衷心的感谢。

广东省优秀社会科学家每三年评选一次。“广东省优秀社会科学家文库”将按照“统一封面、统一版式、统一标准”的要求，陆续推出每一届优秀社会科学家的自选集，把这些珍贵的学术精华结集出版，使广东哲学社会科学学术之薪火燃烧得更旺、烛照得更远。我们希望，本文库的出版能为打造“理论粤军”、建设学术强省做出积极的贡献。我们相信，在习近平新时代中国特色社会主义思想指引下，广东的哲学社会科学一定能迈上新台阶。

“广东省优秀社会科学家文库”编委会

2017 年 11 月

目录

第三部分　经济发展理论研究

学术自传

◎王珺

我于1958年出生在河北省唐山市的一个小知识分子家庭。父亲是工程师，母亲是药剂师。在我上小学的第二年，“文革”爆发，父母两方面的家庭因出身问题都受到了一定的冲击，因而他们的一言一行都是谨小慎微的。虽然他们没有直接告诉我什么，但是，他们的言行在我渐渐懂事的心里留下了深刻的印象，使我渐渐懂得了本分做人、认真做事的道理。在我上中学的70年代初期，恰恰是“文革”期间少有且短暂的学校抓学习的时期，在这个阶段的学习中，我遇到了许多责任心很强的好老师。当时在每次各科考试中，我基本上都是名列前茅，这自然引起了老师的关注与喜欢，他们对我的引导与鼓励，又进一步培养了我的学习兴趣，启发了我对人生的思考与未来的打算。1977年我国恢复高考制度后，我参加了首届高考，结果差了4分，没有上线。父母让我辞掉了代课教师的职位，集中复习两个多月后，我又参加了第二次高考，结果被南开大学经济系录取。当时，对我来说，一是对大学里所设置的专业并不是很了解，二是进大学比选专业更重要，因为只要进入了大学，今后就有了工作保障。所以，当时不管学习什么样的专业对我来说都可以，我只抱着一个想法，那就是尽全力学好、做好。

南开大学经济系的老师都非常专业，我从他们那里学到了基础性知识与思考的逻辑，这些也正好和我当时喜欢的东西是一致的。我感觉，南开大学的学风是严谨与踏实的，是注重基础理论训练的。当时，参加课外娱乐与业余活动的同学不多，大部分人的主要精力都用在学习上，这可能与那时的社会氛围和学生来源有关。当时，大多数人的普遍想法就是：把失去的学习时间夺回来，所以，只要有点时间，就用来读书与讨论。在学习中，除了讨论学到的一些基础理论与知识外，具有工作经历的同学会更多地关注国家政策、体制改革等方面的现实问题。我觉得，我们这一代人不管走到哪个工作岗位，都会更多地关心国家层面的发展战略、政策体制等方面的问题，有着一种深入骨髓的责任感。

1982 年，我作为硕士研究生进入中山大学经济系学习。当时恰逢广东省作为“特殊政策，灵活措施”的开放前沿省份之一，四个经济特区中的三个位于广东省境内，究竟如何率先改革与开放，在发展中提出了许多亟待研究的重大理论与实践问题，这使中山大学经济系在“文革”后重建的初期就天然地注重广东实践。当时，很多老师都积极参与社会实践与政府咨询活动，比如价格研究、工资研究与特区研究等。许多学会组织也十分活跃，如广东省经济学会、价格学会、港澳及特区经济研究会等。在中山大学，老师带我们出去调研的机会也很多，包括对特区所有制、市场价格、企业承包制与工资改革等方面的实地考察等，这让我们对于广东的改革现实有了更多的了解与认识，并从实践的视角来思考经济理论的解释力与发展问题，等等。

1985 年 7 月，我留在中山大学任教，正赶上国内大学毕业生申请到国外留学的“出国潮”。当时刚刚开放不久，大家看到了国内外科技与经济水平的较大差距。同时，国内亟待加快经济建设，这需要更多的理论思路与理论工具，除了马克思主义的经济理论外，西方经济学也开始为国内经济学者特别是年轻学者所关注。但是，国内系统地学习与了解所谓西方经济学的学者不多，许多国内经济学者了解国外的观点与思想，基本上是从接受过专门培训的部分中国社会科学院学者那里间接学习到的。我当时就想，与其间接地获得这些理论观点与工具，不如直接地接触和了解。所以，在获得世界银行的贷款项目支持后，1988 年 10 月，我就去了英国的莱斯特大学（University of Leicester）经济系，进修发展经济学，师从印度经济学家苏布拉塔·贾塔克（Subrata Ghatak）。在英国留学的一年中，我觉得更多的收获不是来自听课，而是泡在图书馆里，当时我是带着外向发展的研究课题去的，围绕着这个课题，我开始查找相关的文献。我发现，许多文章与专著引用的都是少数几本文献，这些可能就是最重要的文献，于是借来仔细精读。在此基础上，我提出了一些自己关注的理论问题，与我的指导教师进行讨论。在学习中，我也意识到学术论文规范化形式的重要性，因为规范化的形式可以让读者清楚地知道，哪些是你的贡献，哪些不是，你的这种贡献是建立在什么样的理论逻辑基础上的，是通过什么样的方法与工具、使用了什么样的数据进行证明的，从而得出了什么样的结论，等等。按照这种方式，我开展了有关外向经济的理论文献收集工作，并初步形成了一些理论观点，也与我的指导教师进行了交流与讨论。1993年，我又获得了岭南基金会的资助，在哈佛大学傅高义（Ezra Feivel Vogel）教授的帮助下，在1994年2月，作为访问学者到了哈佛大学费正清东亚研究中心进行学术访问。在哈佛大学期间的学术研究活动让我体会到如何推陈出新，如何形成一个新思想的环境与氛围，如何找到一些令人意想不到又符合情理的新论据。2005年，作为富布莱特基金访问学者，我又到美国麻省理工学院（MIT）斯隆管理学院进行了访学交流，所选的课程主要集中在商学院开设的课程：一是这些课程的实践性较强，特别是一些关于EMBA的课程；二是这些课程更注重互动与讨论，来自世界各地学生的发言与讨论也十分精彩，在高水平的讨论中我感觉受益匪浅。

1989年从英国回来以后，我便开始继续做自己注重的实证性研究工作，同时承担了本科生的发展经济学课程，也完成了自己的第一部专著，即《外向经济论》。1991年3月，我被破格提拔为副教授；1993年10月又破格晋级为教授；1998年担任中山大学岭南学院副院长；1999年担任中山大学校长助理；2008年年初，卸任了校长助理的工作，又担任与研究工作相关的中山大学社会科学高等研究院院长；然后，中山大学和中共广东省委政策研究室合作共建了中山大学广东决策科学研究院，我又担任常务副院长；2012年年初，服从组织的安排，我调入广东省社会科学院工作。对于我来说，目前工作的性质有了一些变化，在研究与管理工作上，要更多地关注管理工作了；在研究工作上，要更多关注年轻人的培养了。我觉得，个人的兴趣要服从国家的需要，这个需要才是成就个人的最大平台。没有这个平台，你再有本事，施展的机会也是有限的；相反，有了这个需求，就可能会释放更多的潜能。

根据经济学的特点，我把经济学研究大概分成两个方面：一个是流量性的研究，诸如汇率、利率、税率、货币政策等方面的研究；另一个是存量性的研究，诸如产业结构、区域结构、企业结构等。从我国的经济决策特点来看，离流量决策者较近的地区容易获得更多的信息，同时决策者对其理论需求也较大，这样的地区就会慢慢地形成对流量的研究优势。当然，也有人会说，这不尽然，比如在美国宏观经济学家并不都集中在华盛顿。我觉得，我国的经济信息是一个由上而下的扩散过程，这种信息的扩散方式决定了获得这些信息的先后顺序。这可能是与美国的不同之处。而对存量的研究是具有异质性的，由于各地的资源禀赋、历史背景与地理区位不同，各地区的产业与企业结构会有差异。一个地区对另一个地区的发展会有参考价值，但是往往不能照搬，一个重要的原因就是这种差异性的内在机理。同时，由于存量结构的差异，同样的宏观政策可能在各地的影响与反应也会有所不同。从我的研究角度来说，基于这种地域性的存量研究是我思考经济问题的出发点，所以，我也把自己戏称为一个“地方学者”。

要在存量研究方面深入下去，就需要经常下去调研。有人觉得，下去调研太花费时间，无助于基础理论的提炼。我觉得，调研不仅有助于我反思与检验学过的各种理论，也容易发现许多新的理论问题。事实上，我的许多理论兴奋点都是在实践调研中发现的，调研后发现了问题，就回过头去看书，寻找理论解释，如果找不到，那就意味着发现了理论创新点。于是，我就会很兴奋，就想拿出一些不成熟的想法找同事或学生讨论，我把我的想法告诉他们，让他们评头品足，我跟他们的讨论有时就像是吵架一样。如果你驳倒我了，说服我了，我就会放弃这种想法；说服不了，我脑子里就会一直有着一个疑问。不过更多的时候是大家的讨论会补充与完善这种想法。所以，我也一直把调研放在理论研究的头等重要的位置上。调研有一个好处，会使你对一种判断有底气。这是我在学术生涯中体会出来的，即实践中经验的提炼是理论观点形成的重要途径。因此，我也非常欣赏费孝通先生撰写的《江村经济》。

我的研究始终离不开广东这个区域，从关注特区到珠三角等，我的硕士毕业论文就是有关深圳特区经济效率与工资体制改革的。20 世纪 90 年代，我从哈佛大学回来以后做了一轮转轨研究，当时也是以广东实践为研究对象的。当然，经济转轨与制度变革是联系在一起的。在调研过程中，我与其他一些学者就发现珠三角地区一些城镇已经出现类似日本的“一村一品”的现象，但是要比日本的范围更大，集聚程度更高，产业更丰富。我们（当然不只我一个人，还有很多的学者，包括中山大学的李新春教授、丘海雄教授，广东省科技厅的路平研究员等）就提出了一个“经济专业镇”的概念。现在，“专业镇”已经成了广东省经济发展的一个抓手。通过这个领域的研究，我更加深刻地感觉到，理论学习是教给我们一些思考方法与工具，换句话说，是对问题如何发现与思考，但是它并没有告诉我们什么是问题、在哪里发现问题，而田野调查可以让我们从实践中发现更多的需要解释、思考与解决的问题。

作为一位教师，对于学生，特别是博士生，我的要求是，一是要下功夫把基础理论学扎实，不要急于求成，不能只追求发表文章的数量，而更应关注研究的质量；二是要形成一个平等讨论、教学相长的研究氛围。学生尊重师长是必要的，但是，不要轻信教师所说的每一句话，不要以为我说的就一定对，就不敢反驳。实际上，任何一个新思想都是在相互碰撞与交锋中产生的。如果没有活跃的思想交锋与碰撞，就不可能产生经得起检验的新观点。

到了广东省社会科学院之后，我的工作性质发生了变化，从学术研究转到以学术研究为基础、政策研究为导向的智库研究，从经济理论研究转到关注与决策相关的多领域研究，从专注于研究转到研究与管理服务并重，从个人研究转到致力于服务于全院广大科研人员的集体研究等。面对新任务与新要求，我需要学习的东西很多，需要放下的专业研究也很多，但是，有一点是放不下的，那就是长期养成的一种对研究工作的态度，这种态度就是好奇加上认真。我也尝试着将这种态度与广东省社会科学院的研究与管理结合起来。值得高兴的是，经过了几年的实践，这种努力已初见成效，目前，提倡研究工作的工匠精神正在全院成为一种风气。当然，在广东省社会科学院的研究与管理工作中，我也感到，如何处理好研究人员对专业化研究的职业追求与社会和决策部门的多样化研究需要之间的关系是广东省社会科学院发展的核心。我们既要高质量地完成决策部门交给的各项研究任务，又要突出与强化广大科研人员的专业积累与学术特色，因为研究质量是贯穿和深入于专业领域之中的。没有专业领域的深化，就没有高质量的研究。为解决这个问题，不是让每个科研人员都成为什么都懂的多面手，而是要让他们成为专业领域的高手。这就需要组成以课题为导向、由不同专业人员参加的团队与注重数据调研和发布的平台，前者可能是短期的，后者则是可持续的。让我比较欣慰的是，这种探索在提高研究质量方面已取得了一定成效，也得到了广大科研人员的认同。我相信，在大家共同努力下，追求高质量研究的风气将会日渐兴盛。

第一部分

产业集群理论研究

衍生型集群：珠江三角洲西岸地区产业集群生成机制研究

一、问题的提出

近年来，我国产业集群的形成机制经常被概括为嵌入型与原发型两种类型。比如，把改革开放以来珠江三角洲地区形成的集群看成是通过外部资源进入带动起来的嵌入型集群，而把浙江省一些地区根据传统生产积累形成的集群看成是原发型集群等（金祥荣、朱希伟，2002）。然而，改革开放以来珠江三角洲地区大量涌现出来的集群并不完全是通过外部资源的流入形成的；同时，受到资源禀赋与产业生产传统的限制，也不能完全归结于类似浙江的原发型集群类型。比如，广东省珠江三角洲地区本身并不具备形成类似家具、铝型材、灯饰、日用金属制品等产业集群所必需的资源条件与生产传统。在缺乏资源禀赋、技术积累以及外部企业与生产要素大量进入的条件下，产业集群是如何生长起来的？本文提出衍生型集群的概念，以聚集在珠江西岸的集群生成为研究对象，通过专业市场与产业集群之间形成的3个阶段转化的理论分析，来解释这类集群生成的机制与过程，目的在于理解我国集群生成机制的多样性。

本文分为5部分。第一部分是问题的提出；第二部分具体描述珠江三角洲地区产业集群的分布与珠江西岸产业集群生成特征；在指出“正统”集群生成理论解释存在着局限的条件下，通过引入企业动态能力，并与市场变化等因素的适应性互动，来解释这种集群生成机制，这构成了第三部分阐述的内容；第四部分用企业动态能力变化与市场环境互动的框架，对珠江西岸产业集群生成机制进行具体考察，并把这种集群生成的动态转化机制概括为3个阶段的过程；在作为结论的最后一部分，本文指出进一步讨论这种衍生型集群的理论意义。

二、分布与特征

表1列出了已经被广东省科技厅认定的72个专业镇（即主要是用乡镇行政边界进行划分的产业集群）。其中，45个分布在珠江三角洲地区（包括广州、佛山、江门、东莞、中山、珠海、惠州、肇庆等市）。在这些专业镇中，大约在20世纪80年代以前就具有一定专业生产基础的专业镇有9个，分别是佛山市的张槎针织、大塘蔬菜、石湾陶瓷建材、南庄陶瓷、西樵纺织、更楼养殖，江门市上下川的旅游海洋业，东莞市民众镇的香蕉与中山市黄圃镇的食品等，占45个专业镇中的20%。换句话说，珠江三角洲地区专业集群的80%是在改革开放以后形成的。在这80%的集群中，属于嵌入型的集群有5个，它们都聚集在珠江东岸的东莞市，诸如石龙、长安、东凤、石碣、清溪等镇的电子配件制造业等。还有31个专业镇既没有传统生产的经验积累，也没有外部资源的大量进入。从区位分布来看，这31个专业镇基本上聚集在珠江西岸地区，诸如佛山市所属的顺德和南海就有15个专业镇，江门市有9个，中山市有6个专业镇等。与东莞市、惠州市等珠江东岸地区相比，珠江西岸地区受到地理区位的影响而获得境外企业与要素流入的数量要少得多。因此，主要聚集在珠江西岸地区的大多数专业产品区形成机制既不能归结于嵌入型，也不能简单地用区位加资源禀赋的集群理论加以解释。

观察这类产业集群的生成过程，虽然它们的产业性质有所不同，但是有3个特征是明显相同的。首先，这类集群大部分聚集在离大城市较近、交通网络比较便利的区域。如果位于城市附近，但是交通网络不便，那也难以形成产业聚集。比如，同样是在广州市的周边地区，番禺、增城、花都等地的产业集群却远远没有像佛山市的南海区那样普遍，这主要与交通网络的便利程度有关。离大城市较远但交通相对便利的地区，比交通不便而离城市较近的地区更容易形成产业聚集。与番禺、花都等地相比，佛山市的顺德区离广州等大城市距离较远，但是顺德区的一些乡镇诸如乐从、伦教、陈村与龙江等地，却形成大量的产业聚集就是这种交通便利作用的结果。广州花都区狮岭皮具专业镇以及增城新塘牛仔布专业镇大约比佛山市南海区等地的专业产品区的形成晚了10年以上，它们基本上是伴随着20世纪90年代后期广州市对周边地区的道路交通网络整体开发而发展起来的。这个事实印证了克鲁格曼（Krugman，1991）强调交通运输成本对产业区位配置具有重要作用的观点。

表1　广东专业镇分布

<table>
<tr><td rowspan="15">佛山</td><td>澜石</td><td>不锈钢</td><td rowspan="10">东莞</td><td>石龙</td><td>电子</td><td rowspan="5">汕头</td><td>两英</td><td>针织</td></tr>
<tr><td>张槎</td><td>针织</td><td>长安</td><td>电子</td><td>谷饶</td><td>针织</td></tr>
<tr><td>大塘</td><td>蔬菜</td><td>东凤</td><td>家电</td><td>外砂</td><td>毛织</td></tr>
<tr><td>石湾</td><td>建陶</td><td>民众</td><td>香蕉</td><td>凤翔</td><td>玩具</td></tr>
<tr><td>盐步</td><td>内衣</td><td>虎门</td><td>服装</td><td>达濠</td><td>工艺品</td></tr>
<tr><td>陈村</td><td>花卉</td><td>大朗</td><td>毛织</td><td rowspan="3">梅州</td><td>汤坑</td><td>电声工业</td></tr>
<tr><td>官窑</td><td>玩具</td><td>常平</td><td>物流</td><td>高陂</td><td>陶瓷</td></tr>
<tr><td>南庄</td><td>陶瓷</td><td>石碣</td><td>电子</td><td>雁洋</td><td>沙田柚</td></tr>
<tr><td>平洲</td><td>鞋业</td><td>厚街</td><td>家具</td><td rowspan="3">云浮</td><td>河口</td><td>石材</td></tr>
<tr><td>乐从</td><td>家具</td><td>清溪</td><td>电子</td><td>罗城</td><td>纺织</td></tr>
<tr><td>伦教</td><td>木工机械</td><td rowspan="6">中山</td><td>沙溪</td><td>服装</td><td>新城</td><td>不锈钢</td></tr>
<tr><td>更楼</td><td>养殖</td><td>小榄</td><td>五金</td><td rowspan="2">茂名</td><td>根子</td><td>水果</td></tr>
<tr><td>西樵</td><td>纺织</td><td>古镇</td><td>灯饰</td><td>山阁</td><td>高岭土</td></tr>
<tr><td>金沙</td><td>五金</td><td>黄圃</td><td>食品</td><td rowspan="2">汕尾</td><td>升平</td><td>包装印刷</td></tr>
<tr><td>大沥</td><td>铝材</td><td>南头</td><td>电器</td><td>可塘</td><td>珠宝首饰加工</td></tr>
<tr><td rowspan="9">江门</td><td>江海</td><td>电子材料</td><td>大涌</td><td>家具</td><td rowspan="2">广州</td><td>狮岭</td><td>皮革制品</td></tr>
<tr><td>蓬江</td><td>摩托车</td><td rowspan="6">潮州</td><td>凤凰</td><td>茶叶</td><td>新塘</td><td>牛仔布、服装</td></tr>
<tr><td>水口</td><td>水暖材料</td><td>枫溪</td><td>陶瓷</td><td>珠海</td><td>白蕉</td><td>水产养殖</td></tr>
<tr><td>恩城</td><td>麦克风</td><td>彩塘</td><td>不锈钢</td><td>惠州</td><td>黄埠</td><td>鞋业</td></tr>
<tr><td>沙坪</td><td>制衣</td><td>庵埠</td><td>食品、印刷包装</td><td>韶关</td><td>黎市</td><td>黏米</td></tr>
<tr><td>沙冈</td><td>纺织</td><td>古巷</td><td>卫生纸</td><td>湛江</td><td>麻章</td><td>饲料</td></tr>
<tr><td>上下川</td><td>旅游、海洋渔业</td><td>黄冈</td><td>水族机电</td><td>揭阳</td><td>锡场</td><td>食品（机械）</td></tr>
<tr><td>司前</td><td>不锈钢</td><td rowspan="2">阳江</td><td>平岗</td><td>海水养殖</td><td>澄海</td><td>凤翔</td><td>玩具</td></tr>
<tr><td>大鳌</td><td>集装箱</td><td>东城</td><td>刀具</td><td>肇庆</td><td>金利</td><td>五金</td></tr>
</table>

注：根据调查与广东省科技厅资料整理而成。

其次，这类集群基本上是在20世纪80年代中后期开始兴起的，这与我国城市经济体制改革进程基本上是一致的。1984年10月22日公布的《关于我国国有企业经济体制改革的决定》标志着我国的经济体制改革已从农村转向了城市。在推进城市经济体制改革进程中，过去没有工业生产基础的周边地区，专业化产业却得到了快速发展。这不是一种偶然的巧合，它表明作为一种历史事件的城市经济体制转轨存在集群产生的巨大商机。理解这类集群生成机制的最好办法应从研究这种城市经济体制转轨与集群生成之间的内在联系开始。找出它们之间的动态联系，对于我们解释珠江西岸的大量集群生成机制具有重要意义。

最后，这类集群的大多数是伴随着专业市场的发育、成熟过程而生长起来的。比如，在南海区的大沥镇没有形成铝型材生产基地之前存在着一个全国性的铝型材专业市场；在顺德区的乐从镇与龙江镇尚未成为闻名遐迩的全国家具制造基地的20世纪90年代初期，这里曾经也是全国最大的木材专业市场。这表明珠江西岸地区的专业市场与专业产品区生成之间也存在着内在联系。到目前为止，几乎每个专业产品区周围都曾经或仍然存在着一些规模不同的专业产品市场。这表明专业产品市场对专业化产业集群形成的重要作用。当然，一个地区有了专业产品市场并不一定就能产生产业集群。比如说，20世纪90年代初期的珠江三角洲地区曾经是全国最大的钢材交易市场，但是并没有形成钢材生产基地；新塘和番禺曾经是闻名全国的家电产品市场，但是家电产业集群也没有在本地发展起来。这表明，专业贸易市场至少是集群生长的一个必要条件。如果一个地区没有专业贸易市场，那在这个地区就肯定没有专业产品区。但是，具备了专业贸易市场，也不一定就能够形成产业集群。

三、理论解释

解释这类集群的生成机制需要研究它们与周边环境的相互联系。为了更有效地探究这类集群生成机制，我们需要简单地讨论一下一般的集群生成机制。在现有的文献中，集群生成被认为是贴近市场的区位、基于历史事件所带来的需求机会、本地可使用的资源、主导企业以及外部经济效应等因素共同作用的结果。具体来说，一个企业在区位选择上的决策主要取决于这个区位内的资源禀赋、要素储备以及交通成本等（Weber，1929；

Losch, 1954; Rabellotti, 1995; Scott, 1998)。然而，一个地区可选择的产业并不是单一的，在这个地区内可能形成不同的产业聚集（Martin, 1999)。至于一个地区究竟形成哪一种产业聚集，这主要取决于偶然的历史事件。从经济意义上说，这里所说的历史事件指的是通过历史事件创造了有利于集群生成的市场需求机会。比如，朝鲜战争作为一个历史事件，其军事需求的增长提供了美国电子产业在硅谷配置的市场机会（Saxenian, 1994)。而一旦个别企业在这个地区先投资设厂并取得了收益，在存在收益递增的情况下，其他同类企业就会相应跟进。随着积累过程与外部性经济效应的发生，一个地区就会沿着"自我强化"的机制逐步被锁定在这种产业范围内（Arthur, 1990; Humphrey & Schmitz, 1996; Porter, 1998)。本文将这种理论逻辑称为正统的集群生成理论。嵌入型集群与原发型集群兴起都可以从这种理论找到解释。比如，前者的发生是区位与基于主导企业引发的外部性共同作用的结果，而后者是区位内的企业依托本地资源与市场需求互动作用的结果等。

然而，用这种理论逻辑难以解释改革开放以来珠江西岸大量兴起的产业集群，因为这些集群并不是在本地具有相关资源禀赋的条件下发展起来的。在假定存在有利于集群生长的区位和市场需求条件下，如果本地缺乏对市场需求做出反应的资源禀赋与产业基础，那么，主导企业组织和运作外部资源的能力在这类集群形成中就起着关键性作用。这种能力不仅随着企业自身的资金与技术积累而不断增强，也能够适应时间变化和市场发展，并且成为利用新的市场机会来创造竞争优势的新源泉。蒂斯等人（Teece, Rumelt, Dosi & Winter, 1994）把企业保持和改变其作为竞争优势基础的能力称为动态能力（dynamic capabilities)。这种能力先在"先行者"身上显示出来，这就是研究集群生成的几乎所有文献都强调的主导企业的意义（Axelsson & Easton, 1992)。然后，在存在边际收益递增的条件下，其他企业会模仿性进入。因此，主导企业的动态能力是本文解释缺乏资源禀赋条件下的集群生成机制的一个重要因素。

假设市场需求机会不变，主导企业根据其资金与技术能力做出反应。如果从事产品生产与贸易的收益相同，一些产品生产所需要的资金规模投入不是很大，专业化技能也不复杂，那么，企业就会直接进入生产领域。20世纪90年代初期以来，珠江西岸地区形成的服装、纺织品、制鞋、小五金制品等专业化产业区就属于这种类型。如果产品生产对专业化技能和资金规模投入要求较高，那么，资金规模与专业化技能都有限的企业往往会先从经营贸易生意入手，待资金规模与专业生产技能积累到一定程度时，再转入生产领域。诸如摩托车、铝型材、家具、电子玩具、卫浴洁具等复杂产品的集群生成等。显然，在这种集群中，主导企业存在一个由从事贸易为主向生产为主的转变过程。主导企业经营贸易的盈利示范性，吸引了其他企业模仿性跟进，以经营贸易为主的企业聚集形成了专业性贸易市场。然而，一个没有生产支撑的地区性贸易市场是缺乏持续性的。当主导企业发现生产领域的盈利机会比贸易更大时，它会集中资源转向生产领域。随着主导企业业务结构的转变，聚集起来的其他企业又会发生生产取向的模仿行为。经过了两次群体性的模仿跟进，一个地区的产业集群就形成了。与贸易市场相比，一个产业集群的转换成本要高得多，因而一旦一个地区的产业集群建立起来，它就会在收益递增条件下通过持续的因果积累作用而被锁定。本文将这种基于专业贸易市场的产业集群称为衍生型集群。与基于本地资源的充分利用而得以生长的原发型集群相比，衍生型集群是在本地缺乏资源禀赋条件下发展起来的。与通过外部大企业进入形成的嵌入型集群相比，衍生型集群是本地主导企业从组织与运作外部资源入手，并随着自己的资源与能力变化而转化的结果。

图1描述了这种衍生型集群具体转化的过程。在图1中，纵轴 Y 代表一个地区的经济规模，横轴 T 表示时间，M 表示专业市场周期曲线，I 为产业集群成长周期曲线，D 直线表示了主导企业的动态能力是一个向上的过程。图1显示，受到资金与技术能力的限制，当地企业对市场机会的反应是先从经营贸易业务开始的，然后，其他企业相应地仿效性跟进，构成了专业市场的发展，在横轴上的 OT_1 表示这个时期的专业市场成长过程。当一些企业发现生产收益远远大于贸易收益，同时这类企业对相关贸易产品的技术性能与生产结构也有了进一步了解和资金与技术能力的积累，于是他们率先从贸易领域进入生产领域。一旦这些企业获取了收益，那么，其他企业又纷纷效仿，从事贸易活动的企业也开始进入生产领域，"前店后厂"的经营模式就是这个时期的反映。其结果是，在专业市场周围逐渐地生成了一批生产性企业。T_1T_2 就属于专业市场发展与产业集群启动并存发展时期。随着市场网络技术与企业销售方式的改变，企业主要不再是外地销售人员主要到本地地域性专业市场上进行采购，而是本地推销人员主动到外地市场上进行推销，使得产业集群对地域性专业市场的依赖性

降低，产业集群与专业市场出现了分离。一些专业市场走向了衰落，而产业集群却持续地成长了起来。在 T 轴上的 T_2T 阶段显示了专业市场衰落而产业集群成长过程。这就是市场不在本地、资源也不在本地，却在本地产生了产业集群的生成机制。这种集群生成机制表明专业市场的重要作用。

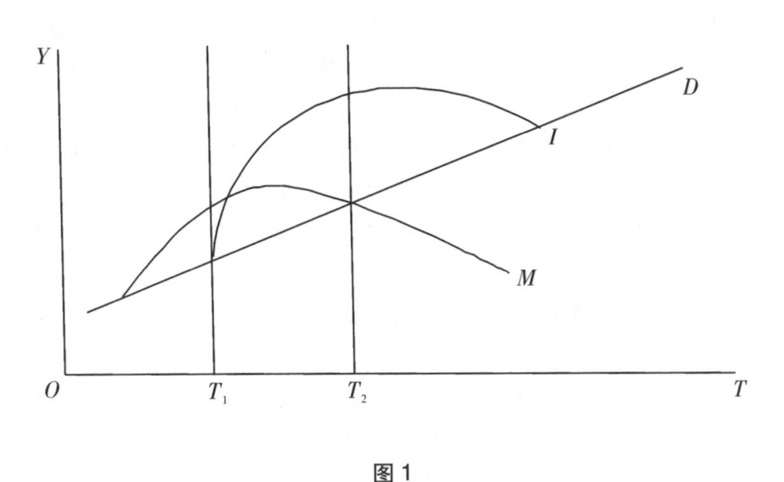

图1

四、三个阶段转化的经验性验证

考察珠江西岸的产业集群，大约可以把珠江西岸地区在改革开放20多年间形成的产业集群分为三个阶段，即我国城市需求机会扩张与周边地区专业市场兴起阶段、依赖专业市场的生产活动聚集阶段和地方产业集群化成长阶段。

第一个阶段是在城市周边地区的专业市场兴起。20世纪80年代中期以来，我国进入了以搞活国有企业为主的体制改革阶段，国有企业普遍地推行了承包制。只要完成规定的指标，经理与职工的收入都会有较快的增长。由于每个企业与上级部门进行一对一指标谈判中对企业的指标定得偏低，使企业在比较容易完成指标基础上，有更多的生产能力进行超额生产和获得额外收入。同时，在宏观经济政策上纠正了长期以来实行的“重生产、轻生活”的体制导向，这也使行政事业单位职工工资每年都有了“小步快走”的提高。随着城市居民收入水平的较大幅度增长，在渐进开放政策指导下，受到发达的市场经济国家以家用电器为标志的消费方式的示范性影响，城市居民对日用工业产品和耐用消费品产生了巨大消费需求。然而，作为城市经济活动主体的国有企业在体制约束下并不能对快速增长的市场机会做出有效反应，这就形成了城市在日用工业品与耐用消费品等方面的巨大商机。

在城市周边地区，经过了市场取向的农村体制改革，农民们开始根据市场来配置资源。在珠江西岸的城市周边地区存在地少人多的限定下，有限的土地资源开始从低收益的农业生产转移到较高收益的贸易和工业部门上来。当然，受到技术水平和生产能力的限制，城市周边地区的乡镇企业并不能生产城市居民需要的技术较复杂、资金门槛要求较高的耐用消费品，诸如家用电器、摩托车等各种工业制品，而只能进入一些资金规模门槛较低、技术比较简单的行业，诸如制鞋、服装、纺织等。然而，与其他大城市周边地区的乡镇企业不同的是，珠江三角洲地区是我国最早实行对外开放的区域之一。这个地区的企业不仅可以率先获得境外的市场信息和技术资源，也可以利用一些优惠政策和熟悉的市场渠道从境外组织一些国内大城市紧缺的日用工业产品和耐用消费品，满足大城市的基本需求。

供应方式有两种，一是将货源纳入到已有的城市流通体制内，二是组织专业市场。就前一种方式来说，虽然以广州为标志的珠江三角洲地区城市流通体制都开放得较早，但是城市商业部门从周边地区采购这些货源的定价很低，比如，对一般的日用工业产品采购价一般不到这类产品销售价格的一半。对于乡镇企业来说，与其通过城市流通渠道进行销售，不如通过专业性贸易市场销售更为有利。要形成专业市场，地点就是一个首先需要考虑的问题。专业市场究竟放哪里，这主要取决于产品性质与使用土地的可行性。城市消费者不会因为购买几双鞋、几件服装和一些零星的日用工业品而花费较高的交通成本，因此，非耐用消费品的零销贸易市场主要聚集在贴近密集性需求市场附近。广州、佛山等城市里的鞋类、服装、毛纺制品、厨具、日用塑料工业制品等专业市场就是在这个背景下自发形成的。而以耐用消费品为主的诸如家具、家用电器等大件产品和以批发贸易为主的专业市场因受到地价较贵和空间规模有限的限制而主要配置在周边地区。在20世纪90年代初期形成的番禺市桥的家电产品市场、增城新塘的电子产品市场、南海大沥的摩托车贸易市场以及顺德乐从的家具市场等就属于这种情况。

第二个阶段是依托专业市场的产业集群生长。一般来说，贸易中间商向生产领域的延伸主要取决于两个因素，一是生产收益明显地大于贸易收益，二是贸易中间商进入生产领域所必需的资金与技术能力。当贸易中间商发现，生产这些产品所获得的收益比仅仅从事贸易交易中所获得收益更大时，就有了进行扩展的动机。同时，经过一定时间的学习与资金、技能积累，一部分贸易中间商发现自己逐步具备了组织这类产品的生产与技术能力，这使得生产成为可能。

顺德乐从镇家具贸易市场带动生产的发展提供了这样的例子。20 世纪 90 年代初期，这个镇区是以家具贸易聚集为主，它包括龙江等周边一些乡镇生产的传统家具和一些进口家具。当时经营的真皮沙发就是进口家具。这类产品主要从意大利等欧洲国家进口，进口价格为 8000 ～ 12000 元人民币一套。某家企业在一次偶然的进口中，由于运输不慎，到岸后一批真皮沙发表层出现了破损。退货是不可能的，以相当低的价格出售破损沙发又会使该厂商遭受巨大损失。在这种情况下，该厂商只能试图修复，便从广州等地请来技术工人，把破损的沙发全部拆开。然而，拆开后发现，整个沙发生产的工艺与配件技术都不是很复杂，有能力进行替代性生产。这样，该厂商把拆开后的沙发作为样本，聘请了几位技术人员，开始进行模仿性生产，而模仿生产的成本大约每套沙发在 3000 元人民币左右。通过模仿性生产，该厂商获得了意想不到的高额收益。于是，将自己的资金与资源越来越多地投入生产活动。同镇的其他企业发现经营家具生产不仅力所能及，而且有大利可图，也纷纷转入生产领域。其结果是，在乐从镇家具贸易市场周围逐步聚集起一批生产家具的厂家。

南海大沥镇的摩托车的整车组装与配件生产也是从摩托车贸易转过来的。当时，这个地区的民营企业主要从事摩托车贸易生意。当它们发现引入配件进行组装生产比引进整车更有收益，而且引入配件进行组装的生产活动作为一个流水线作业并不需要十分复杂的技能，简单的劳动力都可以胜任这项工作时，具有一定投资能力的个别企业率先从经营摩托车的整车贸易转向了组装生产过程。对于其他企业来说，受到投资能力的限制，并没有都模仿先行者的转型行为，而是根据先行者业务转型带来的配套机会，开始从经营零配件贸易转入为这家企业生产相配套的各种配件产品。这样，以少数几家摩托车整车组装生产企业为龙头，带动了周围上百家企业在产业链条上的配件生产，由此形成了 20 世纪 90 年代中后期摩托车专业生产集群。

当然，专业市场并不一定都能促进产业集群的生成。经营产品的技术性质是一个重要因素。比如，20世纪90年代初期，南海、番禺等地设立了许多钢材贸易市场和家用电器等贸易市场，但是由于钢材产品的生产技术与投资规模要比铝型材、服装等产品复杂得多和大得多，钢材市场并未转化为钢材生产基地。

第三个阶段是脱离专业市场的产业集群成型。随着集群内一些企业规模的扩大，对专业贸易市场的依赖性逐步减低。这表现为大企业开始建立自己稳定的销售网络，由进入专业市场的零星采购商的随机采购变为向大型采购机构稳定供货的联系，由依赖本地专业贸易市场转变为跨地区、跨国家的批量购销网络。此外，大企业生产产品质量标准化能力的提升大幅度地提高了其接单能力与数量，使其将一部分配件生产订单转包给集群内的中小企业。当中小企业将越来越多的资源与生产能力用于接受来自大企业的稳定的配件订单生产时，它们对专业贸易市场的依赖性也降低了。

广东江门市水口镇水暖卫浴洁具专业产品区的发展提供了这样一个典型案例。20世纪90年代中期以前，水口镇聚集了几百家生产水暖卫浴产品的中小企业，虽然产值在1000万元以上的只有一家，但是大部分企业都采用“小而全”的家庭作坊式生产方式，比如，水龙头的生产流程从采购铜材到铸造、加工、打磨抛光、零配件加工、电镀、组装成型等几十道工序都在一个企业内完成，生产出来的低档次简易水龙头的65%以上是通过本地的自发专业市场出售。到2004年，此地已聚集了537家企业，年销售额超过了30亿元，占国内水暖卫浴产品市场占有率的45%。在这些企业中，产值上亿元的企业有3家，5000万～1亿元的企业有8家，1000万～5000万元的企业有48家。已有43家企业领取了ISO 9000和ISO9 002国际质量标准认证。随着生产规模与技术工艺水平的不断提高，集群企业之间也形成越来越细的分工合作联系。在537家企业中，成品制造企业占46.5%，零配件生产企业占23.1%，原材料生产和辅助性企业占7.5%，销售、运输和物流配送等企业占21%，广告、设计公司等占1.9%。一项问卷调查显示，在已调查的47家水暖卫浴成品制造企业中，39家企业与国内大型采购商建立了长期稳定的交易关系，37家企业与西班牙、意大利、香港等境外发包商签了长期交易合约。还有21家企业与水口镇其他企业形成了长期稳定的外发加工的分包关系。这表明，这些企业开始通过大企业外发加工的分包网络来扩展分工与生产规模，通过中间商网络实现产品销售，而通过专业市场销售的产品数量已比20世纪90年代有所下降（姚海林，2005）。

值得指出的是，在商贸流通领域，许多新型贸易业态的出现也开始分流了大量的专业市场的业务，诸如大型购物中心、仓储式商场、大型综合超市的兴建以及电子商务交易平台的广泛应用等都在一定程度上替代了专业化贸易市场的功能。以佛山市南海区29个大型专业市场交易额增长率为例，1998—2002年期间，这些专业市场每年的增长率都在两位数以上，并成为推动这个地区经济增长的一个重要源泉。2003年以来，大约有20个大型专业市场的交易增长率回落到10%以下，这种增长率不仅低于前一个时期，也远远低于本地区同期生产增长率（丘海雄，2004）。这表明，替代方式的出现降低了专业市场的作用，而产业集群借助多样化的交易方式仍能获得快速的增长。

五、结论与进一步研究的理论意义

本文以珠江三角洲地区西岸的产业集群兴起为研究对象，着重讨论了在缺乏本地资源禀赋、产业基础与外部资源进入条件下的产业集群成长类型与过程，并提出了衍生型集群的概念。我们认为，本地资源禀赋和产业基础并不是集群生成的必要条件。在缺乏这些条件下，产业集群也有可能自发地生成。然而，受到缺乏本地资源禀赋与外部资源流入的限制，这类产业集群生成呈现了一个从贸易聚集向产业聚集的转化过程。专业市场扮演了一个重要角色。当然，从专业市场向产业集群的转化也是有条件的。没有专业化贸易市场，是无法产生衍生型集群的；但是，有了专业化市场，也不一定能够产生衍生型集群。贴近购买力较强的大市场附近与企业动态能力是实现这种转化的充分条件。

提出衍生型集群的理论意义在于：第一，它拓展了对集群产生进行分类研究的思路，即现有的嵌入型集群与原发型集群分类并不能概括集群产生的所有类型，衍生型集群也是一种主要的集群类型。第二，它揭示了一个地区在缺乏资源禀赋与产业基础以及缺少外部资源进入的条件下也能形成产业集群的意义，这将会扩展我们对集群生成的基本条件与因素的重新认识。第三，它建立了在缺乏资源禀赋条件下，专业市场发育与产业集群形成之间的内在联系。这与我们观察到的现实是基本上一致的，即一个地区的专业化贸易市场数量最多，产业集群分布也最多，我国广东、浙江的例子印证了这一点。因此，把专业市场纳入到产业集群成长的基本条件与环境之中，可能更贴近现实。而这一点是嵌入型集群与原发型集群所没有具体讨论的。第四，它强调了从贸易聚集向生产聚集的转化过程，这种转化过程就是一个地区经济在发展进程中的“惊险的一跳”。如果一个地区贸易聚集较多，但是缺乏转化为生产活动的能力，那么，持续性的地区经济竞争力就会受到影响。西班牙从17世纪重商时代的兴盛到英国工业革命时期的衰落提供了这样的案例。广东番禺市桥镇的兴衰也提供了富于贸易而贫于生产的现代例子。因此，关注衍生型集群从贸易向生产活动的转化过程，不仅对于一个国家的兴衰，而且对于一个地区的持续增长，都是一个值得深入研究的理论课题。

参考文献

[1] 金祥荣，朱希伟. 专业化产业区的起源与演化 [J]. 经济研究，2002 (8).

[2] 丘海雄. 佛山市南海区商贸流通发展规划研究 [R]. 中山大学广东发展研究院，2004.

[3] 姚海林. 非正式制度的作用机制——传统社会关系在集群企业合作形成中的功能及其演变 [D]. 中山大学，2005.

[4] Arthur W B. Silicon Valley Location Clusters: Do Increasing Returns Imply Monopoly? [J]. Mathematical Social Sciences, 1990, 19: 121-125.

[5] Axelsson B, Easton G. Industrial Networks: A New View of Reality [M]. London: Rutledge, 1992.

[6] Humphrey J, Schmitz H. The Triple C Approach to Local Industrial Policy [J]. World Development, 1996, 24 (12): 1859-1877.

[7] Krugman P. Increasing Returns and Economic Geography [J]. Journal of Political Economy, 1991, 99 (3): 483-499.

[8] Losch A. The Economics of Location [M]. New Haven: Yale University Press, 1954.

[9] Martin R. The New "Geographical Turn" in Economics: Some Critical

Reflections [J]. Cambridge Journal of Economics, 1999, 23 (2): 65 -91.

[10] Porte M E. Clusters and New Economics of Competition [J]. Harvard Business Review, 1998, 76 (6): 77 -90.

[11] Rabellotti R. Is There an "Industrial District Model"? Footwear Districts in Italy and Mexico Compared [J]. World Development, 1995, 23: 29 -41.

[12] Saxenian A L. Regional Advantage: Culture and Competition in Silicon Valley and Route 128 [M]. Cambridge, M. A.: Harvard University Press, 1994.

[13] Scott A J. Regions and World Economy: The Coming Shape of Global Production, Competition, and Political Order [M]. Oxford: Oxford University Press , 1998.

[14] Teece D, Rumelt J R, Dosi G. Understanding Corporate Coherence: Theory and Evidence [J]. Journal of Economic Behavior and Organization, 1994, 23: 1 -30.

[15] Weber A. Theory of Location of Industry [M]. Chicago: The University of Chicago Press, 1929.

(原载《管理世界》2005 年第 8 期)

社会资本与生产方式对集群演进的影响

——一个关于企业集群的分类与演进框架的讨论与应用

一、问题的提出

随着经济全球化的推进，人们对经济区域化的关注也相应增加了。大量学者用地区聚集与产业聚集相结合的企业集群、网络与产业区等概念来解释各地区经济竞争力的差别（Krugman，1991；Storper，1997；Porter，1998，2000；Scott，1998；Fujita et al.，1999）。企业集群早在 18 世纪的英国就已出现，马歇尔在 19 世纪后期就曾对此做过一些理论解释。例如，把产业的地区性聚集看成是技术外溢、中间产品投入与劳动力市场共享等三个优势共同作用的结果以及由此产生的外部经济重要性等。在随后近一个世纪的时间里，经济学家、管理学家、社会学家和地理学家也都对集群现象做过论述（韦伯，1997；Losch，1954；Grannovatter，1985；Piore & Sabel，1984），这些文献主要围绕什么是企业集群、集群为什么会发生、其形成后对地区经济发展产生什么样的影响、集群的周期性变化等问题而展开的。尽管在概念与分类上还存在着一些分歧，但是自波特（Porter，1990）将企业聚集与地区竞争力直接联系起来后，学者们对企业集群的看法基本上集中到波特（Porter，1998）提出的概念与思路上来（Brown & McNaughton，2002）。然而，波特是从竞争力角度解释集群的存在、优势与作用，而不是从企业集群角度讨论集群分类与演进进程的，因而没有给出一个令人满意的解释。到目前为止，关于集群分类或演进的文献有很多（Markusen，1996；Storper，1997；UNCTAD，1998；Brusco，1990；Sforzi，1998；Tichy，1998；Van Dijk，2001；王辑慈，2001），但是这些文献有一个共同特点，即集群分类与演进之间的分离。例如，以纬度划分的类型基本上还停留在静态的归纳，而解释动态演进过程的类型又缺乏纬度指标的支撑。本文试图从两者结合的角度讨论集群与网络的分类与演进的理论框架。首先确定两个划分集群与网络环境的纬度，分析它们之间的组合类型与特征，然后讨论这些集群与网络环境的演进路径与因素，从而勾画出集群与网络演进的路径安排与类型，最后用这个理论框架考察广东专业镇的阶段定位与发展趋势。

二、集群、网络与产业区概念及决定因素

生产与购买是企业战略决策的一个基本问题，而这项决策取决于企业所处的环境。科斯（2000）用交易成本概念解释了外部环境对企业边界的影响。“当企业内生产增加的各项费用高于外部购买增加的交易费用时，一部分业务会外部化。如果前者低于后者，一部分……忽视了企业间合作的制度事实，舍弃了由此可提供的合作方式”（理查德森，2000：157）。虽然他给出了各种各样的合作形式，但是他没有进一步考察企业会在什么样的环境下做出纵向一体化的决策，或在什么样的环境下促使企业制定分包网络战略。现有的企业战略经济学家（Besanko，Dranove & Shanley，1999）基本上是从企业应对变动的环境会做出什么样的反应这一角度来讨论战略决策，而不是从环境变化的类型这一角度加以讨论，因而难以找到合适的解释。本文从集群、网络与产业区等作为单个企业外部环境的组成部分这一角度出发，研究它们的形成、发展与演变过程以及对企业制定适应性战略所产生的影响。

与企业一样，企业面临的环境也具有异质性。集群、网络与产业区就是企业面临的不同环境。所谓企业集群（clusters），是指同一类产业内的企业在同一地区的聚集（Schmitz，1995），这种聚集包括企业之间存在和缺少分工协作联系两种情况；换句话说，集群是从相关产业在地理上的聚集角度进行界定的。本文将这两种情况都算作集群范围。企业网络（networks）指的是企业之间相互配套的分工协作联系（Brown & McNaughton，2002），这种划分是以企业是否发生分工协作联系为判断基础的。那么，企业之间的分工协作关系既可能在某一个地区内发生，也可能跨地区出现。而跨地区的分工协作关系是无法纳入集群范围的，本文把这两种分工协作联系都算作企业网络。而产业区（industrial districts）概念是对企业之间既有紧密联系又有地理聚集现象的一种概括。因此，集群、网络与产业区之间既有交叉又有区别。若搞不清楚它们之间的联系与区别，就很容

易出现一些学者所说的概念使用混乱与模糊（Martin & Sunley，2003）。

企业环境类型的划分取决于两个基本因素：一是生产方式的差异，二是社会资本的水平。

（1）生产方式的差异指的是大规模、标准化的"福特式"生产方式与小批量、定制式的柔性专业化生产体系之间的区别。这是皮亚诺和撒伯（Piore & Sabel，1984）等人在研究意大利北部产业区过程中提出的。他们认为，标准化的生产工艺与中间产品使得不同产品的零部件可以互换，这种有利于大幅度降低单位生产成本、扩大生产规模的"福特管理范式"是大企业组织的独特优势，而柔性专业化生产体系适合于以非标准化产品和工艺程序为基础的中小企业，如信息技术、电信、个人用品、啤酒饮料、早餐食品、快餐、保险、银行等。由于中小企业从事的是小批量、定制式、非标准化产品的制造与服务，因此大企业进入这些产业领域的协调与管理成本就比较高，中小企业受到大企业纵向一体化的威胁就比较少（Amin & Robins，1990；Storper，1990）。卡配奇进一步区分了"福特生产方式"与柔性专业化生产方式的差异，他指出："福特制是大规模的批量生产，而柔性专业化生产体系是小批量生产、定制式机器和产品；福特生产体制是泰勒式层级管理体制，蓝领与白领是分开的，白领从事监督蓝领人员的工作；而柔性专业化是三个层次的人员，即白领管理者、技术工人与非技术工人相互合作的管理模式。福特生产方式就像产品一样是一种标准化生产程序，而柔性专业化生产方式要求工厂与委托人之间紧密合作，从而才能产生出消费者导向的产品；福特生产方式的配置空间是在大工厂，而柔性专业化生产体系则是在产业区范围内的小工厂等。"（Capecchi，1992）欧洲一些发达的市场经济国家中传统产业的集群之所以能够持续发展几十年甚至上百年，一个重要原因是，这些产业领域所具有的灵活性与专业化、小批量与定制式的生产方式是大企业无法具有的优势。派恩认为，随着市场结构的细分以及需求的快速变化，一些以小批量、定制式、非标准化产品生产制造与服务的传统产业不仅不会消失，相反相当一部分以大规模、标准化生产为特征的资本密集产业也会转向定制式、小批量的生产方式。因此，与"福特式生产方式"相比，定制式生产方式还会进一步得到扩展。

（2）集群环境中的社会资本水平。格兰诺维特（Granovetter，1985）认为，经济行为是嵌入社会关系结构之中的，因而社会关系与结构对个人行为会产生重要的作用。基于过去相互了解的经验基础，可以形成一定的相互信任与规避机会主义行为的预期。在格兰诺维特研究的基础上，科尔曼（Coleman，1988）把蕴含在人际关系网络中的资源概括为社会资本，如信任、规范和网络等，这种资源有利于形成协调与合作的行动来减少不确定性和交易成本，鼓励专业化，增加在人力资本、物质资本和观念创新上的投资，从而提高社会的效率。自社会资本的概念出现后，许多学者（Coleman，1988；Putnam，1993）用这个概念分析社会关系网络对集群的影响。比如，普特南（Putnam，1993）通过对意大利南方与北方长达20年的实证研究发现，北方在总体经济与地方政府绩效水平上大大高于南方，其根本原因在于两个地区之间的公民参与以及人们之间相互信任水平的差异。按照他的解释，"第三意大利"的崛起主要归结于在意大利东北部存在广泛的相互信任与合作的社会关系网络。在硅谷，虽然社会资本网络并非主要集中在家庭关系纽带上，但是企业创新者与斯坦福大学、加州大学教授以及政府机构、风险投资公司之间的紧密联系支撑了它的创新发展。由于企业在地理上的聚集根植于社区内已经形成的关系网络，因此，集群与产业区被一些学者看成是既有社区关系网络又有企业聚集的社会—地理统一体（Becattini，1990）。然而，企业集群的形成与发展以及这些集群向产业区的演进，形成了不同产业区的类型。麦克唐纳德和沃托瓦（McDonald & Vertova，2002）认为，这种产业区的不同主要来自社会关系网络的差异。在一些产业区内，企业来自不同文化背景的地区与国家，它们之间缺少长期往来的社会网络关系以及由此形成的承诺与信任，使得集体行动较少，因此它们被看成是一种社会资本有限的集群。相反，一些企业集群与网络是在长期交往的社会关系基础上建立起来的，不仅存在模仿、共享等外部效应，而且存在承诺与信任促成的集体行为，如各种俱乐部、行业协会等，这些组织与教育组织、工会、地方银行等形成的相互信任的社会网络，被看成是一种社会资本丰裕的集群。虽然社会资本是一种具有积累性的存量，随着企业之间贸易关系的长期化发展，相互了解与信任的程度一般也会相应增加（格鲁特尔特和贝斯特纳尔，2004）。但是，在企业进入某一个集群与网络前，集群中已存在的社会资本存量如何对企业生产与购买的战略决策产生决定性影响的呢？

三、集群与网络环境的类型

鉴于这两个因素的作用程度不同，我们把企业面临的集群与网络环境分为四种类型，如表1所示。

表1 集群、网络环境与企业战略选择

社会资本 \ 生产方式		集群与网络中的产业组织与生产方式	
		柔性专业化生产方式	福特制生产方式
社会资本存量	社会资本相对有限	A：生产经营活动的内部化	B：地区内与跨地区的纵向一体化
	社会资本相对丰裕	C：生产经营活动的外部化	D：地区内与跨地区的分包网络

在由生产方式与社会资本组合的四个集群与网络环境中，A类型是一种缺少社会资本存量、以柔性专业化生产方式为主的中小企业聚集环境。在这种环境中，企业聚集不是以长期的人际关系交往形成的各种非正式规则为基础的，一些偶然的历史事件往往会对形成这种缺乏社会关系网络依托的企业集群产生重要的影响。例如，电子企业在硅谷的聚集是为了充分利用美国航空工业与大量集中在斯坦福大学周围的计算机科学家资源（Saxenian，1994）。意大利萨索罗（Sassuolo）城市陶瓷产业区的持续增长可以追溯到中世纪（McDonald & Vertova，2002）。在以柔性专业化生产方式为主的集群中，虽然每个企业进入的技术与资金门槛都较低，但是小批量、定制式生产不适于大企业进入，这就为中小企业留下了生存空间。

问题在于，在这种集群中既然缺少社会资本存量，为什么能够吸引大量的中小企业聚集呢？我认为，有两个因素对这种企业的聚集产生了促进作用：一是专业产品市场，二是相互学习模仿的机会。从前者看，虽然社会资本存量的缺乏抑制了企业之间深化产业分工联系的过程，但是由于存在专业产品市场，厂商能够直接面对云集的采购商与购买者。这种供求之间的大量信息聚集以及面对面的接触，极大地增加了厂商生产适销对路产品并加速资金周转的机会。例如，广东省南海大沥镇既不是铝资源产地，也缺少大规模的铝制品需求，但是在20世纪90年代初期，收入水平得到较快增长的大沥镇居民与企业对铝合金窗以及家庭装修所需要的各种铝制品率先产生了需求，于是本地企业率先进入这个产业，随后其他地区铝型材生产企业才开始相继进入。到20世纪90年代中后期，本地铝型材市场基本饱和了，专业市场相对萎缩了，但是在铝型材专业产品市场周围已建立的上百家铝型材企业却形成了本地产业区的特色，大沥镇生产的铝型材产品占全国市场份额的40%左右，因而成为中国铝型材生产基地（王珺，1999）。浙江省各地区的大量专业产品市场对“块状经济”的带动作用也提供了这方面的案例。从后者看，由于企业是“同质”的，这种“同质”技术信息的传递与扩散相对于“异质”技术信息来说会更快一些，也更容易一些。例如，一些素质较高的劳动力在企业内获得了技术和管理经验并构建了生意关系网络后，往往会离开企业自己单干，通过新办生产同类产品的企业而成为小企业家。此外，供求双方直接面对面的接触与交流，也会成为“隐性知识”传递的重要渠道，这类信息的聚集与外溢也节省了许多中小企业的学习成本（Schmitz，1995）。

B类型是一种缺少社会资本存量与标准化生产方式组合的环境。在这种环境中，与A类型相同的是，社会资本存量的缺乏使中小企业进入与退出的成本都较低，这就容易产生机会主义行为。克莱因、克劳福德与阿尔奇安等人认为：“当中小企业存在着更多的机会主义行为时，那么合约的订立成本就比较高。其结果，与其选择合约订立，不如选择垂直一体化过程。”（克莱因、克劳福德、阿尔奇安等，1996）而标准化生产体系又使大企业采取纵向一体化战略的成本比较低，因为将一笔不相关的产业活动纳入企业组织内部当中所支付的生产、管理、协调成本，要比将本企业熟悉的标准化产品、工艺流程等相关产业的经营业务安排纳入进来的费用高得多。美国经济学家萧·利佛默（Livemore，1995）曾对1888—1906年间美国经济中发生过的328项企业合并做过系统分析，结果表明，服装业没有发生过企业合并；家具业的企业合并仅有1起；出版印刷也仅有3起；纺织业12起合并中，10起很快就失败了，1起也缓慢地走向了失败，仅有1起可以勉强算得上成功；而制革业的4起合并无一起成功。在诸如自行车、木材加工、简单农具等技术简单且无需特殊资产服务的产业中，合并行为也大多是失败的。而在食品、标准机械、化工、玻璃制造等适宜大批量生产和资本密集的产业部门中，企业合并成功的次数极多。因此，纵向一体化成为企业对缺少社会资本存量与标准化生产体系环境的一种反应。

C类型是社会资本相对丰裕与柔性专业化生产体系相结合的环境。与A类型相同，C类型是小批量、定制式的柔性专业化生产体系。而不同的是，C类型的社会资本存量要比A类型更加丰裕。或者说，与在企业聚集基础上逐步发展起来的社会关系网络的A类型相比，C类型是依托已形成的社会关系网络而聚集起来的企业集群。社会关系网络形成的相互信任、行为规范，可促进交易双方合作、降低交易成本的观点，如今已成为一种共识（Brown & McNaughton，2002）。这不仅有利于集群的稳定性，也会加速中小企业深化专业化分工协作联系。瑞伯勒迪（Rabellotti，1995）对意大利布伦塔（Brenta）和马尔凯（Marche）地区的两个制鞋产业区与墨西哥瓜达拉哈拉（Guadalajara）和莱昂（León）地区的两个制鞋产业区的比较研究发现，在这两个国家的制鞋产业区中，由于社会关系背景与网络资源的差异，企业间形成的前向、后向与水平联系程度是不同的。其中，关系网络比较紧密的意大利两个制鞋产业区内企业间专业化分工程度远远高于关系网络联系比较松散的墨西哥两个制鞋产业区。一些学者对中国台湾地区过去40多年的发展过程研究表明，台湾中小企业建立的有弹性、有效率的生产网络是以同宗、同学、同性、同乡、同道等关系的紧密连带为基础的，从企业内部的生产协调到对外的原材料采购、接单，为他人代工，甚至在销售渠道和行销市场上，都是由纵横交错的人际、生产、代工和行销网络构成的。早在企业之间建立协作关系之前，这些亲属、朋友的人际关系就存在了，而且比率高达60%以上。如果没有这种人文环境，企业之间在资金方面的相互赊账和延迟付款、工艺技术方面的相互模仿、合同订单互借互助等默契的人情交往行为，都是无法实现的（赵蕙玲，1995）。因此，专业化分工协作关系也是随着社会资本的积累而逐步得到深化的。

D类型是社会资本相对充裕与标准化生产方式相组合的环境。与B类型一样，标准化生产体系成为这个环境中企业生产的一个普遍特征。不同的是，由于D类型的社会资本存量丰裕程度高于B类型，所以企业之间发生背叛、违约等机会主义行为的风险就会低于B类型，这意味着丰裕的社会资本降低了市场交易费用。在原有的组织管理费用不变的条件下，市场交易费用的降低导致一部分企业业务活动的外部化。在标准化生产流程体系下，在B类型环境下所采取的纵向一体化战略就不一定十分合算了，因而分包网络就成为一种战略性选择。例如，汽车工业是一个典型的标准化大规模生产的资本密集行业。在美国，许多大型汽车制造商对提供零部件的中小企业一般采用纵向一体化战略，而在日本却采取了分包网络。专门为丰田汽车制造提供各种零部件与配件的企业有上千家，使丰田零部件与配件的外购比例达到80%以上。同样是汽车行业，各国大企业所采取的战略却明显不同，这种差别除了来自中小企业进入与退出的制度因素以外，社会关系网络是一个重要方面（Kenichi Imai & Hiroyuki Itami，2001）。虽然在当前实行标准化生产体系的产业中，由于信息、通信技术的进步以及运输成本大幅度降低导致收集、处理信息以及运输成本下降，进而大企业采用分包网络来组织生产经营活动的现象越来越多，社会关系网络并不一定是唯一的解释因素；但是，在大多数跨地区、跨境组织生产活动的分包网络背后，都有一定的社会关系网络作支撑。例如，韩国电子产业从聚集在韩国境内的厂商配套扩展到中国、菲律宾等国的跨国采购与配套，这些配套的零部件主要来自韩国人在中国与菲律宾投资的企业（Nadvi，1995）。印度的班加罗尔市能够与美国硅谷建立软件产业的分工协作联系，主要靠的是硅谷内许多来自印度的企业家和科学家，他们把这种合作机会介绍到印度，这种可信赖的人脉圈子支撑着企业网络的跨地区、跨国界的建立与扩展（Nadvi，1995）。

四、动态演进：从集群走向网络

动态地看，随着社会资本存量的不断积累与生产工艺和技术的变化，上述四种环境存在着一个演进的过程。A类型可以看成是这种演进的历史与逻辑相统一的起点。从逻辑角度看，与其他类型的环境相比，A是一种既缺乏社会资本存量、生产技术水平又比较低的环境，因而也是一种最简单的类型。其他类型都随着一些条件的变化而变得比较复杂。从历史角度看，A类型反映了企业只是根据偶然的事件与地理区位进行简单聚集的初期形态，随着生产技术水平与社会资本存量的不断积累，环境的类型也会逐步发生变化。布鲁斯克（Brusco，1986）在考察了“二战”后40多年来意大利企业集群的发展过程后，把20世纪50—60年代由传统手工艺作坊为主的中小企业构成的产业区确定为初期形态。在企业组织、技术水平、市场结构与生产条件相应变化的条件下，这些企业逐步进入相互依赖的分包网络环境。

由表1所示，以A类型为起点的动态演化可能会有三个路径。一是随着生产技术与工艺水平改进，企业的生产能力由小批量生产到大规模生产的演进；在设定社会资本存量的条件下，生产工艺与技术水平的改进提高了企业的生产效率，进而使越来越多的相关业务内部化。A→B的推进反映了这种路径安排。然后，再考察社会资本存量作为一个变动因素对网络环境的影响，进而促使企业战略发生相应的调整，B→D的转变就说明了这个后续的过程。二是在先假设生产工艺与技术水平不变的条件下，社会资本存量从相对贫乏到相对丰裕的变化过程，许多学者（Bellandi，1989；Becattini，1990；Rabellotti，1995）解释了这种社会资本的积累对企业生产活动的影响。这是一个由企业内部的分工协作转为企业间分工协作的外部化过程，由A→C的路径依赖就是这样一个过程。在此基础上，再把生产能力与技术水平改进的因素考虑在内，这就形成了C→D的转变。三是由A→D的直接演化。这包括社会资本存量与生产技术水平的同时改善。与前两种路径安排相比，其中的相同之处在于，随着社会资本存量的积累与生产技术水平的提高，它们都会转向D类型。不同之处在于，前两种路径依赖都经过了一个中间环节，这是由两个条件的发育程度不同这一因素所决定的。而A→D的转变并没有经过这个中间状态。因此，第三种路径演化与前两种的区别不在于结果，而在于演进过程。如果把前两种路径安排看成是两个不同因素分为先后顺序的“渐进”过程，那么，A→D是两个因素同时改变的“激进”过程。从理论解释的角度看，如果对前两种演进做出比较清楚的解释，那么后一种情况也就包括其中了。下面着重考察前两种演进过程。

A→B的演进是在假设社会资本存量不变条件下先由生产技术条件的改进推动的。从生产技术层面看，其企业聚集可分为两种情况。一是不宜于标准化、规模化生产的行业，适合于中小企业经营与聚集。施太莱和莫斯（Staley & Morse，1965）在研究了美国以中小企业为主的细分行业后，提出8种适合于中小企业经营的因素，如原料来源分散、地区性产品市场、服务性行业、可分割的制造过程、手工制品、简单装配、混合及装饰工艺过程、类似个性化的服装、首饰等特异性产品以及工艺制品等。生产这类产品的企业受到市场规模与个性化限制，不会因为技术进步而扩展为较大规模，因此，由这类企业构成的A类型集群不会因为技术水平的改进以及大企业出现而向B类型转变。波特（Porter，1990）对德国印刷机产业集群、意大利瓷砖产业集群、荷兰花卉企业集群以及美国马萨诸塞州医疗器械企业集群等持续发展的考察便说明了这个过程。二是如果是针对可标准化的产品，这种情况就会导致生产技术手段比较落后，企业规模偏小。然而，随着技术水平的进步，企业生产能力得到迅速扩大，一些大企业涌现出来，而大企业通过纵向一体化战略会使得这些企业集群瓦解。布鲁斯克（Brusco，1986）通过对诸如布匹、冰激凌、家具等生产相同产品的意大利南部中小企业集群与北部大企业之间联系的研究发现，随着国内市场的统一，北部大企业的出现成为20世纪50—70年代中期南部中小企业集群瓦解的一种重要力量。其中纵向一体化是北部大企业扩展南部市场份额的主要战略，对北部市场却没有采取这一战略，而是充分利用了中小企业形成了分包网络。这个事实表明，在社会资本存量不同的条件下，企业的战略选择也是不同的。这同时也说明随着社会资本存量从有限向丰裕的转变，生产标准化产品的企业也会相应调整自己的战略，即由纵向一体化转向分包网络。这就是B→D的转变。

A→C的转变是在假设标准化生产工艺与技术水平不变的条件下，通过社会资本存量的积累性增长，促使企业间分工深化的过程。企业间分工的深化会受到两方面因素的影响。一方面是斯密所说的“劳动分工受到市场范围的限制”，这是企业追求专业化分工的一个必要条件。另一方面是受到市场交易费用的限制。虽然扩展的市场范围可以使企业通过分工得到收益，但是如果交易费用过高，这种追求专业化的分工行为也不会发生。在假设市场范围一定的条件下，降低市场交易费用就会促使市场分工得到深化。而社会资本存量的积累性增长，恰恰是降低市场交易费用的有效途径。格鲁特尔特和贝斯特纳尔（Grootarert & Bastelaer）具体考察了社会资本存量的递增与市场交易费用的降低之间持续相互作用的过程。他们认为，行为者的聚集产生了“观察”与互惠的相互作用，这种相互作用表现为任何一个行动者都可通过聚集的环境获取其他行动者和环境所带来的价格与技术方面的知识，即“模仿”与“共享”的作用。在此基础上，通过集体行动，如建立管理公共资源的规则、提供公共产品等，设立对机会主义“搭便车”行为的处罚机制，形成承诺与信任的关系。由于企业聚集形成的“相互作用产生了诸如信任、知识和规范的投入存量，并将其投入到生产过程当中”（格鲁特尔特和贝斯特纳尔，2004），从而降低了交易成本。因此，对于一个企业来说，在这种环境中，与其自我生产，不如从外部购买。其结果是，由过去一个企业完成生产链条上的所有工作逐步变为由多个企业来完成，而每个企业只从事生产链条中的一个环节。这就是随着一个地区社会资本积累性存量的增长，市场分工会相应扩展的过程。施蒂格勒（George J. Stigler）对区域化与工厂规模之关系的研究提供了这方面的例证。他认为，产业的区域化程度越高（产业的规模在某种意义上不变），则单个工厂的专业化程度越高。在美国地理集中的产业中，工厂规模通常相当小。例如，1937年，工厂区的制鞋厂平均雇员为137人，在其他地区则为314人。在英国，也可以发现在高度区域化产业中以中等规模为主的现象（施蒂格勒，1989）。

在社会资本存量积累性增加的条件下，如果把聚集起来的企业所进入的产业作为一个变动因素考虑在内，那么以小批量、定制式与非标准化产品生产与服务为主的企业集群是不会转向D类型的。这是目前在发达的市场经济国家中一些传统产业的企业集群得以持续发展几十年甚至上百年的一个重要因素。而有可能转向D类型的，是适合于标准化与规模化生产的企业集群。但是，在社会资本存量较丰裕的条件下，C→D的路径是不同于B→D的。B→D是通过大企业建立网络关系而逐步推进的，而C→D是通过已形成的分工网络逐步由传统的手工生产领域向标准化大规模生产领域推进的。台湾中小企业建立在同宗、同学、同性、同乡、同道等关系的紧密连带基础上的那些有弹性、有效率的生产网络，不仅适合于20世纪60年代形成的鞋类、服装、雨伞等传统制品，也成为现代电子产品制造的基础（Li，1994）。因此，沿着社会资本积累性存量增加的路径，即使是适合于标准化、规模化生产方式，企业也不一定采取纵向一体化战略，而有可能采取分包网络战略。

五、广东省专业镇经济的形成与演化考察

在广东省持续20多年的高速经济增长中，初具雏形的中小企业集群扮演了重要的角色。由于这种聚集通常呈现出一种以行政性乡镇为边界的特征，我们称之为“专业镇”。据2000年统计，广东省超过10亿元社会总产值的建制镇为340多个，占全省1551个建制镇的21.9%，其中具有

专业镇特征、经济规模在20亿元以上的约有160多个。这些城镇基本上是以专业产品或（和）服务支撑起来的企业集群，表现出“一镇一业，一村一品”的特色经济结构。在这些专业镇中，以工业产品为主的专业镇大约占了90%以上。其中，来自这些专业镇创造的工业总产值大约是3200亿元，约占当年广东工业总产值的26%。近年来，这些专业镇仍在快速增长。到2003年，这种企业集群的工业产值占广东工业总产值的份额已经上升到接近1/3，并成为支撑广东快速增长的一种重要的生产组织方式。

形成广东省企业集群大致有三个方面的因素。

（1）历史因素。目前，现有的一些产业区往往起源于历史上的企业聚集。例如，南海西樵镇的纺织业大约有1000多年历史，这主要基于传统的“桑基鱼塘”[①]生产方式以及运输枢纽的地理区位。20世纪70年代以后，随着合成纤维制品逐步替代天然织物，西樵镇开始转向以化学纤维纺织原料为主的涤纶纺织业。到目前为止，西樵镇仍然是居于全国第二位的纺织专业镇。潮州枫溪陶瓷专业镇也有百年以上的历史，这一与江西景德镇很相似的产业基地，也是基于当地资源、长期流传下来的手工工艺、地方市场的需求等因素而成型的。

（2）体制转轨的机会。20世纪80年代以来的经济体制转轨造成了大多数村镇从农业向工业的结构转型。转轨过程中的机会来自两方面。首先，是供应能力方面的机会。本来相当一部分产品供给应由国有企业承担，但由于体制制约，国有企业并不能有效地承接这些订单，而在国有企业中的一些技术管理人员则跳出国有企业来创办新的民营企业。虽然在创办初期，这些企业的技术质量与标准都不如国有企业，但是国有企业并没有提供有效的供给，这就形成了民营企业快速成长的市场空间。其次，随着个别企业经营成功，其他人开始纷纷模仿。由于这些行业的技术与资金门槛都比较低，加上模仿者与被模仿者之间存在各种各样的地缘、亲缘与血缘关系，使得从事某种产业经营的经验与技术在这个地区很容易得到扩散。其结果是，大批类似的企业就在成功企业的周围发展起来。例如，佛山南庄镇建筑陶瓷生产基地，南海大沥镇铝型材制品生产基地，

① “桑基鱼塘”生产方式是指蚕沙喂鱼、塘泥肥桑、栽桑、养蚕与养鱼等结合，桑蚕成为生丝以及后续加工的丝绸制品的主要来源。

中山市大涌镇的红木家具、古镇的灯饰，以及顺德市[①]乐从镇的家具销售市场、龙江镇家具制造、伦教镇木工机械制造等都是在这种体制背景下形成的。

（3）外资网络的嵌入。如果外资企业在新地区投资之前缺乏网络联系及配套条件，那么它们在自己开办的新厂、分厂到分包网络之间都难以形成分工协作联系。只有当外来资本在进入该地区之前就已经形成了网络关系，而随着网络中核心企业的迁徙，整个企业网络才会随之转移。东莞市外来资本引入对本地产业的不同影响提供了这两方面的案例。例如，长安、石龙、后街等镇区都属于前一种例子。在这些区域，进入的外资规模和产业很多，但是这些资本进入前是没有相互联系的，因而他们在同一个地区新设的企业或分包企业之间也没有分工协作联系。清溪镇则属于后一种例子。在已进入清溪镇的720多家外来企业中，大约60%以上来自台湾。这些台商，除了少数制造和组装整机以外，95%以上都是零配件供应商。他们与组装整机的企业的联系并不是在清溪投资后建立起来的，而是在台湾时就已形成了稳定的业务关系。这些核心企业不愿意在本地发展零部件供应商的主要原因在于：一方面，本地配套能力有限，配套产品质量也达不到技术标准；另一方面，在台湾已经形成长期的信任网络，80%以上的采购与供应联系仍可在台商企业之间进行。这就是核心企业的迁移带动了整个企业网络转移的典型例证。

在上述三个因素决定的企业集群中，大部分集中在第二种类型。据2003年对广东省科技厅已确认的71个科技创新专业镇的抽样统计，大约属于第二种类型的有52个，属于第一种类型的有12个，第三种类型有7个。这表明，体制转轨对广东省企业集群的形成起到了主导作用。虽然在广东省专业镇中由外来资本形成的产业区比诸如浙江省等其他地区要多一些，但是从广东省专业镇自身的类型与结构看，第二种类型仍然占了绝大多数。因此，我们认为，一些学者把广东省专业镇概括为以外资嵌入为主的类型是不符合实际情况的。

如果从表1给出的四种类型来进行总体判断的话，现阶段的大多数专业镇基本上停留在A类型。这是因为：

第一，自2000年以来，无论是小批量、制定式与特异性产品与服务，

---

① 2013年1月8日，顺德并入佛山，撤县级市设佛山市顺德区。——编者

还是标准化、规模化的产品与服务，在广东工业总产值中来自中小企业的贡献占近 2/3 的比例，而大企业占 1/3 稍多。相对于全国来说，广东中小工业企业的产值贡献仍是偏大的，这反映了广东省大企业发展还没有像其他地区那样扮演重要的角色。一方面，是因为原有的一些大型企业数量十分有限；另一方面，是因为改革以来建立的大批民营企业还没有成长起来。因此，在现阶段，许多适合于大企业组织生产的产品仍然由中小企业来承担。这反映了生产技术水平与体制变革程度对企业组织发展的约束效应。

第二，在广东省科技厅确定的现有 71 个专业镇中，除了清溪镇等有外来资本移植和中山古镇等有一些具有分工协作的少数企业网络以外，大多数专业镇的企业都存在“扎堆”现象，这种企业聚集就像是一筐“土豆”，各自独立地完成生产链上的几乎所有工作，相互之间缺乏分工配套联系。这种有聚集而缺乏分工的现象，在广东的专业镇中是十分普遍的（王珺，1999，2000），这反映了社会资本存量的有限性。那么，为什么在广东省支撑企业关系网络的社会资本存量有限而又不容易积累起来呢？一个重要的原因是，广东省作为中国与世界之间的贸易信息、物质产品与要素等交汇地，存在比其他地区更多、更容易变动的商业机会。尽管这种情况会促使不同文化背景的企业与资源进入该地区，但任何地区的传统习惯与行为规范等非正式规则都不容易在此得到普遍的认同；与此同时，具有约束力的正式制度规则又没有形成，因而分工合作中出现机会主义行为的风险就可能会较高。反过来说，如果没有正式的制度规则，但是本地形成的非正式制度规则很强，那么这种环境将不利于外来资源的进入。基弗和雪莉等人认为，非正式制度通常不能普惠市场上的所有潜在参与者。比如，在一个自然生长起来的村子里，个人之间的信贷担保主要是在血缘、亲戚与朋友关系中进行，不可能扩展到外来人身上。这种情况使得非正式制度的适应性是有限的，而这种有限的范围也制约了一个地区对外部资源的吸入能力（基弗和雪莉，2003）。周其仁认为，我国历史上商业和要素市场都很发达，但超出了村落之外，产权往往得不到保护。所以，劳动分工的秩序难以扩展到村落之外。另一方面，较多的商业机会不仅不会使内部人感到外来资源的进入是一种生存威胁，而且本地企业之间也因较多的机会而相互合作较少。具有上千年历史传统的西樵纺织专业镇即使演进到现阶段，在企业之间仍然没有形成相互分工协作的网络关系，每个企业从一根线到一块布，甚至到服装的整个生产链条都在自身内部完成。这个案例就是佐证。

大多数处于A类型的广东专业镇的技术水平与合作基础是比较差的。从技术水平上看，一些适合于在大型企业组织进行标准化与规模化生产的产品与行业，如铝型材料、木工机械、建筑材料等，其中间产品仍然通过中小企业组织进行。这种行业的中小企业集群的生存空间不是来自规模效益，而是低效率与低工资相结合，即以低工资成本维持低效率运行。以1998年的数据为例，美国的平均工资是中国的47.8倍，日本是中国的近30倍，但是考虑到生产率的因素，创造同样多的制造业增加值，美国劳动力成本只是中国的1.3倍，日本是中国的1.2倍（郭万达、朱文晖等，2003）。由于中小企业在技术水平、产品质量上都存在较大差异，因此，拓展市场的竞争力会受到较大限制。随着国内的劳动工资水平日益提高，这种缺乏规模效益的中小企业集群将遇到日益严峻的生存挑战。从社会资本存量角度看，在这个商业机会较多且变动较快的环境中，支撑分工协作的一些非正式制度规则本来就比较薄弱，加上正式的行业协会组织与制度规则的作用有限，因此，广东专业镇中在采购、销售和合作创新等集体行动方面是有限的。虽然广东省鞋类、家具、家电、服装生产和机械制品出口遇到过多次反倾销起诉，但是尚未出现类似浙江省温州打火机产业区中由行业协会牵头针对欧洲等国家起诉倾销行为而利用法律手段联手进行反倾销，从而打赢官司的集体行动。随着市场竞争的加剧，这种缺少社会关系网络支撑的企业集群会很容易地被瓦解掉。

在未来的发展中，两种组织的发育将对广东专业镇发展方向产生重要的作用。

一是大企业组织的作用。随着民营企业的成长以及不同所有制企业之间的并购、重组与融合，在中小企业集群中也会逐步生长出一些大企业。这样，在转轨进程中由于大企业缺乏活力，由中小企业生产的标准化、规模化制品就会转回给大企业。大企业的作用主要表现为：第一，在与中小企业建立的分工协作关系中往往处于支配地位，因而这种分工协作关系也是比较稳定的（Bellandi，2003）。第二，大企业通过转移可编码的知识与技术，对企业集群的技术改进与知识更新可产生重要的作用。然而，由于大企业进入企业集群后往往在其中处于“领导”地位，而它们又往往是从跨地区范围来考虑配置资源与选择配套厂商的，因而它们经常发生的业务网络的空间扩展就会对原有集群形成威胁（Amin & Robins，1990）。因此，一旦大企业成为一些可标准化、规模化生产制品的组织者，那么现有的一部分企业集群就会被瓦解。A→B 的演进就是大企业组织作用拉动的结果。

二是行业协会组织的作用。在市场细分与多样化的环境下，小批量、定制式已成为现阶段生产方式的一个重要特征，因此，大企业的“福特生产组织”不可能完全取代柔性的专业化生产方式，由中小企业构成的专业性集群仍然存在十分广阔的市场空间。这种集群将会沿着强化集体行动的方向发展，即积累社会资本存量，进而使企业集群不仅形成模仿与共享的外部效应，而且能够形成承诺与信任的网络关系。在广东这样一个经济开放程度很高的环境下，靠自发的非正式规则形成这种认同是十分有限的，正式的制度安排需要发挥更重要的作用。行业组织在形成正式制度规则方面扮演着重要的角色。目前，广东大多数专业镇都建立了自己的行业组织，但并未形成成熟的运作机制，许多制度规则与协调行为仍然靠地方政府推动。比如，对于专业镇中的中小企业技术改进产生重要影响的技术创新中心，本应由行业协会组织提供，但行业协会组织不完善，还未能承担起这种职能，因而地方政府充任了这一角色。在今后发展中，通过强化行业协会，使地方政府逐步退出，便是广东省大多数专业镇沿着 A→C 通过增加社会资本存量演进的发展途径。

六、结论

本文是以交易成本为核心对企业集群与网络展开分析的，与其他文献的不同之处在于，在企业与环境的关系上，许多文献是从企业的视角出发分析战略选择的，而本文则是从环境的视角加以分析的。集群、网络与产业区构成了企业发展的不同环境。本文在区分上述环境之间的差异这一基础上，得出了以下几点看法：

（1）企业集群与网络的演进路径、阶段与持续进程是由两个因素决定的，一是生产组织方式，二是社会资本存量。这两个因素组合为四种不同的环境，企业在不同的环境中选择不同的战略。

（2）四种环境依据不同的条件会发生一定的变化，本文在比较了环境演化路径和进程后，根据社会资本存量的不断积累，指出企业面临的环境是如何从集群走向网络的具体过程。随着这种环境的改变，企业也会做出相应的战略调整。

（3）依据上述分析框架，本文对广东省专业镇进行了初步考察。结果表明，广东省专业镇是企业集群发展的一个初期形态，它主要是由经济转轨时期的机会、历史因素以及开放环境下外部资源的地域性聚集等因素决定的。目前，处于A类型的大部分专业镇仍然是缺乏竞争力的。在未来发展中，大企业组织与行业协会组织等的成长与发育，将对专业镇组织网络的分化与稳定、强化与衰落等发展前景产生重要的影响。

参考文献

[1] 陈郁. 企业制度与市场组织 [M]. 上海：上海人民出版社，1996.

[2] 格鲁特尔特，贝斯特纳尔. 社会资本在发展中的作用 [M]. 重庆：西南财经大学出版社，2004.

[3] 郭万达，朱文晖，等. 中国制造 [M]. 南京：江苏人民出版社，2003.

[4] 基弗，雪莉. 经济发展中的正式与非正式制度 [M] //科斯，等. 制度、契约与组织. 北京：经济科学出版社，2003.

[5] 科斯. 企业的性质 [M] //路易斯·普特曼，等. 企业的经济性质. 上海：上海财经大学出版社，2000.

[6] 克莱因，克劳福德，阿尔奇安，等. 纵向一体化、可占用性租金与竞争性缔约过程 [M]. 上海：上海人民出版社，1996.

[7] 理查德森. 产业组织 [M] //路易斯·普特曼，等. 企业的经济性质. 上海：上海财经大学出版社，2000.

[8] 派恩. 大规模定制：企业竞争的前沿 [M]. 北京：中国人民大学出版社，2000.

[9] 施蒂格勒. 市场容量限制劳动分工 [M] // 施蒂格勒. 产业组织与政府管制. 上海：上海三联书店，1989.

[10] 王辑慈. 创新的空间——企业集群与区域发展 [M]. 北京：北京大学出版社，2001.

[11] 王珺. 论广东专业镇经济的发展 [J]. 南方经济，2000 (12).

[12] 王珺. 企业簇群的创新过程研究 [J]. 管理世界，2002 (10).

[13] 王珺. 中小企业专业化发展与网络 [J]. 学术研究，1999 (9).
[14] 韦伯. 工业区位论 [M]. 北京：商务印书馆，1997.
[15] 赵蕙玲. 协力生产网络资源交换结构之特质 [J]. 中国社会学刊，1995 (18).
[16] Becattini G. The Marshallian Industrial District: An Socio-economic Notion [R] // Pyke F, et al,. Industrial Districts and Inter-firm Co-operation In Italy. Geneva: International Institute for Labor Studies, 1990.
[17] Bellandi M. On Entrepreneurship, Region and the Constitution of Scale and Scope Economics [M] //Becattini G, et al,. From Industrial Districts to Local Development: An Itinerary of Research. Northampton, M. A.: Edward Elgar Publishing, Inc., 2003.
[18] Bellandi M. The Industrial District in Marshall [M] // Goodman E, Bamfor J. Small Firms and Industrial Districts in Italy. London: Routledge, 1989.
[19] Brown P, McNaughton B. Global Competitiveness and Local Networks: A Review of the Literature [M] //McNaughton B, Milford B G. Global Competition and Local Networks. Aldershot: Ashgate Publishing Limited, 2002.
[20] Brusco S. Small Firms and Industrial Districts: The Experience of Italy [M] // Keeble D, Wever E, et al,. New Firms and Regional Development in Europe. London: Croom Hlem, 1986.
[21] Brusco S. The Idea of Industrial Districts: Its Genesis [R] //Pyke F, et al,. Industrial Districts and Inter-firm Cooperation in Italy. Geneva: International Institute for Labor Studies, 1990.
[22] Capecchi V. A History of Flexible Specialization and Industrial District in Emillia-Romagana [C] //Paper presented on the IGU Commission on the Organization of Industrial Space Residential Conference. Gothenburg, Sweden, 1992.
[23] Coleman J. Social Capital in the Creation of Human Capital [J]. American Journal of Society, 1988, 20.
[24] Fujita M, Krugman P, Venables A J. The Spatial Economy: Cities,

Regions, and International Trade [M]. Massachusetts: MIT Press, 1999.

[25] Grannovatter M. Economic Action and Social Structure: The Problem of Embeddedness [J]. American Journal of Sociology, 1985, 91.

[26] Kenichi I, Hiroyuki I. Interpenetration of Organization and Market [M] //Buckey P J, Michie J. Firms Organization and Contracts. Oxford : Oxford University Press, 2001.

[27] Khalid N. Industrial Clusters and Networks: Case Studies of SME Growth and Innovation [R]. Paper Commissioned by the Small and Medium Industries Branch, 1995.

[28] Krugman P. Geography and Trade [M]. Massachusetts: MIT Press, 1991.

[29] Li Z Z. The APEC Survey on Small and Medium Enterprises [C]. APEC Secretariat, 1994.

[30] Livemore. The Success of Industrian Mergers [J]. Quarterly Journal of Economics, 1995, 50.

[31] Losch A. Die Raumliche Ordnung der Wirtschaft [M] // Woglom W H, Stopler W F. The Economics of Location. New Haven: Yale University Press, 2003.

[32] Markusen A. Sticky Places in Slippery Space: A Typology of Industrial Districts [J]. Economic Geography, 1996, 72.

[33] Martin R, Sunley P. Deconstructing Clusters: Chaotic Concept or Policy Panacea? [J]. Journal of Economic Geography, 2003, 3 (1).

[34] McDonald F, Giovanna V. Clusters, Industrial Districts and Competitiveness//McNaughton B, Milford B G. Global Competition and Local Networks. Aldershot: Ashgate Publishing Limited, 2002.

[35] Piore M, Sabel C. The Second Industrial Divide: Possibilities for Prosperity [M]. New York: Basic Books, 1984.

[36] Porter M. Clusters and the New Economics of Competition [J]. Harvard Business Review, 1998 (11 – 12).

[37] Porter M. Location, Competition, and Economic Development: Local Clusters in A Global Economy [J]. Economic Development Quarterly,

2000, 14.
[38] Porter M. The Competitive Advantage of Nations [M]. London: The Free Press, 1990.
[39] Putnam R. Making Democracy Work: Civic Tradition in Modern Italy [M]. New Jersey: Princeton University Press, 1993.
[40] Rabellotti R. Enterprise Clusters and Networks in Developing Countries [M]. London: Cass, 1997.
[41] Rabellotti R. Is There an "Industrial District Model"? Footwear Districts in Italy and Mexico Compared [J]. World Development, 1995, 23 (1).
[42] Robins A. The Reemergence of Regional Economies? The Mythical Geography of Flexible Accumulation [J]. Environment and Planning D: Society and Space, 1990 (8).
[43] Saxenian A. Regional Advantage: Culture and Competitive in Silicon Valley and Route 128 [M]. Cambridge: Harvard University Press, 1994.
[44] Schmitz H. Collective Efficiency: Growth Path for Small 2 Scale Industry [J]. The Journal of Development Studies, 1995, 31 (4).
[45] Scott K. New Industrial Space [M]. London: Pion, 1998.
[46] Sforzi F. The Geography of Industrial Districts in the Italian [M] // Goodman E, Bamford J. Small Firms and Industrial Districts in Italy. London: Routledge, 1998.
[47] Staley E, Morse R. Modern Small Industry for Developing Countries [M]. New York: McGraw Hill, 1965.
[48] Storper M. The Regional World: Territorial Development in a Global Economy [M]. New York: Guilford Press, 1997.
[49] Storper M. The Transition to Flexible Specialization in Industry: External Economics, the Division of Labor and the Crossing of Industrial Divides [J]. Cambridge Journal of Economics, 1990, 13.
[50] Tichy G. Clusters: Less Dispensable and More Risky Than Ever [M]. London: Pion, 1998.
[51] UNCTAD. Promoting and Sustaining SMEs Clusters and Networks for Development. Policy issues relevant to inter-firm cooperation, clustering

and networking [R]. Report of the Expert Meeting on Clustering and Networking for SME Development, 1998.
[52] Van Dijk M P. Small Enterprise Clusters in Transition: A Proposed Typology and Possible Policies Per Type of Cluster [R]. Working Paper, 2001.

（原载《社会学研究》2004 年第 5 期）

企业所有权结构与产业集群的形成

一、引言

近些年来，在我国分权竞争的经济转轨体制下，基于产业集群的视角来探究我国地区经济不平衡增长的研究受到了越来越多的关注。这主要来自我国产业集群的密度由东向西减弱的地区分布特征与地区经济水平由高到低相一致的事实（王辑慈，2008；刘世锦，2008）。从这个意义上说，加快集群的发展也就成为中西部地区追赶东部地区的主要思路。问题在于，为什么我国中西部地区的产业集群没有像东部地区那样发展起来呢？理论界对这个问题的看法存在着分歧，归纳已有的文献大致有以下三种观点。

第一种看法是“水平差距说”。由于中西部地区的经济水平、交通运输条件以及市场环境都普遍地低于东部地区，因而基于这些因素综合作用基础上的集群数量、规模以及在地区经济中的比重也就远远不如东部地区。这种看法是经不起推敲的。虽然欠发达经济体在收入水平、交通运输条件、市场环境等方面都远不如发达经济体，但是这并不能成为影响产业集群生成的唯一要素，只是在不同发展水平的经济体中，产业集群的产业类型、技术含量与组织形态可能会存在着差异。比如，发达国家与地区有与其产业技术与分工相适应的产业集群，发展中国家与地区也有与其生产力水平相匹配的产业集群。波特（Porter，1990、1998）考察了发达市场体中集群生成的历史基础、要素条件、配套能力以及对地区经济的影响，曾智华（Zeng，2008）等学者系统地研究了南亚、非洲以及拉丁美洲等发展中国家产业集群生成内在机理、产业类型以及对地区经济的影响。事实上，我国东部地区的产业集群也不是在市场条件与交通体系比较完善的条件下发展起来的。一项对我国珠江三角洲地区产业集群大量兴起的实证研究表明，我国东部地区的大多数以轻纺为主的产业集群主要兴起于20世纪80年代后期至90年代初期，是以满足当时我国大中城市收入水平不断提高的消费者对耐用与非耐用等工业制品的需要而产生的。当时的东部地区无论在收入水平、交通运输条件还是市场环境等方面都普遍不如现阶段的中西部地区。然而，在这种条件下，东部地区却迅速成长起来了一批产业集群（王珺，2005）。显然，将中西部地区产业集群成长缓慢的原因归结于与东部地区相比的收入水平偏低、交通条件与市场环境不十分完善等外部因素是缺乏解释力的。

第二种观点是“发展阶段说”。即我国产业集群的区域分布特征，东、中、西部地区的集群数量比例约为79:12:9，这种东部地区远远高于其他两个地区的分布特征表明我国集群发展处在不同的阶段。与现阶段的东部地区相比，中西部地区的集群发展处于培育期（刘世锦等，2008）。按照这种观点，随着中西部地区市场条件与产业配套能力的加强，其产业集群也会像东部地区一样自然而然地成长壮大起来。有意思的是，大约在10年前，人们就用培育期来描述中西部地区的集群发展特征。如今10年过去了，中西部地区的市场条件、交通体系与产业配套能力已经比10年前有了较大的改善，然而，这个培育期的帽子并没有在中西部地区被摘掉；相反东部地区在20世纪90年代后期兴起的产业集群，诸如珠三角地区的电子制品、汽车配件、软件生产等集群却都已跨越了培育期阶段。那么，为什么中西部地区没有通过10年左右的时间从培育期走向成熟阶段呢？显然，在中西部产业集群不充分发展的背后还存在其他因素。如果将我国中西部地区产业集群的不充分发展总是表述为培育期，那就容易忽略为什么它总是长不大的问题。

第三种观点是“后发劣势说”。即东部地区以轻纺、电子、通信设备等行业为主的产业集群已抢占了市场先机。当中西部地区的产业集群开始发展时，东部地区的产业集群不仅占据了国内的大部分市场，而且许多产业集群已具有规模经济收益，这给作为后来者的中西部地区集群发展设置了更高的市场准入门槛，进而减少了中西部地区的集群发展机会。不可否认，先入者对后来者会产生一定的抑制作用。但是，一方面产业种类是多种多样的，即使在相同的产业内也因产业链的环节不同而集聚的类型不同。比如，东部地区的各省都有纺织服装产业集群，但是休闲服装、儿童服装、妇女时装、运动服、民族服装、中老年服装等都各有不同，这意味着东部地区的产业集群远远没有覆盖所有的行业以及所有的产业环节。另一方面，后发地区也存在许多发展优势，诸如少交探索的学费、降低学习与研发成本，特别是可以获得更多的比本地区生产成本更高地区的产业转移的机会。事实上，东部一些地区的产业集群也是通过外部的移植发展起来的。因此，把东部地区已有的产业集群看成作为中西部地区集群发展缓慢的理由是不充分的。

在以上三个观点中，虽然解释的侧重点不同，但是有一点是相同的，那就是在比较东部与中西部地区的集群发展中忽略了企业的作用。集群是企业相互集聚的结果，不从企业的视角研究入手就难以找到这种差异的根源。现有的理论解释之所以会出现忽视企业的局限，我们认为，这与现有的研究集群的路径范式相关。因为企业的集聚行为主要取决于两个因素：一是在这个地区从事生产经营与技术创新活动的成本比其他地区是否会低一些，二是企业是否存在通过集聚获取盈利的行为偏好。在研究集群的文献中，受到新古典主义分析假设的影响（Stigler，1957；Debreu，1959），企业被假设具有相同的集聚偏好，发现与解释一个引起企业集聚的地区在哪些方面所需要支付的成本要比一般的市场环境更低一些，从而促使企业做出集聚性配置资源的决策就成为集群研究的基本路径。沿着这个分析路径，现有的理论推进主要体现在三个方面：一是马歇尔（Marshall，1920）的外部性理论，基于技术外溢的低学习成本也是从马歇尔的外部性理论延伸出来的（Duranton & Puga，2004；Gill & Kharas，2007）；二是克鲁格曼（Krugman，1991a，1991b）等人提出的新经济地理理论，这种理论解释了集聚对降低企业运输成本的作用；三是格兰诺威特（Granovetter，1985）的嵌入性理论，它阐述了当集群等经济活动嵌入社会关系时，供应商与采购商之间就有可能以较低的成本来构建一种信任机制等。显然，这些理论都试图发现与解释一个有利于集聚的环境与一般市场环境之间的成本差异。从这个意义上说，集群被看成是一种“低成本洼地”，只要存在“低成本洼地”，就必然会发生企业的集聚行为。按照这种理论范式，一些不具有这个初始条件的地区要推进集群的发展就会千方百计地构建一个“低成本洼地”。然而，目前我国中西部的一些地区在交通体系、市场环境、制度规范、产业配套能力等方面都比10多年前的东部地区有了明显的改善，至少与10多年前的我国东部地区相比，中西部的许多地区都具备了这种“低成本洼地”的条件，但是这些地区并没有产生类似东部地区那么多数量的产业集群。这表明，仅仅考察引起企业集聚的地区与一般市场环境的成本差异是远远不够的，在同样市场条件下，企业的集聚行为是否存在差异，这也是一个需要研究的理论问题。

我们研究发现，不同所有权结构的企业在自制与外购上存在不同的选择偏好，这种偏好差异会形成不同的集聚效应，进而影响到产业集群的形成。本文包括四个部分。第一部分是导言，简要地评述我国东部地区与中西部地区之间集群发展差异的各种观点，分析这些观点背后的认识集群范式的局限及影响，提出基于企业所有权结构的视角来研究我国东部与中西部地区集群发展差异的理论假说。第二部分从公司治理理论入手，在区分出资人控制的企业与代理人控制的企业基础上，阐述这两类企业的行为差异与一个地区集群形成之间的内在机理与理论逻辑。在第三部分中，首先为便于对我国现实经济进行实证分析，我们把国有企业作为代理人控制的企业，把民营企业作为出资人控制的企业，然后对我国31省市的国有企业比重与我国产业集群的分布这两方面的数据进行一般性OLS分析，负相关的结果验证了我们的假设，最后再使用工具变量法，对这种负相关关系中的因果联系进行检验，分析表明代理人控制企业的自制偏好确实是制约集群生成的原因。最后部分是本文的结论与建议。

二、基于企业路径的分析逻辑

基于企业的集群研究是从分析企业边界入手的。以交易成本作为基本工具的新制度经济学对企业边界的研究围绕企业的自制或购买（make or buy）的决策展开（David & Han，2004）。我们把企业在自制与购买方面的选择偏好与企业的外部性联系起来。假设一个产业的生产环节一定，如果企业偏向于自制，即把更多的生产环节放在企业内部，这就会减少购买的数量，那么这个企业留给供应商和配套商的市场机会就变得小，从而供应商与配套商向这个企业周围集聚的数量就会相应地减少。相反，如果企业通过购买获得更多生产配件与元器件等，那么他对供应商与配件商的市场需求相对扩大，这就会吸引更多的企业向他周围集聚。两种类型相比，前一类企业的外部集聚效应就不如后一类企业大，因此，如果企业在自制与购买上的选择偏好不同，那么不同偏好的企业所形成的集聚效应就有差异，因而集群生成的可能性就有所不同。沿着这个逻辑，梳理与讨论的问题主要有两个：一是所有权与控制权分离后形成的代理人控制的企业与出资人控制的企业在自制或购买上是否存在偏好差异；二是这种偏好差异对其他企业的集聚效应会产生什么样的影响。

1. 企业类型与行为偏好

自伯利和米恩斯（Berle & Means，1932）提出了所有权与控制权的分离对公司绩效产生重要影响的理论观点以来，由于作为代理人的管理者与股东之间存在利益取向上的差异以及利益冲突，因而公司所有权的集中与分散就成为区分企业治理类型的基础（Shleifer & Vishny，2003）。在公司股权分散的情况下，大量小股东在投资决策等方面形成统一行动的协调成本很高，也缺乏足够的激励来监督作为代理人的管理者，因此，公司实际上受控于作为代理人的管理者，而不是大量分散的中小股东。我们把这类企业称为代理人控制的企业。相反，在公司所有权相对集中情况下，持有公司大量股权的少数大股东通过股东会对公司投资与治理做出实质性决策，以克服股权分散条件下的大量中小股东“搭便车”问题，在许多情况下还直接参与经营管理，从而有效地缓解了委托人与代理人之间的信息不对称。这种所有权结构既有可能实现公司价值最大化，也有能力对管理者实施有效的监督，我们将这种实际的控制权掌握在大股东手里的企业称为出资人控制的企业。

不同所有权结构的企业在自制与购买的决策中有着不同的行为偏好。研究公司边界的文献主要有以斯蒂格勒为代表的产业组织理论与以科斯和威廉姆森为代表的交易成本理论。由于产业组织理论对企业边界的分析缺乏成本因素，因而不可能像基于交易成本的交易费用理论那样对企业的边界做出更合乎逻辑的分析，因此交易成本理论也就成为讨论企业边界的主流理论。科斯（Coase，1937）首先提出了“交易费用”的概念，并用这个理论工具对企业边界进行了研究。他认为：“企业一直扩张，直到在企业内组织一项交易的成本等于通过公开市场上的交换方式进行同一交易的成本或在另一企业内组织它的成本为止。”威廉姆森（Williamson，1975、1985）从资产专用性、交易频率及不确定性三个维度对交易进行了区分与组合，并用交易成本作为衡量工具，进而判断哪些交易放在企业内部、哪些交易放在市场上进行。概括地说，在他们看来，自制与购买的决策无非是企业内部的管理成本与进行市场交换的交易费用的一种比较与权衡。如果自制所带来的治理成本大于通过市场交换所带来的交易成本，那么选择内部化就是有效的；相反，就选择购买。理论上界定的均衡点就是自制与购买之间的成本趋同。虽然交易成本理论给出的分析企业边界的框架没有指出哪一种企业作为他们的研究对象，但是隐含的研究对象是明确的，那就是这类企业对各种成本的变动具有很强的敏感性与约束力，使其在自制与购买的决策中确定哪一种类型能够带来更多的收益或支付更低的成本，这是一种出资人控制的企业对边界的分析框架，在这个意义上说，我们可以把它看成是一般模型。

与一般的出资人控制的企业模型相比，代理人控制的企业对公司边界的选择更倾向于自制。现有的公司治理理论已从不同角度阐述了在分散的所有权结构下，公司规模扩张可能给管理者带来的诸多好处。詹森和莫非（Jensen & Murphy，1990）等人讨论了公司规模的大小与经理薪酬水平的相关关系。在他们看来，不同企业规模的经理人在经理市场上的定价是不一样的，大公司的管理者比一般中小公司的管理者要高出许多倍。随着公司规模的快速成长，管理者也会获得更多的增加收入的机会，这样管理者往往会把扩大公司规模作为提高个人收入的一种策略。詹森（Jensen，1986）和斯图尔兹（Stulz，1990）等人分别论述了大企业中的经理所掌控的权力与获取个人收益的机会。他们认为，经理控制着一个大公司运营所需要的支配各种资源的权力和特权，利用这些权力与特权不仅可以提高与出资人的谈判地位以及提升自己在经理市场中的定价，而且可以谋取更多的私人利益。当然，企业规模的扩大也会增大管理成本，诸如控制成本与协调成本等。但是，增大的管理成本不一定由代理人自己承担。如果一个企业大部分生产环节外部化，虽然减少了企业的管理成本，但是代理人获取直接与间接利益的机会也相应地变小了。波特（Porter，1990）对基于“钻石模型”的企业战略因素进行了国家比较后指出，美国企业的股东影响力很低，专业经理人具有控制力，而这些专业经理人的最大诱因是企业规模和红利多寡。由此可见，管理者会比出资人更愿意选择自制，即使在某些情况下，自制会降低公司利润，这也不一定改变代理人对自制的选择，这种选择可以看成是经理人与股东之间在利益取向上的差异甚至冲突的集中表现。事实上，一些学者（Ouchi，1981；Monteverde & Teece，1982）对美国与日本汽车产业的企业组织的比较研究表明，美国的汽车企业是在所有权分散的条件下由职业经理人控制的，而日本的汽车企业是在所有权结构比较集中的条件下通过分包网络组织生产的，其结果是，美国汽车企业的内部化程度要比日本高得多。一项对1999—2006年间我国187家上市公司所有权结构与企业边界的实证研究发现，所有权集中程度与企业边界呈显著负相关关系，即所有权集中度较低的企业偏向于自制，从而导致企业边界的扩大；而所有权集中度较高的企业则偏向于购买，这导致了企业边界的收缩（王珺、龚晓瑾，2008）。

为了用这个逻辑更好地观察我国的经济现实，首先，我们把国有企业看成是代理人控制的企业典型，而把民营企业作为是出资人控制的企业典型。然后，将国有工业企业就业人数在各省工业企业就业总数中的比重与各省制造业的集群数量在全国制造业集群总量中的比重这两个指标进行一个相关分析，结果显示两者呈现一种负相关关系。如图1所示，我国国有企业比重相对较高的省份，集群数量占全国的份额较低；相反，国有企业比重较低的省份，集群数量所占的份额则较高。最后，基于这种负相关关系的结果可以推导出两类企业在购买与自制上具有不同偏好的结论。因为从企业角度研究一个地区的集群数量需要关注的是两个因素，即不同所有权结构企业的行为偏好与该类企业所占的比重。如果不同所有权的企业不

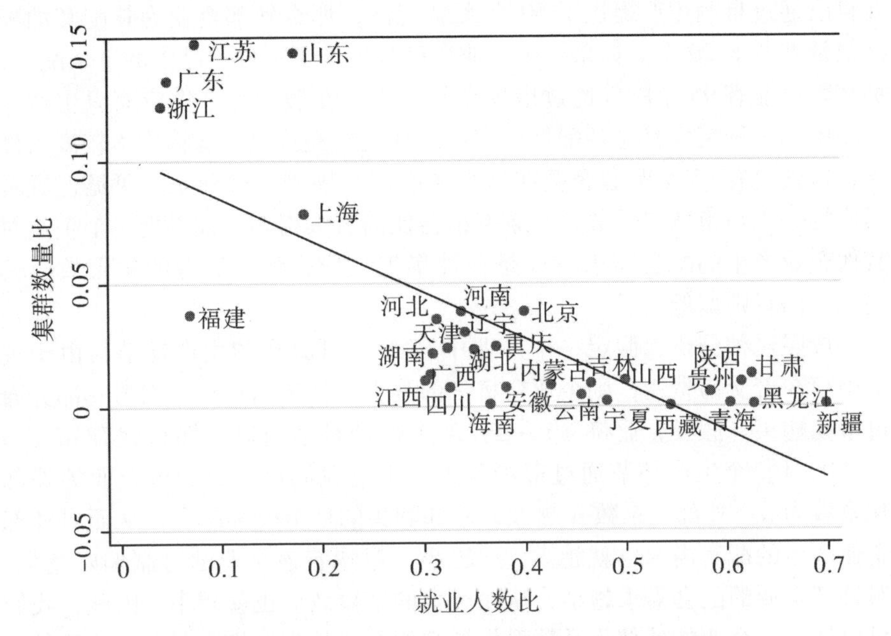

图1　我国的集群分布与国有企业比重之间的相关关系

注：这里我们以国有企业就业人数比来代表国有企业的比重，国有就业人数比重是用规模以上国有工业企业的就业人数除以当年的工业企业的就业人数计算而得。

资料来源：产业集群的数据来自刘世锦主编的《中国产业集群发展报告（2007—2008）》，中国发展出版社2008年版，第26页；就业的比重来自《中国统计年鉴（2008）》。

存在行为偏好的差异，那么诸如国有企业的资产在各省总资产中无论具有什么样的比重都不会影响一个地区的集群数量，换句话说，各省集群数量所占的份额与该省的国有企业的比重无关。如果两者存在行为偏好的差异，那么这个比重对一个地区集群数量的多少就会产生影响。图1表明国有企业在各省占什么样的份额与该省的集群数量的负相关性。从这个意义上说，两种企业在企业边界上一定存在偏好差异，否则就难以解释图1显现出来的负相关关系。

2. 行为偏好对集聚效应的影响

一个企业在自制与外购上的选择偏好不同，它们对其他企业产生的配套需求就不一样，因而围绕着这两类企业所集聚的企业数量也就有一定的差别，其中在偏好购买的企业周围所集聚的企业数量可能会比偏好自制的企业周围多一些。比如，在一个需要100个配件产品的产业链中，一个企业自己通过自制生产提供了50个产品配件，那么外部企业为其配套的配件数量就剩下50个。如果一个企业自己只生产了一种产品中的5个配件，那么就可能有95个配件通过市场交易获得。在假设每个供应商只生产该产品中的一种配件且这种配件生产可实现规模经济以及运输成本较高条件下，这就会有95个配套企业在这个核心产品周围集聚起来。可见，后者形成的分工与市场交易数量与频率都会比前者大得多。如果把一个企业对其他企业产生的配套需求看成是一种集聚效应，那么后者的集聚效应偏高，而前者则偏低。

按照这种分析，假定一个产业中有 N 个可分离的生产环节，由于现实中存在着交易费用，则企业会将一部分生产环节内部化，而另一部分通过市场购买。假设企业将 $(1-\alpha)N$ 个生产环节自制，那么就有 αN，$\alpha \in [0, 1]$ 个生产环节通过市场购买，于是我们可以得到该企业的外部化系数为 α。外部化系数 α 越大，外部购买的环节就会越多，从而对外部企业产生的配套需求也就越大；α 越小，意味着该企业的自制偏好越强，对外部企业的配套需求越小，从而产生的集聚效应也就越小。因此，我们可以把一个企业的外部化系数看作是其他企业的市场机会。在市场及其他各种条件不变情况下，企业的集聚效应不同，在它周围集聚的企业数量也就不一样。一旦在基于购买偏好的企业周围集聚的企业数量增加，就会产生外部规模收益递增，进而吸引更多的企业进入，集群的形成就成为可能。如果集群形成所带来的外部规模收益持续递增，就会吸引更多的企业进入，这种自我增强的内生机制成为一个地区的国际竞争力的重要来源（Porter，1990）。

具体来说，假定有两个地区，即地区1和地区2；有3个企业，它们的外部化系数分别为α_1、α_2、α_3，$\alpha_1 < \alpha_2 < \alpha_3$，且它们之间不存在交易。这样3个企业在两个地区的分布会有6种类型：企业1和企业2分布在地区1，企业3分布在地区2；企业1和企业2分布在地区2，企业3分布在地区1；企业1和企业3分布在地区1，企业2分布在地区2；企业1和企业3分布在地区2，企业2分布在地区1；企业2和企业3分布在地区1，企业1分布在地区2；企业2和企业3分布在地区2，企业1分布在地区1。我们假定想要进入的企业会选择市场机会较大地区进入，由于第一种类型和第二种类型分别有两种情况，如表1所示。所以，企业选择与结果共有8种情况。

表1　集聚效应与进入选择

地区1更可能形成集群	地区2更可能形成集群
企业1和企业2分布在地区1，企业3分布在地区2，且$\alpha_3 < \alpha_1 + \alpha_2$	企业1和企业2分布在地区1，企业3分布在地区2，且$\alpha_3 > \alpha_1 + \alpha_2$
企业1和企业2分布在地区2，企业3分布在地区1，且$\alpha_3 > \alpha_1 + \alpha_2$	企业1和企业2分布在地区2，企业3分布在地区1，且$\alpha_3 < \alpha_1 + \alpha_2$
企业1和企业3分布在地区1，企业2分布在地区2	企业1和企业3分布在地区2，企业2分布在地区1
企业2和企业3分布在地区1，企业1分布在地区2	企业2和企业3分布在地区2，企业1分布在地区1

资料来源：作者整理而得。

在第一种类型中，地区1的市场机会为$\alpha_1 + \alpha_2$，地区2的市场机会为α_3，如果$\alpha_3 < \alpha_1 + \alpha_2$，则新进入的企业会选择进入地区1，地区1会集聚更多的企业，更多的企业会产生更多的外包环节，这又会吸引更多的企业进入，这种循环累积使得地区1可能形成产业集群；若$\alpha_3 > \alpha_1 + \alpha_2$，则新进入的企业会选择地区2，这样地区2可能会集聚更多的企业，地区2更加可能形成集群。

第二种类型与第一种类型正好相反，若 $\alpha_3 > \alpha_1 + \alpha_2$，则新进入的企业会选择地区1，从而地区1可能形成集群；如果 $\alpha_3 < \alpha_1 + \alpha_2$，则新进入的企业会选择地区2，则地区2可能形成集群。在第三种类型中，由于 $\alpha_1 + \alpha_3 > \alpha_2$，使地区1的市场机会明显大于地区2，结果是新进入的企业会选择地区1，地区1更可能形成集群。第四种类型与第三种类型正好相反，地区2的市场机会变大，新进入的企业会进入地区2，地区2可能形成集群。在第五种类型中，因为 $\alpha_2 + \alpha_3 > \alpha_1$，地区1的市场机会更大，从而新进入的企业会进入地区1，地区1可能形成集群。第六种类型刚好与第五种类型相反，地区2的市场机会变大，新进入的企业进入地区2，地区2更可能会形成集群。

从表1可知，集群的形成与企业的外部化系数，也即一个企业给其他企业所带来的市场机会是正相关的，如果一个地区的企业给其他企业带来的市场机会越大，则这个地区越有可能形成集群；如果一个地区的企业给其他企业带来的市场机会越小，则这个地区越难以形成集群。集群的形成是一个循环累积的过程，市场机会越大的地区，进入的企业也越多，这又会形成更多的市场机会，吸引更多的企业进入，直到这种累积循环带来的报酬递增与需求和运输成本相互之间达到一种均衡。

综合以上分析，我们知道，从公司治理的角度来看，由于委托人和代理人在企业经营过程中的目标差异，代理人控制的企业更加偏好于内部自制，相比之下出资人控制的企业更偏好于外部购买。因此，在同一个行业内，相对于前者来说，一个属于后者的企业给其他企业带来的市场机会更大，在这种类型的企业周围集聚更多的企业的可能性也将会更大，由于累积循环带来的报酬递增，这种优势将会自我强化，从而更加可能形成集群。所以，代理人控制的企业与出资人控制的企业各自在外部购买与内部自制的偏好不同，会导致两种类型的企业在给其他企业带来的市场机会不同，这种市场机会的差异决定了各自带来的报酬递增的差异，进而也决定了形成集群的可能性。

三、实证分析

本部分用中国31个省市（自治区）的数据来检验我们提出的理论假说。我们先定义两个变量，即被解释变量——产业集群的地区比重和关键的解释变量——各省市（自治区）国有企业的比重。产业集群的地区比重是用某省市（自治区）产业集群数量 $cluster_i(i = 1,\cdots,31)$ 除以全国产业集群的总数 $\sum_i chuster_i$ 来表示，即：$clusterp_i = \frac{cluster_i}{\sum_i cluster_i}$；各省市（自治区）国有企业的比重是用某省市（自治区）国有企业的就业人数 emp_i 占该地区工业企业就业人数 $\sum_i emp_i$ 的比来表示，即：$statep_i = \frac{emp_i}{\sum_i emp_i}$。

当然，集群的生成也与其他一些因素相关，诸如地理位置、交通条件、开放程度、城市化水平等。在以往的文献中，这些因素对集群生成的影响都有较多的论述。传统的区位理论把港口、码头等自然因素看成是产业集聚的一个重要因素。对于我国来说，无论是从地理和历史条件还是改革开放后的政策倾向，沿海地区都更容易形成集群式发展，而中西部地区的差异则并不明显（Wen，2004；陆铭、陈钊，2006）。所以，是否是在沿海地区，这对于集群生成的数量有一定的影响，因此设定为一个哑变量的沿海地区（*coast*）作为是一个控制变量。新经济地理理论（Fujita et al.，1999）认为，运输成本、需求与报酬递增之间的相互作用会使企业集聚在其他企业周围，形成“中心—外围”布局。克鲁格曼（1991a，1991b）强调由于需求带来的企业间关联使企业集聚在消费者周围，运输成本在这一过程中起到了关键作用。按照克鲁格曼的逻辑，交通运输条件和需求因素也是两个控制变量，我们用各省区公路里程数占全国总公路里程数的比重来代表运输条件（*road*），用各省区的人均国内生产总值（Gross Domestic Product，GDP）与全国的人均 GDP 之比（*pergdp*）来表示各省份的需求水平。此外，汉德森（Handerson，1974）强调了城市对产业集聚的作用，换句话说，在城市周围往往容易形成产业集群，所以城市化水平也是一个需要控制的变量，我们用一个地区城镇人口比重来表示城市化水平（*urban*）。还有就是在我国转轨经济背景下，开放政策对产业集群生成的影响。一些研究发现，对外开放对中国的产业集聚产生了显著的正向影响（Wen，2004；陆铭、陈钊，2006）。这里我们用各省区进出口的总额占各自 GDP 总额比重（*trade*）表示开放程度。由于本文检验的是产业集群的地区比重与国有企业的就业比重的相关性，所以我们把国有企业的就业比重作为关键的解释变量，把其他因素作为控制变量。这样，本文的计量模型设定为：

$$clusterp_i = \alpha_0 + \alpha_1 statep_i + \sum \gamma_j X_j + \varepsilon_i \quad (1)$$

在模型（1）中，*clusterp* 为被解释变量，关键的解释变量为 *statep*，X_j 为上面所说的控制变量，包括沿海哑变量（*coast*）、交通运输条件（*road*）、需求因素（*pergdp*）、城市化水平（*urban*）、开放程度（*trade*）等。

我们分析的样本是全国产业集群的数量在31个省市中的分布结构，这些数据来自《中国产业集群的报告》（2007—2008）。该数据显示，2007—2008年全国的优势产业区总共有4605个，其中整个东部地区就占了全国总数的78.8%，而中西部地区只占21.2%。在东部地区的3629个产业集群中，仅江苏、广东、浙江、山东、福建、上海等6个省市就有2867个，占全国总数的62.2%。国有企业的就业比重以及其他控制变量的数据都来自各年度的《中国统计年鉴》。由于本文得到的是2007年全国产业集群的地区分布数据，因此我们只能用各省的横截面数据做回归分析。

一般来说，企业集聚是一个报酬递增的过程，较大的市场机会会吸引企业进入，企业的进入反过来又会扩大市场机会，吸引更多的企业进入，所以集群往往是内生的。在回归过程中，内生性偏误往往会使得解释变量的系数和显著性水平发生变化，我们需要控制模型中的内生性偏误。因此，本文先采用一般的OLS方法来检验国有企业比重与集群形成之间是否存在着相关性。如果存在一定的相关性，诸如正相关或负相关，那么就需要进一步处理在这种相关关系中的内生性问题。比如，如果两者是一种负相关关系，那么就需要弄清楚这样一个问题，即一个地区较高的国有企业比重究竟是抑制了该地区的产业集群发展，抑或是该地区的产业集群发展使国有企业数量与比重下降。为此，本文借用了工具变量的方法[①]。我们选取1984年各省市工业部门中的国有企业就业比重作为2007年各省市工业部门中的国有企业就业比重的工具变量。之所以选取这个年份的数据，是因为一方面1984年是我国经济体制的改革初期，国有与集体经济构成各省市几乎所有的经济成分。在这种经济结构中，除了各级政府按照全国战略与地区分布进行产业的行政性配置外，诸如在20世纪60年代初

① 1984年各省市（自治区）中尚无海南和重庆，我们把1984年广东国有企业比重数据作为海南当年的数据，把四川1984年国有企业的比重数据作为重庆当年的数据。

期我国考虑到国际政治与军事环境对我国沿海地区发展经济可能产生的风险与威胁而向京广铁路以西的三线地区集聚产业与资源等，无论国有企业还是集体经济都没有发生过通过要素流动而产生的地区性集聚，也就不存在产业集群，所以，2007 年各省产业集群的数量与 1984 年国有企业比重不相关。另一方面，在各省市的经济结构中，1984 年国有企业就业比重较高的地区，在 2007 年的国有企业就业比重依然较高。如图 2 所示，在各省市中，这个指标在两个时点上的数据的正相关表明了这一点。通过工具变量的使用，可以发现，一个地区的产业集群发展是嵌入于原有的经济结构之中的。其中，国有企业比重是经济结构中的基本组成部分。在各省份中，基于国有企业比重的经济结构不同，因而产业集群的形成娄量也有差异。

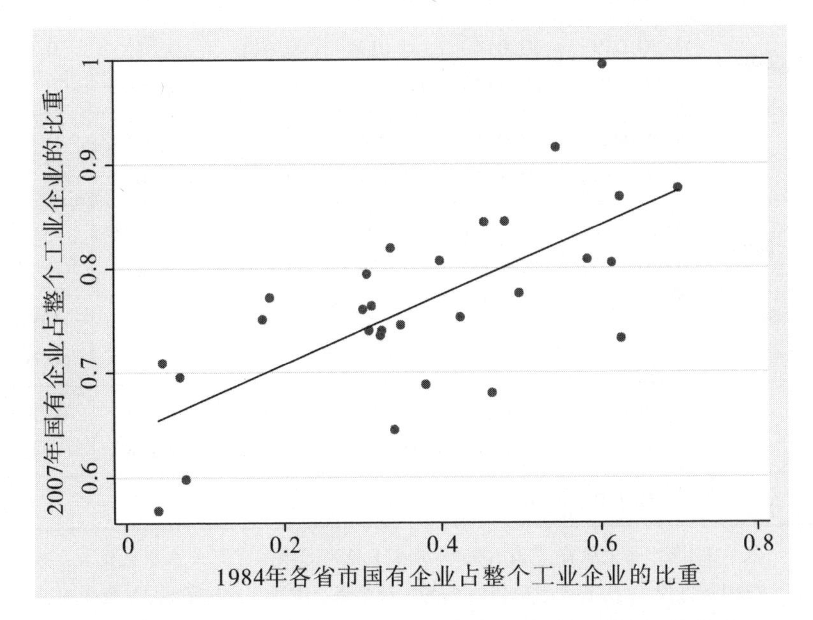

图 2　1984 年与 2007 年各省市国有企业就业比重的相关关系

注：这里我们以国有企业就业人数的比重来代表国有企业的比重，国有企业就业人数的比重是用国有工业企业的就业人数除以当年的该地区工业企业的总就业人数计算而得。

数据来源：《中国统计年鉴（2008）》和《中国统计年鉴（1985）》。

计量分析结果见表2。

表2 一般的OLS估计结果和使用工具变量(Ⅳ)的估计结果

解释变量＼方程	方程1	方程2	方程3	方程4(Ⅳ)	方程5(Ⅳ)	方程6(Ⅳ)
statep	-0.098** (0.026)	-0.377*** (0.000)	-0.244** (0.034)	-0.134* (0.054)	-0.421* (0.058)	-0.432** (0.043)
statepsq		0.366*** (0.004)	0.220* (0.095)		0.415* (0.098)	0.428* (0.061)
road	0.811** (0.028)	0.73** (0.019)	0.582** (0.055)	0.664* (0.096)	0.702** (0.025)	0.56** (0.031)
coast	0.019 (0.234)	0.014 (0.312)	0.013 (0.316)	0.011 (0.604)	0.012 (0.479)	0.007 (0.570)
pergdp	0.042** (0.045)	0.028 (0.121)	0.028 (0.101)	0.041** (0.025)	0.025 (0.162)	0.022 (0.163)
urban	-0.112 (0.240)	-0.049 (0.549)	-0.093 (0.253)	-0.114 (0.179)	-0.041 (0.641)	-0.048 (0.571)
trade			0.214* (0.059)			0.098 (0.505)
α_0	0.041 (0.338)	0.073** (0.057)	0.068* (0.064)	0.065 (0.236)	0.082 (0.118)	0.094** (0.020)
R^2	0.730	0.816	0.843	0.722	0.814	0.823

注：***表示在1%水平上显著，**表示在5%水平上显著，*表示在10%水平上显著。系数下方为P值。方程1、方程2、方程3为一般的OLS估计结果，方程4、方程5、方程6为工具变量(Ⅳ)的估计结果。

方程1—方程3是一般的OLS估计结果。考虑到国有企业比重与产业集群形成之间的相关关系可能是非线性的，也即这种相关关系可能是递增或递减的，所以在回归过程中我们需要考虑国有企业比重的平方项(*statesq*)对产业集群形成的影响。不同于其他属于经济地理和新经济地理因素的控制变量的是，开放程度（*trade*）作为一种政策因素在企业集聚过程中发挥着重要作用（陆铭、陈钊，2006），因此方程1—方程3考虑了不同的假设条件。方程1假定各地区国有企业比重与集群比重是一种线性关系，且在选取控制变量时只考虑经济地理因素和新经济地理因素，而不考虑国有企业比重与产业集群比重的非线性关系和开放程度，即国有企业比重的平方项和开放程度两个变量；方程2考虑了各地区国有企业比重与产业集群比重的非线性关系，即国有企业比重的平方项，但在选取控制变量时只考虑到经济地理和新经济地理因素，而不考虑开放程度的影响；方程3不仅考虑到各地区国有企业比重与集群比重的非线性关系，而且也考虑了经济地理和新经济地理因素与政策因素。把国有企业比重与产业集群的地区比重放在不同条件下进行观察，如果方程1、方程2和方程3中*statep*的系数都是显著的，且符号一致，说明*statesp*与*clusterp*关系是稳健可靠的。事实上，在一般的OLS估计中，三个方程中*statep*的系数在5%水平上都是显著为负，这表明*statep*与*clusterp*之间相关关系的稳健性。在方程2和方程3中，*statepsq*的系数为正，这说明国有企业比重对产业集群形成的影响是递增的，国有企业比重越低，可能对产业集群的正向影响力就会越大。

方程4—方程6是用1984年各地区国有企业比重作为工具变量的估计结果，方程4（Ⅳ）采用工具变量时不考虑国有企业比重的平方项（*statesq*）和对外开放（*trade*）的影响；而方程5（Ⅳ）采用工具变量时考虑国有企业比重的平方项（*statesq*），但不考虑对外开放（*trade*）的影响；方程6（Ⅳ）采用工具变量时同时考虑了二者影响。在使用这种工具变量（Ⅳ）的估计中，三个方程中的*statep*系数在10%的水平上都是显著为负的，且方程4—方程6中*statep*系数的绝对值都分别大于各自对应的一般的OLS估计中*statep*系数的绝对值。从Ⅳ估计结果中可以看出，在1984年国有企业比重较高的省份，随后的产业集群形成数量却相对较少，而在1984年国有企业比重相对较低的省份，随后的产业集群数量却相对较多。这种负相关关系与发展顺序相结合可以形成这样一个判断，产业集群的形成嵌入于原有的经济结构之中，其中国有企业比重是原有经济结构中的基本组成部分。基于国有企业比重不同的经济结构对随后的产业集群形成产生了重要的影响，即与原有的国有企业比重较低的地区相比，产业集群不容易在原有的国有企业比重较高的地区中形成。可见，这不是由于产业集群发展起来后排斥了这个地区的国有企业数量，相反是这个地区的国有企业比重较高的初始环境约束了产业集群的发展。此外，国有企业比重与产业集群形成的负向关系也是递增的。虽然Ⅳ估计中 *statep* 的系数在10%的水平上显著，但控制了内生性偏误后，*statep* 的系数的绝对值会变大，估计得出的结果也会更准确一些。

一些控制变量对产业集群的形成也有显著影响。交通运输条件（*road*）对产业集群形成的影响有着显著的正向作用，无论是普通的 OLS 估计还是Ⅳ估计，*road* 的系数都显著为正，并且在Ⅳ估计中的值大于一般的 OLS 估计的值。相对购买力水平（*pergdp*）在不考虑国有企业比重平方项（*statepsq*）对产业集群形成的影响时显著为正，这说明需求对产业集群的形成有显著的正向作用。沿海地区哑变量（*coast*）、城市化水平（*urban*）和对外开放（*trade*）对产业集群形成的影响不显著[①]，这可能是因为现阶段控制了需求水平[②]和运输条件以后，沿海地区的优势相对变小，各地区对外开放程度趋同，城市化对产业集群的影响相对不明显。

综上所述，我们的估计结果验证了国有企业比重与产业集群之间的逻辑关系，即一个省份的国有企业比重构成了产业集群形成的初始环境，换句话说，产业集群发展是嵌入这种经济环境之中的。其结果是国有企业比重较高的地区，产业集群的数量分布较少；国有企业比重较低、民营企业比重较高的地区，产业集群的数量分布较多。[③]

四、结论与建议

本文从企业角度研究了在相同的市场环境下，所有权结构不同的企业在自制与外购选择偏好的差异以及这种差异所产生的不同聚集效应，提出了基于企业边界的偏好差异重新解释我国东部与中西部集群形成的理论观点，即代理人控制的企业因偏好自制而使其集聚效应较弱，从而在其周围不易形成集群；出资人控制的企业因偏好购买而其集聚效应较强，从而在

---

① 对外开放（*trade*）的系数只有在方程3中为10%的水平上显著，而在其他的方程中不显著，结果不稳健。

② 这里的需求水平在一定程度上可以看作是经济发展水平。

③ 一般来说，现阶段各地区国有企业的比重与民营企业的比重是负相关的。

其周围更容易形成集群。本文采用一般性 OLS 方法，多元回归分析的结果验证了一个省份国有企业比重与集群数量之间的负相关关系。为了剥离国有企业比重与产业集群之间的内生性问题，本文使用了工具变量的方法，把一个省份在 1984 年的国有企业比重与随后的产业集群的形成数量联系起来，由此观察改革的初始条件对随后发展起来的产业集群形成的影响，实证结果也验证了一个地区的国有企业比重差异对随后的产业集群形成数量差异所产生的负向影响。根据这项研究，我们建议，在各省份加速推动产业集群发展的过程中，注重市场环境与制度的建设与完善是重要的，但仅此是远远不够的，还需要持续不断地大力发展民营企业，提高民营企业在整个经济活动的比重。只有一个地区的民营企业获得了规模化的发展，基于民营企业的购买偏好以及较强的集聚效应，才能使这个地区生长出更多的产业集群。

参考文献

[1] 刘世锦. 中国产业集群发展报告：2007—2008 [M]. 北京：中国发展出版社，2008.

[2] 陆铭，陈钊. 中国区域经济发展中的市场整合与工业集聚 [M]. 上海：上海三联书店，上海人民出版社，2006.

[3] 施莱佛，维什尼. 公司治理综述 [M] //李维安，张俊喜. 公司治理前沿：第一辑. 北京：中国财政经济出版社，2003.

[4] 王辑慈. 中国产业区的发展概况与经验总结 [M] //罗红波，巴尔巴托. 产业区直面经济全球化——中意比较研究. 北京：社会科学文献出版社，2008.

[5] 王珺，龚晓瑾. 股权结构对企业边界的影响——基于我国制造业上市公司的实证研究 [R]. 打印稿，2008.

[6] 王珺. 衍生型集群：珠三角地区西岸产业集群生成机制研究 [J]. 管理世界，2005 (8).

[7] Berle A A, Gardiner M C. The Modern Corporation and Private Property [M]. New York: Harcourt, Brace & World, 1968.

[8] David R J, Han S K. A Systematic Assessment of the Empirical Support for Transaction Cost Economics [J]. Strategic Management Journal,

2004, 25: 39 -58.
[9] Debreu G. Topological Methods in Cardinal Utility Theory [C] //Cowles Foundation. Cowles Foundation Discussion Papers 76, Yale University, 1959.
[10] Granovetter M. Economic Action and Social Structure: The Problem of Embeddedness [J]. The American Journal of Sociology, 1985, 91: 481 -510.
[11] Henderson J V. The Sizes and Types of Cities [J]. American Economic Review, 1974, 64: 640 -656.
[12] Indermit G, Kharas H. An East Asia Renaissance: Ideas for Economic Growth [R]. Washengton, DC: World Bank, 2007.
[13] Jensen M C, Murphy K J. Performance Pay and Top Management Incentives [J]. The Journal of Political Economy, 1990, 98 (2): 225 - 264.
[14] Jensen M C. Agency Costs of Free Cash Flow, Corporate Finance, and Takeovers [J]. American Economic Review, 1986, 76 (2): 323 - 329.
[15] Krugman P. Geography and Trade [M]. Cambridge: MIT Press, 1991.
[16] Krugman P. Increasing Returns and Economic Geography [J]. The Journal of Political Economy, 1991, 99 (3): 483 -499.
[17] Marshall. Principles of Economics [M]. 8th Edition. London: Macmillan, 1979.
[18] Masahisa F, Krugman P, Venable A J. The Spatial Economy [M]. Cambridge: MIT Press, 1999.
[19] Monteverde K, Teece D. Supplier Switching Costs and Vertical Integration in the Automobile Industry [J]. The Bell Journal of Economics, 1982, 13 (1): 206 -213.
[20] Ouchi W G, Theory Z. How American Business Can Meet the Japanese Challenge [M]. Reading, Mass.: Addison-Wesley, 1981.
[21] Porter M E. The Competitive Advantage of Nations (with a New Foreword) [J]. New York: The Free Press, 1998.

[22] Porter M E. The Competitive Advantage of Nations [M]. New York: The Free Press, 1990.
[23] Puga D, Duranton G. Micro-foundations of Urban Agglomeration Economies [C] // Henderson J V, Thisse J. Handbook of Regional and Urban Economics. Amsterdam: North-Holland, 2004, 4: 2063 - 2117.
[24] Ronald C. The Nature of the Firm [J]. Economic, 1937, 4 (16): 383 - 405.
[25] Stigler G J. Perfect Competition, Historically Contemplated [J]. The Journal of Political Economy, 1957, 65: 1 - 23.
[26] Stulz R. Managerial Discretion and Optimal Financing Policies [J]. Journal of Financial Economics, 1990, 26: 3 - 27.
[27] Wen M. Relocation and Agglomeration of Chinese Industry [J]. Journal of Development Economics, 2004, 73: 329 - 347.
[28] Williamson O E. Markets and Hierarchies: Analysis and Antitrust Implications [M]. New York: The Free Press, 1975.
[29] Williamson O E. The Economic Institutions of Capitalism [M]. New York: The Free Press, 1985.
[30] Zeng Z H, Douglas. Knowledge, Technology and Cluster-based: Growth in Africa [R]. Washengton, D. C.: World Bank, 2008.

（原载《管理世界》2010 年第 4 期，与杨本建合著）

产业组织的网络化发展
——广东专业镇经济的理论分析

经济学家们在努力研究如何挖掘各种要素的潜力来推动经济增长的同时，也越来越关注到各种要素和生产环节之间的有机整合对经济增长的影响力。换句话说，在要素的投入数量和质量一定的条件下，通过要素之间和生产环节之间的整合来推动一个地区的经济发展，这是有着较大的发展潜力的。近20年来，广东各地自然兴起的专业镇经济提供了产业组织进行有机整合的经验。本文不打算对专业镇经济展开全面的论述[①]，只是就专业镇经济的产业组织特征与演变进行理论性分析，旨在提供一种分析专业镇经济组织变化的基本框架，由此把握专业镇经济的发展趋势。

一、专业镇经济的组织类型

这里所说的专业镇经济是指建立在一种或两三种产品的专业化生产联系基础上的乡镇经济。换句话说，在一个镇区内，大多数企业都是围绕一个或少数几个产品相关产业而形成了生产的专业化分工网络。所谓的专业化分工网络，就是按照一定专业化生产要求形成的生产组织方式。从经济理论上看，专业镇经济的形成首先是商品经济和专业化分工发展的结果。在越来越频繁的商品交易中，一方面根据各地区资源禀赋、地理位置和生产传统，使一个地区与另一个地区形成了不同的产品专业化分工，即一个镇区专门从事某一种或相关的少数几种产品的生产，而另一个镇区则从事另外的某一种或少数几种产品的生产。在这个镇区内，几乎所有的企业都生产同一种产品。从生产的空间分布角度看，不同的镇区就类似于某一种产品的生产基地。另一方面，在一个镇区内，虽然也是生产同一种产品，但是企业之间是按照产品生产的上游（upstream）或下游（downstream）

① 笔者在《论广东专业镇经济的发展》（载于《南方经济》2000年12期）一文中已论述了广东专业镇经济的基本特征、类型与发展政策等问题。

联系组织起来的，每个企业只从事某一个产品的某个生产环节的活动。或者说，一种产品被分工为不同的企业来完成，从获取原材料开始到产品加工组装、最终产品的分配和销售是由不同的企业来完成的，而不是在一个企业内部组织完成的。我们把前者的分工联系看成是镇区型横向一体化过程（horizontal integration），把后者看成是镇区型纵向一体化过程（vertical integration）。之所以我们在一体化前面加上一个镇区，是因为我们论述的是专业镇经济，这是一种专业化地区，而不是专业化企业。这里只是借用了经济理论分析企业组织的两种方式，即横向一体化和纵向一体化来说明专业镇的发展类型。

在用两种生产组织方式分析专业镇以前，弄清镇区型生产组织网络与企业组织联系的联系与区别是十分有必要的。从联系角度看，无论是镇区型的横向一体化还是纵向一体化，都是以企业为主体的。企业在镇区内的不同生产组织方式构成了镇区型经济网络特点。从区别角度看，这种生产组织机制是不同的。经济学家们从企业角度论述企业纵向链条与横向组织扩展的边界，这种边界是根据企业使用市场的收入与成本进行分析的。换句话说，企业究竟是购买还是生产的决策决定了企业纵向与横向规模。比如，把生产过程的一个环节放在企业内部作为一个生产或服务部门，即企业的内部化过程；或是把这个环节转移给其他企业经营，通过市场交易来获得这种生产或服务，即外部化过程，这是由企业的内部化与外部化的收入与成本比较决定的。如果一个企业把生产或服务活动中的一部分放给其他企业经营，自己通过购买获得，那么这个企业就与其他企业形成了上下游的产业链条关系；如果通过同类产品生产能力的扩展，强化企业规模经济效益，那么企业之间就形成了横向联系。这种联合生产与联合经销的企业经济被 A. D. 钱德勒（A. D. Chandler）看成是一种范围经济。戴维·贝赞可（D. Besanko）等学者详细地论述了这两种以企业为主体的联系机制。

然而，尽管专业镇经济也会形成纵向与横向的生产组织联系，但是其形成机制是有所不同的，显现出来的分工程度也有所差别。一个镇区的横向性生产组织方式只是在一个镇区内聚集了生产同类产品的企业，而这些企业之间不一定有产业分工联系。整个区域内都是生产或提供基本相同的产品或服务。专业化分工只是相对于这个镇区与另外一些生产或提供不同的产品与服务的镇区而言的。在专业化镇区内，企业之间通过相互配套形成的产业链条关系是有限的。镇区型的纵向性生产组织联系是在这个镇区内形成了企业在产业上下游之间的基本链条关系。显然，这两种企业之间的生产组织范围是不同的。横向型生产组织的区域体现了专业镇经济内部的聚集效应，即通过专业化生产、经营，使生产和提供这种产品与服务的外部资源向这里集中。比如，美国硅谷就是一个专业性的软件开发基地，相对于其他地区来说，这里形成了一个专业化的生产基地，由此聚集了大量的世界各地的软件开发资源。纵向型生产组织的区域反映了专业镇经济的分工效应，即一个产业在一个区域内存在上下游分工联系。如果从分工层次上考察，对于一个专业镇经济来说，横向型生产组织方式是专业化分工发展的初期阶段，而纵向型生产组织方式则是进一步专业化分工的结果。因此，如果从企业角度观察两种生产组织方式，那么可以做出这样的判断，即无论是横向生产组织或纵向组织，都是企业战略选择的结果。而从区域角度进行判断，这两种生产组织方式就反映了专业化分工层次的差别。

二、横向一体化的形成与局限

1998 年，广东省超过 10 亿元社会总产值的建制镇为 274 个，占全省 1551 个建制镇的 17.67%。观察这些社会总产值在 10 亿元以上的镇，我们发现，两种一体化分工联系的专业镇都是存在的。比如，中山古镇的灯饰、小榄的五金制品、黄圃的腊味、沙溪的服装，澄海市①澄城的玩具，南海西樵的纺织、大沥的铝型材制品及摩托车、盐步的内衣、平洲和里水的制鞋、南庄和佛山石湾的陶瓷、张搓的针织，顺德伦教的木工机械、乐从的家具，东莞虎门的服装、石龙及清溪等镇的电子产品、厚街的鞋业，茂名市的高州、化州的水果，梅州、普宁的凉果，等等。在这两种专业镇经济中，大多数属于依靠自身的资源和专业化市场自然生长起来的横向一体化分工联系。比如，东莞市虎门镇的几百家企业都生产不同款式、品种和类型的服装，每个服装企业基本上从进料、设计、加工成型和销售都是自己完成的，整个服装的生产环节并没有分配给不同的企业完成。南海

① 2003 年 1 月 29 日，撤销县级澄海市，设立汕头市澄海区。——编者

市[①]的大沥镇的铝型材生产、西樵镇的纺织品，中山市张搓镇的针织、小揽镇的五金生产，顺德市乐从镇的家具生产，佛山市石湾镇的陶瓷等，都具有这种横向一体化分工联系。建立在纵向一体化联系基础上的专业镇经济相对比较少。中山市古镇是一个典型的案例。这个镇在灯饰生产上基本上以产业链条形成了生产网络关系。从原材料、配件到组装分别由不同的企业完成。有的企业专门从事设计，有的企业专门进行塑料生产，有的企业提供玻璃制品，有的企业进行钢管制造，有的企业进行组装、包装，还有的企业专门从事运输、销售等。多数以纵向一体化为主的专业镇经济是通过外部资源的带动形成的。比如，东莞市清溪镇在一些生产计算机的台商大企业进入后，一些中小台商纷纷进入，与进入的大企业在本地配套，从而形成了“嵌入”型的专业镇经济。据调查，目前大约一台计算机的95%以上零配件和组装件都可以在清溪镇配齐。这就是说，在清溪镇内，大企业生产计算机的核心件，大量的中小企业则生产相关配套的组装件和零部件，它们之间形成了纵向一体化的产业链条。

然而，从两种专业镇经济在广东经济中的分布情况看，目前，广东的专业化经济是以横向一体化分工联系为主的。除了东莞市的少数镇以引入型的生产计算机为主的专业镇实行了纵向一体化分工联系以外，广东省的绝大多数专业镇经济是以横向一体化分工联系为主的。之所以形成这样一个特点，主要有以下四个原因。

（1）贴近市场。广东省的大多数专业镇经济主要是围绕专业化市场建立的。这种专业化市场是原来的农村集市交易演化的结果。随着人们的收入水平不断的提高和市场交易频率的增加，许多以农副产品为主的集市贸易逐步地演变为以加工制品为主的专业化供求关系。参与集市交易的经济主体主要是有一定资金和市场经验积累的农民和个体户，然后逐步发展成为以提供专业化工业加工产品为主的中小型企业。这些个体、私营企业等中小企业对市场需求的变化反应最敏感、最及时。在缺少长途运输能力条件下，它们与周边市场之间形成了直接互动的供求关系，也使专业市场成为连接大量中小企业的结点。所以，专业化市场的形成与发展就使一个乡镇里面的大量中小企业与市场需求建立了相对稳定的联系。到1999年年底，南海市个体、私营企业发展到69349户，比1998年增加了5102

① 2002年12月8日，经国务院批准，撤销南海市，设立佛山市南海区。——编者

户，经济总收入为420亿元，这些个体、私营企业主要集中在各个专业镇里。

（2）技术与生产组织简单。大量的以家庭为基础的中小企业，由于缺乏足够的资金和技能积累，只能选择个人资金需要量不大、生产技术门槛不高的简单劳动密集型产品进入，比如，纺织、鞋类、制衣、陶瓷、玩具、家具等。这类行业的技术主要以适用的、简单的技术为主。此外，这些中小企业没有雄厚的资金力量雇用更多的专业人员来建立各种信息机构、收集信息资源、开办营销网点，这也就决定了这些中小企业主要围绕周边的市场来投资设厂和做出反应，因此这些中小企业多数是以家庭经营为主的，外请经营管理人员较少，但是请帮工的企业较多。比如，在南海市西樵镇中，大多数家庭都从事纺织品生产，主要是由家庭的核心人员进行管理和经营，雇请外来工从事生产、运输和搬运等环节的工作。

（3）模仿跟进。在现有的专业镇经济中，由于大多数加工产品都属于形成最终产品前的少数几个环节的简单加工和装配，或从原料到最终产品之间本身就不需要复杂的生产链条，如纺织、鞋类、制锁、小五金等，因而开办这类企业需要的专业化技术水平相对不是很高的。同时，生产规模不是很大，这对开办初期的资金需求压力也不是很大，因而从技术和资金来看，进入的门槛都不是很高。当乡镇内的一些企业家根据市场需求变化首先成功地创立了某一类企业后，它的生产技术和经营经验就会通过亲戚朋友、街坊邻居等各种非正式的信息渠道传递给其他人，他们也就通过模仿性的学习进入这类产业。于是，在少数具有企业家创新精神的带动下，由少数人进入的行业就变成了整个乡镇大多数家庭都进入的专业镇经济。

（4）聚集扩展。随着市场交易规模的不断扩大，其聚集资源和市场信息的能力变得越来越强，这会吸引外部的生产同类产品的资源和企业进入专业化市场周围，或在一个乡镇的专业化市场中设立销售网点，一些同类产品的企业也会直接将一部分资源投入到这里进行投资设厂。中山市的古镇灯饰生产就是一个例子，在灯饰生产初期，主要是本地企业进入的，随着专业化市场规模不断扩大，外地的企业也纷纷在古镇投资设厂，目前在古镇生产灯饰产品的外来企业就有几十家。这就是当本地市场与生产规模同时扩大后，形成了同类产品的资源聚集效应。南海市大沥镇铝型材和摩托车配件市场、张搓的针织市场、乐从的家具市场等，都吸引了大量的外部资源和外来企业加盟，从而促进了本地专业化市场规模的扩展。

无疑，这种以横向一体化为主的资源配置类似于日本在20世纪50年代出现的“一村一品”的专业化区域生产组织形式。它是在市场经济环境下通过竞争使各地区生产和资源逐步向本地最具经济优势的产品和生产环节强化和集中形成的结果。通过以乡镇为单位的区域专业化路径，有效地提高了整个社会的资源配置效率，从而成为广东经济进一步发展的产业组织形式。然而，这种以横向一体化为主的专业镇经济，虽然是专业化分工发展的结果，但是这种分工还是经济发展中的初级阶段，它还不能看成是市场经济高度发达的一种产业分工组织方式，因为它还没有深入到企业层次上。现有的专业镇经济是以乡镇为单位的区域之间专业化分工为特征的，而不是以企业为单位形成的一种专业化分工。不同的乡镇，根据不同的资源禀赋、历史传统和地缘优势，形成了不同的经济分工，并通过资源的市场化流动，使资源的空间布局发生了变化。通过空间分布的变化，提高了资源的使用效率。然而，在专业镇内部，大量的中小企业之间还没有建立起经济学家所说的一种上下游的产业链条关系，即每个企业从原材料到最终产品的过程中直接相关的加工、处理活动等都是在本企业内部完成的。这里所说的加工过程所包含的获取原材料、加工产品和组装，处理过程所包含的运输、仓储、市场销售等活动，以及每个加工和处理的步骤所要求的一系列专业的支持性服务，如会计、法律服务、财务、人力资源管理、市场营销和战略规划等，基本上都是通过企业内部组织资源进行的。专业镇内部几乎所有企业之间的经济联系都是松散的，甚至没有发生相互之间的经济关系。比如，在以家具为主的专业镇经济中，几乎所有的中小企业都生产以最终产品为主的家具，只是款式、品种、档次和类型有所不同。虽然通过市场竞争与分工，每个中小企业都找到了自己的产品定位，有的档次高一些，有的大众化一些，有些家具体现了现代特色，有些家具继承了传统风格，但是整个专业镇经济中的企业并没有形成纵向的产业链条关系，即有些企业专门从事木材采购和运输，有些则专门从事设计，另一些企业进行加工生产，还有一些企业专门从事仓储、运输、销售等。按照一些管理学家的说法，产业纵向链条的形成有利于整个产业提升价值的增值。迈克尔·波特（M. Porter）提出的“价值链条”概念描述了这个企业之间为生产最终交易的产品或服务，所经过的增加价值的活动过程。虽然纵向链条是更有利于提升价值增值的一种分工形式，但是为什么广东的大多数乡镇没有选择这种纵向一体化的专业镇经济呢？我认为，主要原因有两点。

第一，市场化分工交易范围还没有演化到这个阶段。专业化分工发展的历史表明，随着市场竞争的不断强化和市场交易的扩展，乡村集市由以农副产品为主的多种产品交易演变为每个乡村集市越来越专业化的产品，在这个乡村内的企业大多数就会从事由提供多种剩余的产品变为专门从事某一种产品的生产。随后，每个乡镇生产能力的提高和分工的细化，乡镇内的企业会进入到生产链条更长的产业，于是企业之间的专业化分工也会沿着产品分工、产品内的生产环节分工方向发展。显然，由产品分工到产品内的不同生产环节的分工是市场交易扩展和竞争的结果。广东现阶段的专业镇经济是由以提供农副产品为主的乡镇集市贸易演变而来，这既是乡镇企业产业结构的一种提升，也是分工交易范围扩展的结果。现阶段广东的以横向一体化生产组织方式为主的专业镇经济特征表明，广东省的大多数乡镇经济基本上已经完成了由乡村集市贸易的多种产品生产向专业化产品生产转变的过程，同时也把乡镇经济纳入到越来越大范围的市场分工体系之中。但是，企业向着产品内部生产环节的分工则是初露端倪。

第二，企业之间的交易成本比较高。这种交易成本包括：企业的生产流程中的某些环节向一家独立的市场厂商购买，而不是内部生产，由此产生的协调费用；与独立的供应商、分销商签订与执行购销合同的交易费用；与独立厂商合作中出现的信息披露、监督费用等。降低一个企业与另一个企业之间在纵向链条关系中的交易费用往往需要建立信任关系。这种信任关系可以通过两种途径加以维持，一是非正式组织的合作关系，比如亲戚朋友、街坊邻居等长期形成的重复博弈关系，使企业之间恪守信誉关系；二是正式的制度规则，即通过建立一套比较完整的制度规则，激励遵守合约者，惩罚背叛者。在正式的制度规则没有有效地建立起来之前，非正式组织的合作关系起着主要的作用。目前的广东专业镇经济主要靠这种关系来建立企业之间的产业链条关系。在企业活动范围越来越大、资源流动越来越明显的环境下，这种非正式组织形成的合作约束力就显得薄弱了，由此使企业之间合作的交易成本提高了。因此，在缺乏有效的保护产权的制度规则条件下，仅靠非正式的组织来形成产业链条，必然使产业纵向链条上的交易费用较高，这构成了当前广东专业镇经济以横向一体化为特征的制度性原因。

三、生产组织向纵向一体化的转变

随着市场交易的扩展和生产分工的细化，广东地区的社会经济分工会由专业镇之间不同产品和产业之间的相互分工，进入到专业镇内部的企业之间在同一产业内部不同生产环节上的分工，这种转变有利于进一步提高广东专业镇分工层次与水平，并改进资源配置效率。目前，在广东专业镇经济中，形成这种分工细化的推动力量主要有三个方面：以大企业为主的网络化资源的进入；自我生长起来的大企业与中小企业之间的网络联系；以及支持上述两种力量发展的制度规则的建立与完善。

（1）以大企业为主形成的纵向一体化网络。对于广东的一些专业镇来说，大企业进入是形成纵向一体化网络的直接推动力。这有几种情况：①随着大企业的进入，与大企业相配套的中小企业也相应地跟进，由此形成了一个网络性资源全面地进入。东莞市清溪镇就提供了这样的例子。20世纪90年代以来，在几个生产计算机核心件的台资大企业将生产基地迁入清溪镇后，这些大企业的供应商以及在台湾与其相配套的大量中小企业也随之落户于此地，这种大企业的进入本身给中小企业进入产生了较大的需求机会，从大企业手里接到稳定的订单，并给大企业提供稳定的配套产品形成了许多中小台商的生存与发展之道。②在大企业收购本地企业后，通过整合本地资源，形成了纵向一体化的网络。顺德提供了这样的例子。20世纪90年代后期，爱德品牌的电饭锅企业被海尔集团收购后，海尔集团便开始以这个厂家的生产线进入电饭锅行业，被收购的企业便成为海尔集团生产电饭锅产品的配套部门。品牌更换后，电饭锅产品借用了海尔的品牌和市场销售渠道，使其市场得到了迅速的扩展，需求量大幅度增加。于是，原有的企业生产能力已经无法适应这种需要，周边的一些企业看到这个机会后，纷纷加盟到为海尔电饭锅产品提供零部件、元器件的行列中。这样，通过海尔集团的品牌和市场销售渠道所建立的供应商网络就远远超过了原来的爱德企业形成的产业链条。③在大企业进入一个乡镇后，如果本地资源难以整合到产业链条时，那么就需要引入外部资源，与本地的大企业形成相互需求的合作网络。东莞市石龙镇正在进行着这方面的尝试。石龙引入了日本最大的多媒体、复合型数码复印机制造商——京瓷公司，这家公司不仅把生产基地转移到了石龙，而且准备在石龙建立一个

500 人规模的研究与开发基地。这形成了对内地计算机制造与软件开发人员和企业的巨大吸引力。北大方正已经将生产基地迁入石龙，一些产学研机构也正在陆续进入石龙，这将构成一个外部人力、技术资源在石龙聚集的网络。当然，把近 4 万人的本地人力资源吸引到与这些大企业相配套的产业链条中还需要一个过程。

（2）通过市场竞争，在原有乡镇的中小企业群体中成长起来一些具有带动效应的较大型企业，以这些大企业为龙头，形成与原乡镇内大量中小企业之间纵向一体化的网络联系。目前，在大多数横向一体化专业镇经济中，基本上是与外部的大企业进行配套的。比如，南海的一些电子产品零部件和元器件生产、一些机械配件的生产就是以佛山和广州的企业为核心的。随着市场交易与分工的扩展，一些中小企业随着生产能力的扩展和资本积累，开始对没有品牌、附加价值有限的配套供应商角色不满意了，于是，这些企业便开始抓住核心技术，扩大自己的生产规模，从下游环节向上游环节推进，或者依托核心环节做大规模，把本来与其他企业配套的供应商吸引到为自己配套的产业链条上来。日本大企业与中小企业的联系就提供了这方面的经验。在日本，许多企业就是在抓住某一产业的核心技术和生产能力基础上，通过分包关系把大量的中小企业网络在自己周围，由此降低市场交易风险和大企业管理费用。日本的总承包商与分包商之间既没有资产联系，又没有组成一个企业，而是通过长期的生产经营联系，使两者变得相互依赖。比如，日本本田公司汽车零部件的外购率已达到 70% 以上，即对承包企业的依赖性很高，而承包企业所采用的设备和技术都是为母公司设计的，除了母公司外，其产品别无销路。日本企业的分包商与承包商之间不是在市场竞争中寻找交易伙伴的，而是多数与熟悉的老关系做买卖，这实际上产生了一种排他性贸易，使得外国产品难以进入日本市场。

（3）推进制度规则的建立与完善，保证供应商、分包商和代理商之间的合约得到有效的执行。如上所述，广东专业镇经济之所以在推进纵向一体化产业分工上出现困难，是与市场交易中正式合约的执行有密切关系的。事实上，企业之间形成上下游网络关系的核心是契约。如果交易出现问题，在契约能够有效执行的条件下，供应商与制造商之间凭借契约的约束，相互依赖对方，那么双方就可能会努力缓和各种争议。如果双方不能签订一个可执行的、能够包括重要的意外事件和惩罚逃避责任行为的契约，那么这种供应链条就会中断。因此，有效的契约是保证这种网络关系得以长期发展的根本。目前，在一些纵向一体化的专业镇经济中，企业之间形成纵向一体化的基础在于非正式的契约关系。这种合约关系在一个人力、资本和技术资源流动有限的条件下是比较有效的，但是在广东省特别是经济相对比较发达的珠江三角洲地区，专业镇经济多数是在要素流动条件下出现的。要素流动会降低人们退出合约的成本，使合作者双方出现机会主义行为，从而损害企业之间的网络关系。这也正是专业镇经济难以推进纵向一体化网络的一个制度性因素。因此，建立正式的以合约的有效签订与执行为核心的制度规则，有利于在要素流动条件下形成企业之间的纵向链条关系。通过正式的制度规则，保证长期的合作关系，这会极大地促进专业镇经济向产业内生产流程中不同环节的分工转变。

参考文献

[1] 戴维·贝赞可，等. 公司战略经济学 [M]. 北京：北京大学出版社，1999.

[2] 小艾尔弗莱德·D. 钱德勒. 企业规模经济与范围经济 [M]. 北京：中国社会科学出版社，1999.

[3] 迈克尔·波特. 国家竞争优势 [M]. 台北：天下杂志出版社，1996.

[原载《中山大学学报》(社会科学版) 2002 年第 1 期]

集群经济中的关系合约与稳定性机制研究

一、问题的提出

新制度经济学代表人物威廉姆森（Williamson，1985）在20多年前提出了用交易费用工具划分组织与市场的理论分析框架。按照他的看法，由于市场与组织都存在着有效的治理机制，因而在这两种交易所发生的交易费用相对稳定的条件下，两种极端的治理模式是比较稳定的。同时，他也注意到在两者之间存在大量的中间状态，诸如外包关系、集群组织、互惠交易、特许经营、关系网络、共用商标等。他进一步分析了这些中间状态的优势与不足。从交易成本分析视角看，其优势在于，它比组织内部的协调成本要低一些，因为中间状态是在保持每个经营者自主决策基础上按照市场规则进行组织交易的，同时由于它在一个地域范围内容易发生交易双方的重复博弈，因而比单纯的市场交易费用也要低一些。然而，其不足是，它以非正式的关系合约与治理为基础，而不以层级制所形成的正式合约关系与权威为基础，使这种相互依赖的双边关系取决于相互信任，这样分散的决策与协调主要依赖于双方的长期互利互惠影响。在这个既不是市场也不是等级制度的类型中，治理机制主要依赖非正式的关系合约，而这种关系合约不具有类似正式合约的约束力，由于有效约束力的缺乏，因而他把集群组织等混合状态看成是一种不稳定的治理模式。换句话说，在混合状态中，关系合约是与不稳定的治理模式相联系的。

集群组织被认为是一种混合类型。观察现实经济中存在的集群组织，并不完全是不稳定的。一项全球化集群研究的结果表明（Linde，2002），在其考察的全球121个产业集群样本中，在1750年以前出现的集群占14.6%，1750—1800年出现的集群占了4.9%，1800—1850年出现的集群占9.8%，1850—1900年形成的集群占11.7%，1900—1950年产生的集群占21.5%，1950—2000年出现的集群占37.6%，这意味着存活了50年以上的集群占了62.4%。从集群在国家的分布来看，英国的5个样本是在1780年左右出现的，法国和德国分别有15个和24个集群是在19世纪前后形成的，意大利也有12个集群是在1823年左右兴起的，美国和印度分别有44个集群和56个集群是在20世纪50年代左右产生的。这表明，无论是发展中国家还是发达国家都存在着持续了50年以上的集群。

显然，理论与现实经济之间出现了矛盾。一方面，按照威廉姆森的分析逻辑，集群组织作为一种中间状态是以关系合约为主的。由于关系合约存在着治理的不稳定性，因而这类组织不会持续很长时间。另一方面，集群作为一种组织与市场之间的中间状态确实存活了很长时间，这就意味着集群内部可能存在着一种相对稳定的治理机制。如何解释在集群经济中关系合约与相对稳定的治理机制并存之间的联系？本文认为，关系合约与相对稳定的治理机制之间的内在联系主要依赖于集群内企业与劳动力等生产要素的退出成本。退出成本的高低对实施关系合约的有效性产生着重要的影响。一旦有效的关系合约得以持续，那么就意味着集群内存在着相对稳定的治理机制。下面本文着重对这个理论观点进行阐述。

二、产业集群与退出成本

产业集群指的是一群企业围绕某一个或几个相关产业在一个地域范围内的聚集。这个概念限定了产业集群三个基本要件：一是存在着一个或几个相关的产业，即这种产业在整个地区内的集中度很高，大大高于整个国家的平均分布水平。二是存在着相互关联的企业群体。这种联系既包括纵向联系，诸如采购商与供应商之间的供应链关系；也包括横向联系，诸如互补性的产品与服务、相同的专用性投入品、技术与制度的联系等。三是企业聚集地分布在一个特定地区。产业集群的稳定性程度主要指围绕着该产业的企业进入与退出该地区的数量占整个地区企业总量的比重。如果进入的企业数量大大高于退出企业的数量，那么这意味着集群处于成长与繁荣时期。如果进入的企业数量低于退出数量，那么这表明集群可能进入了一个衰退阶段。如果进入与退出基本上是平衡的，或者说围绕一个中间值在一定时期内上下波动，这就反映了集群的稳定状态。可见，集群的相对稳定性直接反映在企业数量的变动上。

集群内的企业数量变动与三个因素相关，即产业周期、地区拥挤程度与治理环境。产业周期因素表明一个产业处于发育、成长、成熟与衰落等不同时期对企业进入与退出数量的影响。比如，当产业处于发育与成长阶段，这个地区的企业进入的数量可能会大于退出数量。相反，当产业处于成熟与衰落阶段，企业进入量可能会少于退出量。当然，技术变化可能会加速或推迟某个阶段的来临。地区拥挤程度反映了一个地区内的企业聚集密度。在给定一个地区发展机会条件下，企业在一个地区的聚集密度取决于它的外溢性与分享公共产品的成本。如果一个地区拥挤到租用土地的成本明显地高于进入该地区所获得的外部性及机会方面的收益，这种拥挤性就会限制该地区的发展。换句话说，这种拥挤性观点与集群的边界相关。当一个集群内的企业拥挤程度使每个企业在收益一定条件下所支付的成本增加到与集群外地区的水平相同时，这也就形成了集群的边界。因此，当企业进入集群所得的收益大于成本时，企业进入量会大于退出量。当集群内的企业拥挤使每个企业分享公共产品的收益下降而成本增加时，企业进入量就少于退出量。治理环境也是影响企业数量变动的一个重要因素。企业聚集在一起会发生许多交易与非交易的联系。所谓的交易联系是基于自主决策的市场交易，诸如围绕产业链而进行的分工与交易、供应商与采购商之间交易等。而非交易活动的相互联系主要涉及在集群内的信息交流、观察别人与别人分享的示范和模仿机制等，这种“无交易的相互依赖性”也可能会产生纠纷，诸如新产品与新工艺的示范与模仿就可能与知识产权的制度规则相关。没有有效的知识产权治理，就会出现大量的“搭便车”行为。所以，集群作为一个市场交易密度和相互联系紧密度都较高的地区，需要进行正式合约与非正式合约的治理。如果正式合约安排有限，那么非正式合约关系就成为治理的主要工具。综上所述，三种因素都可能通过影响企业进入与退出数量差异而引致集群的不稳定。

然而，威廉姆森所说的混合制作为一种不稳定治理模式主要与集群的治理环境有关，所以这里暂不讨论产业周期与地区拥挤程度对企业数量的影响，而着重分析治理环境对产业集群稳定性的影响。与等级制组织不同，一方面，集群内部的协调是建立在各个独立实体自主决策基础上的，这种协调在相当程度上取决于非正式关系的重要性，而不是正式的制度规则，因而集群内企业进入与退出的灵活性相对更大一些。另一方面，基于关系合约的企业之间相互协调是缺乏组织性的强制、承诺与许诺等合约保障的，因而这种关系合约对企业行为的约束力就可能不如正式合约关系有效，这也就是威廉姆森所说的中间状态具有不稳定性的原因所在。因此，集群是否具有相对稳定性的关键在于，解释在关系合约下增加什么样的因素可能导致相互约束力增强。

关系合约要具有相互约束力，基本的前提是要保证双方的重复性交易关系。美国学者艾克斯罗德（Axelrod，1996）指出，可重复的交易对双方各自的经济行为是有约束力的。如果不可重复，就意味着任何一方发生背叛，它都没有时间受到另一方的处罚，这样发生背叛行为的概率就会提高。在缺乏第三方的有效约束下，抑制双方在交易过程中的各种机会主义行为，关键是保持它们之间的可重复交易关系。

在集群中，企业之间发生重复交易的一个决定性因素是企业的退出成本。这种退出成本指的是一个企业或劳动力等生产要素退出一个地区所支付的费用。如果企业退出代价较低，那么它就可能随时中断与集群内其他企业的贸易联系，这样停止重复性交易的风险就会相应地增加。相反，如果企业退出成本与代价较高，那么中止重复性关系合约的可能性就会降低。因此，退出成本在企业权衡继续留下来或退出去的决策中具有决定性作用。当退出去的代价大于继续留下来时，在万不得已条件下，任何一个企业都不会随意地退出。如果退出，就会带来比留下来更大的损失。而只要留下来，就会增加可重复交易的可能。换句话说，在关系合约中，退出成本是形成相互约束力的基本因素。在退出成本中，对企业的固定与沉淀成本、劳动力流动成本这两个主要部分的分析，是理解集群相对稳定的关系合约治理机制的关键。

三、企业的固定与沉淀成本

固定与沉淀成本是一个企业进入集群时一次性或逐步扩大资产规模的投入。当一个企业进入到集群时，它不仅要购置或租用土地、兴建厂房与购买专用性设备、对雇佣的员工进行培训等，而且还会经常发生相互依赖性的投资。比如，为产业链在本地的上下游企业进行专门配套而购置专用的生产设备，以及在企业之间为转让技术与新产品而进行的联合投资等（Teece，1992）。对于企业来说，这部分成本具体包括固定投入与沉淀成本两部分。

固定资产投资是通过折旧补偿而逐年收回的投资。具体来说，在企业每年提取的折旧比率一定的情况下，一个企业在一个地区内所投资的固定资产数额越大，那么它需要在这个地区持续生产与经营的时间就可能会越长，它与该地区一些交易伙伴建立的关系合约也就越具有长期性。所以，企业在一个地区投资设厂中的固定资产投入多少对其退出成本产生着重要的影响。当然，一个企业投入固定资产的多少主要是与产业性质相关的。一般来说，与以轻纺制品为主的产业链进行配件及零部件配套所需的基本投资额相比，为重化工业链条进行配件的技术复杂性与资本投入规模相对要高得多。比如，在汽车进行最后组装之前要有三个主要生产过程：车身制造、零部件制造、发动机和变速箱制造。零部件制造主要包括机械及电气组件的制造，如仪表、化油器、刹车系统、转向系统等，以及车轮、轮胎、座椅、挡风玻璃、排气系统等。相对来说，制造纺织品和服装所需要的技术设备相对简单，生产链条较短，诸如纺纱、编织、整理、剪裁与缝纫等。在整个生产工序中，除了剪裁、设计等相对复杂一些之外，其他工序对劳动力技能要求也不高。可见，汽车组装以及零部件制造比纺织产业的配件生产要复杂一些，进而企业为汽车制造进行零部件配套所必需的固定资产投资规模，一般也比为纺织业和服装配套所需要的固定资产规模要大一些。这就是不同的产业对配套企业的技术要求不同，固定资产投资规模不同，因而不同产业集群中的企业退出成本也相对不同的原因所在。

沉淀成本（sunk cost）也是影响企业做出进入与退出决策的重要因素之一。与固定投资不同的是，沉淀成本也是企业进入时所必须但不可收回或无法转为他用的投入。许多学者讨论了沉淀成本的类型及对进入与退出的影响（Demsets，1973；Schmalensee，1992）。对研究沉淀成本的文献加以概括，大致包含专门用于某种产品生产的厂房、设备和专有人员；企业进入前的市场调研费用和进入后的研发与广告费用；某一个行业对进入企业的技术质量和污染标准等方面的基本要求，以及企业在进入产业中对产业链上的采购商与供应商之间交易关系网络的投资等。传统的新古典经济理论是在忽略了沉淀成本存在的前提下讨论市场竞争与资源流动机制的，鲍莫尔（Baumol，1982）提出的可竞争市场理论提供了这种例证。然而，在现实经济中，由于行业的技术特点，进入与退出都有一定的成本代价。产业组织理论集中研究了沉淀成本和企业进入与退出之间的关系（Tirole，2003）。较高的沉淀成本不仅是一个潜在的进入壁垒，也会使企业的退出成本明显提高，所以进入较高沉淀成本行业的企业往往与其上下游厂商形成长期合约的关系。

显然，这种沉淀成本与企业进入、退出某个行业之间关系的论述同样也适用于集群相对稳定性的分析。换句话说，对于一个企业而言，退出一个产业与退出一个集群是基本相同的，沉淀成本是影响流动决策的基本因素之一，企业退出的沉淀成本越高，它留存下来的动机就越大。所不同的是，在产业组织理论对企业退出一个产业的分析中，社会关系网络作为一个因素的重要性并没有得到相应的关注，而集群理论关于企业进入与退出成本的分析就必然会涉及社会关系网络这个因素。当引入社会关系网络这个因素后，企业进入与退出成本就可能出现不一致。比如说，企业退出一个产业的沉淀成本可能取决于其进入时的必要投入，这样，进入与退出的沉淀成本大致是相对应的。而企业退出一个集群的沉淀成本可能与其对集群的投入就不完全一致，企业进入时所必需的沉淀成本投入较少，而退出成本却可能很高。因为社会关系网络是一个地区内人们长期积累而结成的，处于这个社会关系网络中的企业不需要在进入交易时花费大量的沉淀成本就可以实现交易费用的降低。看起来，进入集群时似乎没有在社会关系网络上有更多的投入，但是一旦退出并转移到其他地区，就会发现两个地区之间存在的成本差异性。据我们对珠江三角洲地区一些企业的调查发现，该地区的一些企业在本地生产与经营是盈利的，但以相同的方式到其他地区投资设厂就出现了亏损。当然，这与跨地区生产经营中的企业管理能力与适应性等因素相关，而缺乏熟悉的、相互信任的社会关系网络被认为是一个普遍原因。

从一个地区的视角来看，当聚集在某一个产业中平均每个企业的固定资产规模与沉淀成本都较高时，那么这会增加该地区从一个产业转向另一个产业的转换成本。与一个以轻纺工业为主的地区相比，一个作为钢铁、汽车等重化工业基地的地区，其产业结构的调整与转向往往要复杂得多。比如，英国伯明翰、曼彻斯特、利物浦等城市都曾是整个世界工业化浪潮中最重要的重化工业基地。然而，自 20 世纪 70 年代以来，随着市场需求与技术环境的变化，这些地区对产业结构调整都产生了巨大需求，而基于重化工业以及与此相关的辅助产业的投资存量过大，使这种转换成本变得很高。其结果是，一些企业不得不放弃原有的投入而转向其他地区，而这些沉淀着大量重化工业存量的地区则出现了衰落。所以，企业的固定投资与沉淀成本也成为观察一个集群进行产业可转换的重要因素。

四、劳动力的流动成本

劳动力的流动成本也是影响集群稳定性的一个基本因素。在资本与劳动力作为可流动的两个基本生产要素中，劳动力对集群的区位性与稳定性产生着日益重要的影响。英国学者彼得·迪肯（Dicken，2007）认为："在生产过程和运输的技术变化抹平了区位对于传统的重要生产要素，诸如自然资源等重要性的同时，当前最重要的区位性单体要素是劳动力。"① 劳动力作为生产要素对于集群稳定性的作用主要体现在三个方面：劳动力与资本流动的成本比较、劳动力知识与技能专用性、劳动力社会资本等。

作为生产要素的劳动力与资本在流动成本上存在着明显的差异。一方面，随着电子与信息网络技术进步与越来越多的国家对资本市场管制的逐步放宽，资本流动变得越来越便利，流动成本也相对越来越低，这种全球范围内的资本低成本流动是推动现阶段经济全球化的主要动力。另一方面，劳动力是一个相对不具有地理流动性的生产要素，特别是长距离的流动，因为劳动力的跨地区流动通常要考虑的不仅是不同地区的工资水平差异，还包括整个家庭的安置，诸如住房、教育、商业与交通便利程度、社会关系网络纽带等，所以劳动力是根植于一个社区内的。迪肯指出这种纽带对不同类型的劳动力强度的差异性，具体来说，男性工人一般比女性工人更具有流动性，技能工人一般也比非技能工人更具有流动性，职业白领工人比蓝领工人更具有流动性，等等。当然，不论进行什么样的劳动力流动分类，几乎所有的劳动力都要比资本具有更大的不可流动性，这种劳动力相对低的流动特征来自劳动力流动成本大大高于资本流动。由于任何一个地区的资源分布未必是均衡的，所以劳动力与资本之间的数量与结构要在一个地区内形成相互匹配，从而形成人尽其才、物尽其用的生产力，只能通过要素流动实现不同地区的要素组合。在这种要素组合中，虽然两种要素的流动情况同时存在，但是大量发生的要素流动是资本向着有劳动力资源优势的地区转移，而不是相反，这就是由劳动力流动成本高于资本流动成本所致。在资本与劳动力跨国流动中，无论是流动规模还是增长率，

---

① 彼得·迪肯著：《全球性转变——重塑21世纪的全球经济地图》，刘卫东等译，商务印书馆2007年版，第178页。

资本都远远大于劳动力，这种流动成本差异导致世界上一些工业发达国家向发展中国家大量转移资本的可能性。如果资本流动成本高于劳动力的流动成本，则会出现全球范围内的劳动力大规模地向具有资本优势的少数国家聚集的趋势。显然，后一种趋势远远不如前一种明显，这意味着劳动力跨地区流动成本相对较高。随着经济全球化，与劳动力流动成本相比，资本流动成本越低，两个要素之间流动成本差距越大，于是资本向着具有劳动力资源优势地区的流动就越明显，那么可流动的资本与不流动的劳动力结合形成的本土化生产方式也就越多，这就是经济全球化与本土化共生并存的原因所在。经济全球化越迅速推进，处于全球化网络中的本土化发展也越快。

劳动力专业技能与知识的不断积累会进一步增加其流动成本。劳动力专业知识与技能的获得取决于两个方面，即本地区的教育程度和生产实践的特殊历史背景。正规教育作为获取符号化知识的一个重要途径，其同层次的教育水平在不同地区的差异性远远不如基于本土化的生产实践所形成的经验性知识积累，这包括本地区边做边学、边用边学，以及通过观察别人和与别人分享的学习与交流方式等，这被认为是获取隐含性知识的一个重要渠道。在一个地区内，劳动力技能与知识是沿着某一个产业的专用性路径进行获取与积累的。一旦劳动力离开这个地区，长期积累起来的劳动力技能与知识就可能会出现一定程度的贬值，已经熟悉一个地区产业生产技能的劳动力到另外一个具有不同惯例的产业中，效率就有可能下降。所以，这种适应与熟悉本地产业的技术操作程序的劳动力技能与知识使得转换变得困难。在现实经济中，我们可以通过观察具有不同劳动力素质的地区与国家对国际资本流动产生的不同影响加以证明。目前，在国际资本市场上，大约70%左右的国际资本流向了发达国家，而不是流向劳动力成本便宜的发展中国家。即使在流向发展中国家的国际资本中，也因为劳动力成本变化而发生频繁的地区性转移。这表明，在一个劳动力专业技能的平均水平比较复杂的地区与国家中，差异化质量竞争成为外部资本进入的主要吸引力。而一旦形成了基于专用性技能与知识生产力，劳动力退出成本较高，因而也比较稳定。相反，在一个劳动力生产技能平均水平较简单的地区中，外部资本进入所看重的是劳动力成本。由于简单劳动力的可替代性较强，因而一个地区的简单劳动力成本提高，资本就会转向具有更低劳动力成本的地区。这就是劳动力专用性技能越复杂，劳动力流动成本越高的原因所在。

劳动力的社会资本也是影响劳动力流动成本的一个重要因素。美国社会学家格拉诺维特（Granovetter，1985）认为，人们的经济行为是嵌入于具体的社会关系之中的。人们在社会关系中的相对稳定性保证了相互信任的维持，由此产生了当代学者们所说的“社会资本”这个概念。社会资本表示的是一种具有潜在价值或资产库存的组织与关系网络。在这个网络中，人们更容易相互沟通、合作与形成协调的行动，进而提高社会的效率。科尔曼（Coleman，1990）进一步提出了社会资本的两个性质，即不可转让性与公共物品性。这种不可转让性表明这种社会资本存在于某一个群体关系之中。一旦个人离开了这个群体或这个群体出现了瓦解，那么这种社会资本也就消失殆尽了。而公共物品性反映了这种关系资源的共享性。对于劳动力来说，这种自然积累而成的、相互认可的关系网络可以使每个人都能获得更多的使用资本与寻找就业的机会。处于这种关系网络的劳动力要进行流动，可能会带来双重代价：一方面是作为经济资产的原有关系网络的一种丧失，另一方面为在新地区重新铺设关系网络而需要花费的必要费用。显然，在劳动力流动的决策中，社会资本是不得不考虑的一个成本因素。

五、退出成本对集群稳定性的影响

在威廉姆森的治理理论模型中，关系合约之所以与不稳定的治理机制之间形成了因果联系，是因为他忽略了退出成本在两者之间的重要性，这表明威廉姆森是在新古典经济学的可竞争市场模型基础上讨论治理机制的。市场竞争均衡模型一般假设任何市场都具有完全信息并可自由进入与退出，由于退出成本较低，企业迁移与劳动力流动并不需要支付一定的成本负担，这使集群内的关系合约不具有约束力，因而也无法形成相对稳定的治理机制。其结果会导致中间状态的不稳定治理机制向组织或市场的两端发展（Menard，2005）。因为组织是基于正式规则下的权力与责任而对双方形成约束的，市场是基于竞争与选择而形成约束的，而中间状态是两头不到岸，这就是关系合约的不稳定治理机制的根源所在。然而，在退出成本较高的假设下，集群内企业之间的关系合约就会发生变化，因为每个企业与劳动力都沉淀了大量的投入与知识积累，这种沉淀性的资本投入与技能积累可以看成是一种专门的抵押品。一旦企业或劳动力离开集群，就意味着抵押品的损失。所以，一个企业或一个劳动力投入的抵押品越多，其退出成本也越高。而一个企业与劳动力退出集群的成本越高，就越有利于促进企业之间在集群内形成长期行为。所以，退出成本是解释集群等中间状态是否具有稳定性治理机制的核心。如果退出成本较高，不需要进行纵向一体化的组织整合，也可能形成相对稳定的治理机制。

一般来说，退出成本可分为网络性与地域性两类。就网络化而言，日本的分包商网络是一种基于退出成本的机制设计。相对于美国和欧洲的工业厂商，日本工业厂商的纵向一体化程度较低，企业规模较小，并在纵向一体化中更加专业于某一特定领域。这是因为许多日本厂商广泛采用了分包商网络，前10家日本最大的汽车厂商的75%的零部件与配件是向外部采购的，且企业之间还保持了紧密的长期关系。日本是靠什么维持这种分包商网络呢？事实上，这与不同网络中的中小企业需要支付相当高的退出成本有关。比如，如果一个为A厂商进行配套的中小企业忽然为B厂商生产配件，那么B厂商一般是不会接受的，这样就限制了A厂商的流动，分包商网络的相对稳定性由此而来。集群作为地域性中间状态的一种类型，这种类型的相对稳定性机制也是建立在退出成本基础上的。一项研究表明，基于重化工业的集群往往比轻纺工业的集群要存活更长时间，至少没有因企业的地理性转移而发生集群的兴衰。同样，在其他条件不变下，建立在较复杂的劳动力技能与知识基础上的集群往往要比以使用简单劳动力为主的集群周期要更长一些（Linde，2002）。显然，这种集群的持续稳定性与退出成本相关。另一项研究也认为，一般市场竞争环境下通过纵向一体化降低合作不确定性与机会主义行为的治理模型相比，以关系合约为主的集群内企业之间的相互分工更细密一些，且又很少发生纵向一体化（王珺，2004）。对这种现象的理论解释一方面与集群内基于社会关系网络的相互信任相联系，另一方面也与相当一部分企业与劳动力长期投入与沉淀下来的抵押性资产相关。一旦离开，就意味着这些资产价值的损失。所以，退出成本的存在影响着集群内企业与劳动力在维护关系合约治理中的决策与行为，建立在退出成本基础上的关系合约就可能会导致相对稳定的治理机制。

当然，集群的相对稳定性并不一定与集群的竞争力具有内在联系。由于退出成本较高，一般也意味着进入门槛较高。高成本的进入与退出往往会成为一种潜在的进入壁垒与退出障碍。如果有活力的高质量资源进不去，而集群内缺乏竞争力的企业与行将淘汰的资源出不来，集群就缺乏吐故纳新的机制，基于这种高退出成本而形成的相对稳定性也容易导致其衰落。

六、结论

综上所述，处于集群中企业之间的关系合约并不一定与不稳定的治理机制存在必然联系，关键在于退出成本的高低，较高的退出成本会使关系合约具有约束力；相反，低退出成本就使关系合约缺乏相互的约束力。威廉姆森忽视了退出成本的重要性，因而难以在中间状态的关系合约与稳定性机制之间建立内在的因果联系。当然，一个集群的进入与退出成本较高在保持了区域化的生产特征的同时，也容易造成集群资源的自我锁定。这是需要进一步展开研究的。

参考文献

[1] 艾克斯罗德. 对策中的制胜之道——合作的进化 [M]. 上海：上海人民出版社，1996.
[2] 彼得·迪肯. 全球性转变——重塑 21 世纪的全球经济地图 [M]. 北京：商务印书馆，2007.
[3] 王珺. 社会资本与生产方式对集群演进的影响 [J]. 社会学研究，2004 (5).
[4] Baumol W. Contestable Markets: An uprising in the Theory of Industry Structure [J]. American Economic Review, 1982, 72 (1).
[5] Claasvander L. Finding from the Cluster Meta-Study, Institute for Strategy and Competitiveness [D]. Harvard Business School, 2002.
[6] Coleman J S. Foundations of Social Theory [M]. Cambridge: The Belknap Press of Harvard University Press, 1990.
[7] Demsets H. Industry Structure, Market Rivalry, and Public Policy [J]. Journal of Law and Economics, 1973, 16: 1-10.
[8] Granovetter M. Economic Action and Social Structure: The Problem of

Embeddeness [J]. American Journal of Sociology, 1985, 91: 481 - 510.

[9] Maenad M, Shirley M. Handbook of New Institutional Economics [M]. Netherlands: Springer, 2005.

[10] Schmalensee R. Sunk Costs and Market Structure: A Review Article [J]. The Journal of Industrial Economics, 1992, 40: 125 - 135.

[11] Teece D J. Competition, Cooperation and Innovation: Organizational Arrangements for Regimes of Rapid Technological Progress [J]. Journal of Economic Behavior and Organization, 1992, 18 (1): 1 - 25.

[12] Tirole J. The Theory of Industry Organization [M]. Massachusetts: Institute of Technology Fourteen Printing, 2003.

[13] Williamson O E. The Economic Institutions of Capitalism [M]. New York: The Free Press, 1985.

[原载《中山大学学报》(社会科学版) 2008 年第 1 期]

企业簇群的创新过程研究

一、引言

近年来，企业簇群作为突破中小企业技术创新自身限制的有效组织方式，已引起了学术界与决策部门的普遍关注（Piore & Sabel，1984；UNCTAD，1998；Giovana & Marco，1999；Van Dijk，1999；Porter，2000）。然而，这种关注仍然集中在簇群所形成的知识外溢与信息共享对创新能力的增强作用上，却较少地从簇群创新能力的产生、增长与扩散过程来全面地加以把握与认识。事实上，如果簇群本身没有产生创新能力，或没有形成这种自我增强的成长机制，那就谈不上创新能力的增强与扩散。波特（Porter，2000）所述的部分企业簇群的萎缩和衰落反映了簇群内企业并不天然地具备这种创新能力的事实。因此，我们需要研究企业簇群的创新能力来源问题。

在研究企业簇群创新能力的文献中，可以分为两类。一方面，创新能力是内生的，即通过技术创新的外部性、协同性、范围经济等方面从内部引致创新。萨克森宁（Saxenien，1996）对美国以硅谷为代表的IT企业聚集性创新网络研究提供了这个方面的实例。在以传统产业为主的企业簇群中，当大多数中小企业缺乏创新能力与动机时，依托簇群中较大型企业的技术力量与研发活动被认为是一条突破创新困境的可行之路。例如，中小企业按照大企业要求的技术与质量标准提供承接下来的各种产品，大企业为保证产品质量也会为中小企业提供一定的技术服务等。日本大企业与中小企业之间的订单承接与分包联系提供了这种网络创新的实例（今井贤一、小宫隆太郎，1995）。另一方面，创新能力是外生的，即技术范式的变更与引入构成了外生的创新能力来源。从外生型创新能力看，一些学者论述了簇群与跨国公司等技术领先者在生产链条之间建立相对稳定的转包与承包关系，从而给作为技术后来者的簇群创造模仿与学习的机会等

(Birkinshaw & Hood，1998；Hobday，1994)。

然而，无论是内生型或是外生型创新能力，其生长机制都是有条件的。内生型创新能力的生长限定于簇群本身的创新性质或簇群内大企业的存在。如果簇群是以传统产业为主的企业网络，而不是类似硅谷的创新网络；如果簇群都是中小企业，而不存在中小企业技术创新可依赖的大型企业，那么内生型创新能力就无法在这些簇群中应用与推广。外生型创新能力的依赖条件是跨国公司或跨地区大企业的进入。如果没有这些大公司进入，企业簇群也无法获得创新能力的来源。事实上，现实中大量存在的企业簇群都是既不具有内生型创新能力条件，也缺少外生型创新能力条件的、以传统产业为主的中小企业网络。如何使技术创新能力在这些中小企业网络中生长出来，并不断地得到强化和发展，这是关系到大多数中小企业簇群的兴衰而现有的理论尚未更多关注的问题。

本文以不具备内生型与外生型创新能力条件的中小企业簇群为研究对象，着重探讨中小企业簇群的技术创新过程。由于技术创新过程包括创新能力的来源、创新资源的组织、创新活动的扩展等三个方面，为此本文针对以传统产业为主的中小企业簇群创新能力从哪里来、如何最有效地组织与使用创新资源以及扩展创新成果等问题，提出以地方政府为主体的外部引入、创新组织的公司运作和创新活动的市场化扩散为特征的簇群创新能力动态性增强与扩展的理论观点，并以广东省南海市西樵镇和中山市小榄镇企业簇群的创新实践印证这个理论看法，目的在于为大多数以传统产业为主的企业簇群创新能力生成、强化与扩展提供可行的理论指导。

二、以政府引入创新源，突破中小企业创新困境

企业簇群（clusters of enterprises）是指在某一特定产业形成相互联系的公司与机构在地理位置上的聚集（Becattini，1991）[①]。现实经济中的企业簇群形成大约可以概括为组织设计和自发生成两类。如创新科技园、IT

① 目前，国内外学术界对于具有某一产业内部分工联系的企业聚集现象给出了许多不同的概括性定义，如产业区、新产业区、企业簇群、小企业集群、地方企业网络、特色产业区、专业产品区、专业镇与块状经济等。虽然每个概念强调的重点都有所不同，但是在现有的理论文献中，使用频率较高的专业术语是企业簇群，因此本文也使用这个概念。

软件园、出口加工区等都属于前一种类型，这种类型体现了作为设计主体的地方政府的发展目标与战略意图；依据地理位置、文化传统、产业联系、市场聚集资源等因素自然形成的企业聚集是后一种类型。无论是发达国家还是发展中国家，大多数以传统产业为特色的中小企业簇群都具有自发生成的特点。例如，主要集中在意大利东北部的约70多个小企业专业区①，在东京都大田地区的金属制品小企业集群，玻利维亚集中在Santa Cruz Dela Sierra的服装企业簇群，加纳Kumasi地区的汽车配件制造专业区，洪都拉斯San Pedro Sula地区的家具、金属制品专业区，印尼Aentral Java地区的棕榈糖加工区，巴西Sinos Valley地区的鞋类专业区（Hubert Schmitz，1995），印度Tiruppur地区的纺织产品专业区，以及我国浙江省、广东省等省份相继出现的服装、陶瓷、灯饰、钟表、制鞋、五金、玩具和家具等几百个以传统产业为主的产业区和专业镇等（仇保兴，1999；王珺，2002）。本文专注于我国，特别是广东省自发生成的中小企业簇群创新能力的形成与发展过程。

自发形成的中小企业簇群往往因缺乏创新能力而自然地衰落下去。这不仅是由于构成簇群的大多数中小企业资本规模小，靠中低档产品的标准装配线和传统工艺组织生产，在产品开发的后期阶段漫游，属于生产技术上的后进者（Hobday，1995），更重要的是，传统产业内在的中小企业模仿动机远远超过了其创新动机。因为创新投资的风险较大和创新产品的外部性效应较强②，这使中小企业愿意成为“免费搭车者”，而不愿意自己投资。每个企业都企盼着别人开发出新产品而自己仿效，以减少研发投资和降低创新风险。然而，如果每个企业都选择这个策略，那么企业簇群的创新就会陷入纳什定义的“囚徒困境”，这就是一些企业簇群萎缩甚至衰落的根源所在。广东省在20世纪80年代曾十分兴旺的沿着马路边形成的以农副产品、日常工业用品为主的专业市场及专业生产网络到了90年代中期纷纷萎缩的事实，印证了这种推论。

---

① 这个以小企业专业区聚集为特征的意大利东北部被Bechattini等学者称为“第三意大利”，这是相对于南部相对贫穷的“第一意大利”和西北部历史上相对比较富裕的“第二意大利”而言的，即指东北部以小企业专业化的聚集促使意大利东北部的迅速崛起，使其与南部和西北部形成了明显的差别。

② 这里所说的创新产品外部性效应是指某一个中小企业在开发出新产品后，由于缺乏知识产权的有效保护，必然导致模仿行为的大量发生，从而使创新者无法实现创新的收益。

要避免以传统产业为主的中小企业簇群衰落，由地方政府引入外部创新能力与资源就变得非常重要。一方面，处于发展初期的簇群由地方政府来充当代表会比任何一家企业都更为合适，因为由任何一家企业承担这种角色，可能会使该企业利用这种权力引进对自己的技术开发有利而不一定对整个簇群的企业都适用的技术，而地方政府则会以簇群内大多数企业需要的通用型技术为出发点，从而可能避免由任何一家企业引进所带来的倾向。另一方面，地方政府在引进外部资源中，从谈判能力到组织信誉，从合作网络的扩展能量到各项条款的承诺，都比一般的中小企业更有优势。由地方政府扮演引入者角色，就需要对地方政府的引入动机做些分析，因为这直接涉及引入效果。在经济转轨中，除了财税制度改革导致“地方政府公司化”（Jean & Oi，1992）的经济诱因之外，还有两个条件对地方政府的引入动机产生着重要的影响。

一是簇群环境。地方政府受到财力和体制限制，不可能为每个企业购置先进的技术设备。如果地方政府引入的技术能力能够为大多数企业所共享，那么引入行为就产生了规模效果。企业簇群恰恰提供了这样一种环境，因为企业簇群是以专业化和规模化市场为特征的[①]，即生产与经营同一类产品的企业聚集在一起，他们对技术设备与设计的需求基本上是相似的。一方面，这种对技术设计与开发的类似需求成为技术供应者进入的主要吸引力，以簇群环境引入科研院所、高等院校等合作伙伴比非簇群环境更容易成功的事实说明了这一点（Chandler，Solvell & Hagstrom，1998）。另一方面，地方政府降低引入成本，提高引入规模收益的基础，因为引入一套技术设备与资源对簇群企业技术升级的辐射范围比非簇群企业的技术辐射范围大得多，成本低得多。

二是簇群边界。一个地方政府管辖范围内的企业簇群与一个跨地区的企业簇群相比，前者更容易使地方政府发生引入行为。因为前者的行政边界是清楚的，在本地区内产生的知识外溢与信息共享效应是明显的，作为地方政府业绩也是有显示性的。相反，在一个跨地区簇群中，引入行为所带来的外部效应必然会波及地区外的企业，而这些得到技术外溢收益的企

---

① 这种专业化指的是成百上千个企业进入同一产业或少数几个相关产业，并沿着这种产业链条形成了分工联系。所谓规模化是指进入同一产业或少数相关产业的成百上千个企业共同构成了整个产业供求的市场规模。

业增长被看成是没有发生引入行为的地方政府业绩。任何一方政府都不愿意做“自己栽树，别人乘凉”的事情，而愿意免费分享知识的外溢效应。其结果，跨地区企业簇群创新能力的引入就会受到制约。近年来，广东省大部分专业镇[①]相继设立技术创新组织，而跨乡镇的产业区却很少建立这种技术创新中心的事实就说明了这一点。

受到地方财力、技术信息与本地企业生产能力的限制，地方政府主要以引入技术趋于成熟而本地簇群发展所急需的应用型技术设备与设计能力为主。这种引入方式主要有以下三种。

（1）以地方政府垫付资金、购置关键性技术设备为重点，通过与本地区技术能力的结合，提升整个簇群企业的技术开发能力。广东省中山市以生产灯饰为主的古镇就是通过这种方式，使整个簇群的灯饰品种开发数量由每年新增十几种变为上百种，产品合格率由40%左右上升到80%以上，整个簇群灯饰产品占据国内市场的60%以上。

（2）以技术设备引入为核心，成建制地引入外部技术资源，包括对技术设备的调试、安装、操作、维修，以及使用新设备及开发新产品等工艺所需要的各类技术与管理人才等。广东省南海市金沙镇五金模具设计中心提供了这样的例子。该设计中心是镇政府在成建制地引入华中科技大学机械设计与制造专业的技术设备与人员的基础上设立的。自该设计中心建立以来，金沙专业镇不仅五金产品种类有了大幅度增长，产值也增长了4倍以上。

（3）以不同渠道引入不同技术资源，通过地方政府整合，形成有效的技术创新能力。广东省顺德市以木工机械产品为主的伦教镇就是这样一个例子。该镇政府先垫付资金从意大利、德国等国家引进一批国际上比较先进的生产家具的木工机械设备，再从国内科研院所聘任了几个“星期六工程师”，从市场上招聘了一批技术与管理人员，组建了木工机械设计中心。该中心设计与开发出来的各种新款式木工机械设备极大地替代了作为其邻居，且占全国家具市场近1/3的乐从镇近2000多家家具企业对进口木工机械设备的依赖。在乐从镇，使用伦教镇制造的木工机械的企业从

① 现阶段，广东省大部分的企业簇群是以乡镇等行政区划为边界的，“一镇一业”“一乡一品”成为这类企业簇群的基本特征，因此，我们将这种以乡镇行政边界为特征的企业簇群称为专业镇。

1999 年的不到 20% 上升到 2002 年年底时的接近 60%。

三、以公司化运作，形成创新能力增强与扩散机制

随着创新资源的引入，选择一个创新资源有效使用的组织机制是必不可少的。从一些国家创新组织的发展经验看，一个有效使用创新资源的组织机制应具有三个特性。一是主体性。簇群内创新资源的使用主体是企业，而不是政府。因此，地方政府需要设计一种机制将自己引入的创新资源转移到企业手中。二是持续性。一次性引入的创新资源应转化为具有自我增强的持续性创新能力，而不应使簇群内企业的创新能力越来越严重地依赖于引入外部的创新资源。三是扩散性。引入的创新资源应成为整个簇群创新能力的种子，通过技术外溢与信息共享机制，使得创新能力与技术信息迅速地扩散到簇群内几乎所有的企业，从而促使这些企业利用低成本获得的创新资源提升自身技术开发能力。地方政府和簇群应以这三个特性为参照，评价与选择现实经济中出现的三种组织机制。

第一种是以扶持大企业为重点的组织机制。这种机制是将地方政府引入的创新资源直接投放到簇群中最具开发能力的较大型企业中去，通过增强该企业的研发能力，使其尽快成为企业簇群新技术和经济的生长点。这种机制设计的好处在于，一方面，直接将地方政府掌握的创新资源转移到企业手里，强化企业作为使用创新资源的主体地位；另一方面，较大企业的研发投入与地方政府引入的创新资源相结合，有利于增强持续性的创新能力。其不足之处在于，在地方政府把创新资源投放给较大型企业后，该企业往往会根据本企业的发展战略与竞争策略，开发出适合于本企业需要的专有技术产品，而不一定适合于大多数企业的通用型技术产品。其结果是，技术扩散会受到限制。特别是这类企业为维持在新技术开发等方面的垄断，往往会人为地对技术扩散设置一些障碍，如技术转让定价过高、技术信息提供不充分等。

第二种是以公共服务为宗旨的组织机制。地方政府把引入的创新资源看成是公共产品，通过建立一个公共性的非营利机构，为簇群内企业无偿地提供新产品设计与开发试验等方面的技术服务。这种机制的好处在于，技术服务的无偿性有利于降低中小企业采用新技术、新设计和新品种的费用，加速创新能力的扩散。不足之处是，这不是一个公司化运作的组织，

不仅缺乏盈利动机与活力，也无法形成创新能力的持续性增强机制，只能靠地方政府不断地增加投入来维持这类公共组织的运作与公共设施的维护、保养、管理与更新，致使地方政府的财政负担越来越重。特别是创新资源的无偿使用会使中小企业对公共性创新资源产生越来越强的依赖性。其结果是，整个簇群内企业都依赖这个公共性技术组织，而这个组织因缺乏盈利动机和持续发展能力陷入萎缩的困境。我国计划经济时期，大多数科研机构面向企业服务的动机不足、市场化的开发能力有限就是这种组织机制的结果。

第三种是以公司化运作为原则的组织机制。地方政府根据引入者数量与投入规模，组建一个股份制或由政府全部出资的技术开发公司，来专门经营与开发引入的创新资源，目的在于通过市场竞争，不断开发适销对路的新设计、新工艺和新产品，在满足中小企业需要的同时，增强公司持续性创新能力。这种公司化组织的优点在于，企业是创新资源的运作主体，盈利动机与市场压力使该公司必须增强持续性创新能力。但是，创新组织的公司化定位也会带来一个问题，即在假定新开发的技术设计与产品符合中小企业技术更新需要条件下，其价格水平往往成为困扰技术扩散的一个难点。因为创新组织是以商业规则来确定新开发的技术产品定价的，对于中小企业支付能力来说，这种定价往往比较高。如果大多数中小企业无力以这种价格发生交易，那么以这种交易方式形成的技术转移与扩散就会受到限制，反而以低于购买价来获取技术秘诀的违规行为，如盗版设计、窃取信息和低劣仿效等则会大行其道。其结果是，创新公司也无法得到应有的收益。如果降低技术转让价格，那么创新组织又会遭受损失。因此，突破交易双方难以成交的困境是这种组织机制在起步阶段面临的挑战之一。

以上三种创新组织机制都是不完整的，因此使用创新资源的组织只能是一种次优选择，而不是最优选择。在这三种组织机制中，第一种组织是以簇群中存在着较大型企业为前提的，对于大多数企业簇群来说，这个前提往往是簇群发展的结果，因此不适合处在成长初期的中小企业簇群。第二种创新组织的设计是远离市场经济制度的，因而也无法使创新主体在盈利动机与竞争压力下推动其技术成果的持续性开发与扩散。第三种创新组织设计是定位在已经进入市场经济正常运作轨道的公司组织，然而，这种组织设计的推行难点在于如何从成长期进入到成熟期。从上述比较中可以看出，次优选择主要集中在第一种和第三种组织设计上，第一种组织可能产生的问题是大企业对专用性技术开发需要与中小企业对通用性技术产品与服务需求之间的冲突，第三种组织的难点是在创新组织设立初期双方交易能否顺利实现。两者相比，作为组织设计主体的地方政府来说，往往会选择第三种组织机制，因为企业自主发展机制使地方政府对由第一种组织引发企业间利益冲突的协调力度是有限的，而通过地方政府的介入促成交易的实现却是可行的。

在发展初期，政府以补贴方式的扶持是促成技术交易实现的关键。地方政府根据自己的财力可以采用直接补贴到技术转让的价格里，也可以补给出售者或购买者以及几种方式共用等，目的在于保证创新组织获取平均资本回报率基础上，使中小企业能够买得起技术、设计与设备等新开发产品。不可否认，补贴在一定程度上造成了市场信号的扭曲，但是与成长初期难以形成技术交易的发展困境相比，这种扭曲的代价是较低的。从这个意义上说，由补贴支撑的第三种组织机制可以看成是“帕累托改进”的次优模式。然而，补贴不能无限地持续下去，因为技术交易量的不断扩大不仅使补贴量增大，而且对经济运行的扭曲影响也会不断加深，如中小企业过分依赖补贴，开发产品价格的扭曲日益严重以及地方政府为支付不断增加的补贴而致使财政负担日益加重等，因此，选择合适的时机退出补贴应成为逐步发展起来的簇群地区政府扶持政策调整的一个重点。

四、以市场扩展，推进创新组织与企业簇群的创新互动

地方政府对补贴政策的调整是以扩大创新组织的技术扩散来推动技术服务的市场拓展为条件的。通过市场拓展形成的规模收益，使得补贴在减少甚至取消的情况下中小企业可以获得以低价支付的创新成果，而创新组织仍能有盈利空间。

加速技术成果与能力的扩散是创新组织实现价值、中小企业更新技术的关键。创新组织的技术扩散主要是通过4个渠道推进的。一是增加新技术设计与产品的有效供给。这类技术成果的有效供给是创新组织的研发能力、技术产品的有效性和技术转让的可行性等3个因素共同作用的结果。研发能力被视为创新组织所拥有的研发资源与资产（尼古莱·J. 福斯，1998）。它反映了创新组织聚集研发人员、资本数量、技术设备的先进程度与数量，以及资源整合的制度安排等。技术产品的有效性是指开发出来

的设计与产品是否符合簇群中小企业的需要。本簇群企业不需要的技术产品，开发成本再低，质量再好，也难以卖得出去。技术转让的可行性涉及技术产品价值的实现机制。比如，在大多数中小企业既对新开发的技术产品缺乏购买力，也对其应用的不确定程度缺少预测力的条件下，补贴有助于技术产品价值的实现。因此，增大新技术成果的有效供给就是挖掘这3个因素的潜力，形成有力的技术辐射源。二是加强对中小企业技术人员的培训。随着技术成果的转让，培训构成了技术扩散所不可缺少的一个环节。通过各种技能培训，促使中小企业增加对采用创新成果的使用兴趣，帮助中小企业尽快地掌握其使用性能，提高对新产品和新设计的吸收、消化能力等，以增强对新技术设备的新产品设计的深层次开发与应用。三是扩大对创新成果的售后服务以及再开发项目，这包括对中小企业使用的新技术设备提供维修、检验等专项的技术服务项目；利用技术人员相对密集的优势，对中小企业发展所共同面临的工艺设计、开发实验等技术难题组织集体攻关，以解决每个企业普遍需要，但又不愿意自己投资的通用型技术。四是加大促进技术信息交流、资源共享的中介力度，这涉及在簇群内定期举办本行业内各种新技术产品、新工艺设计和新材料的展销会与演示会，为簇群内中小企业提供技术信息传播与交流的平台，帮助中小企业与簇群外创新组织与行业协会建立广泛的技术与市场联系，解决每个中小企业收集技术与市场信息的成本过高的问题。

技术成果的迅速扩散产生了簇群创新活动的聚集效应，由此拓展了技术服务的市场规模。这个聚集效应表现在以下两个方面。一方面，簇群外企业为获得知识外溢与信息共享的外部收益而迁入这个簇群，致使簇群规模扩大。随着创新成果的应用，中小企业簇群显示了市场竞争力，于是簇群外越来越多的竞争对手产生了购置这类创新成果的需求，加上本地政府“不求所有，只求所在”的政策引力以及更宜于技术信息的交流与传播的簇群环境，如在簇群内有各种各样的广告，有各种商品展览、促销活动，有各种各样的学术或商业会议等，这些都以极为低廉的费用，甚至免费为企业提供专业性的商业信息（慕继丰，冯宗宪，2001），使得一些企业在非簇群环境之间重新配置会亏本，而由非簇群地区向簇群环境转移配置就不一定亏损，这就会引致大量的外部企业进入簇群。广东省中山市古镇以大约1300多家灯饰企业对上游及配套产品的巨大需求，把深圳、惠州以及浙江省的一些灯饰设计、塑料、钢管、玻璃和包装及配件生产的近100

家企业和200多家生产灯饰的外来企业吸引到古镇的事实，反映了簇群内企业聚集的过程，从而拓展了古镇灯饰产品创新与设计中心的市场服务范围。

另一方面，随着研发能力的增强，创新组织在为簇群内企业提供技术产品与服务的同时，越来越多地承接簇群外企业专用性技术产品开发与设计的订单。在地方政府对簇群内的技术服务存在价格补贴的条件下，承接簇群外订单的价格往往高于对簇群内企业进行技术服务的价格，这使得创新组织在完成地方政府作为控股者所规定的为本地企业提供必要的技术产品和服务前提下，愿意更多地承接外部订单。随着簇群内企业创新能力的增长以及创新组织由簇群内向簇群外企业的市场扩展，对簇群内企业技术服务的损失可以通过对簇群外获得的收益加以弥补。在这种条件下，地方政府就可以采取以政策调整逐步替代补贴的方法，即在适当地降低地方政府对创新组织服务于本地企业数量规定的同时，也相应地减少价格补贴数量。当然，承接外部订单意味着创新组织技术服务的市场规模扩展了，这种扩展在一定程度上又会降低技术开发的单位成本，使技术服务价格趋于下降，这也创造了在补贴减少后创新组织收益不会下降，而中小企业对创新成果也有一定购买力的条件。本文第五部分的两个案例印证了技术服务的市场扩展对降低补贴的作用。

随着创新组织盈利能力的增强，簇群内越来越多的企业开始设立研发机构，进而使得创新组织的功能发生结构性调整。企业簇群与创新组织之间的互动，除了簇群给创新组织带来了研发活动的盈利机会，使得企业孤立地开展研发活动远远没有他们之间聚集在一起通过交流与信息共享所进行的研发活动更加有效之外（Nelson，1993），创新组织通过技术扩散也使得创新活动变得异常活跃。这种创新活动的推动力量主要来自几个方面：一是越来越多的企业家们在体会到应用创新成果有利于提高生产率的甜头后，以及在观察到创新组织盈利能力不断增长的事实后，他们就对本企业开展技术研发活动发生了越来越浓厚的使用兴趣，并通过对创新组织的效仿，降低自己研发的风险；二是日益激烈的市场竞争使得有实力的企业越来越注重开发自己特有的专用性技术，而以开发通用型技术为主的创新组织则无法满足这种需要，这使得一些有实力的企业试图通过研发活动，增加个性化设计，提高质量，促进企业品牌的成长；三是随着企业技术与资本积累能力的增强，他们对研发活动具有越来越强的投资能力；四是簇群形成的技术外溢与信息共享的创新环境也使得簇群内企业比簇群外的企业更愿意自己增设研发机构，因为簇群环境有利于降低企业搜寻信息、把握技术和获取资源的成本。

随着簇群内越来越多的企业对研发机构的设立，他们对创新组织研发出来的通用型创新成果的需求就相对下降了，这一方面可能促使创新组织进一步增大对外部市场的技术服务范围；另一方面会使创新组织承担的各种功能形成结构性调整。例如，在适当地降低创新设计品种的同时，加大对技术人员的技能培训力度，加强对新技术设备的使用、检验和维修等方面的技术服务，以及努力扩展信息交流、技术资源共享的中介职能等，如建立行业协会、市场信息机构、技术设备维修机构、培训机构、出口服务机构和信贷机构等中介组织，促进科研院所的技术转移与簇群内企业建立产学研合作等。

总之，随着技术成果与信息资源的扩散，簇群内中小企业在接受了创新能力的同时，也产生了对创新产品的更大需求，这样一个创新组织带动了一批企业研发机构的兴起，形成了整个簇群创新能力动态性强化的过程。当越来越多的企业开始研制本企业特有的专用性技术时，创新组织就会由设计与开发一般通用型技术产品为主转变为以信息传播、技术服务和深层次产品功能开发为主，这种结构性调整是簇群内企业专业化分工与动态演进的一个客观结果。

五、案例分析

下面以广东省两个专业镇创新过程为例，验证簇群内地方政府如何有效地引入创新源、选择创新组织以及促进创新成果有序扩散，使簇群内企业创新能力得以成长的过程。

广东省南海市西樵镇是全国四大纺织生产和销售基地之一。早在明朝嘉靖年间，西樵镇已被称为“纺织之乡”，享有“广纱甲天下”的美誉。目前，簇群内的纺织企业总数为1670家，其中织造厂1636家，染整厂10家，印花厂14家，服装厂25家，化纤厂2家。纺织机总数为28000台，其中剑杆机13600台、有梭机14400台，年产各类布料5.8亿米。西樵镇在纺织产业就业人数达到6万多人，占全镇本地劳动力与外来劳动力总量的43.8%。

20 世纪 80 年代以来，西樵镇进入了有史以来纺织业最兴旺的时期。“千家店、万台机、亿米布”以及连接全国各地的布匹批发市场和销售网络，使西樵镇成为国内外知名的“家纺名城”。90 年代中期以后，随着国内买方市场的出现，西樵镇纺织品因花色品种单调、产品质量档次低等供给能力已无法适应收入水平不断提高的市场需求，市场占有率不断下降，产量不断收缩，企业关闭和转产的数量不断增加。到 1994 年，生产纺织品的企业只剩下 300 多家，产量比最兴旺的 80 年代后期减少了 60% 以上。在西樵镇大部分个体私营企业难以靠自身实力解决投资不足、设备老化和新产品开发率低等约束的情况下，镇政府于 1997 年从财政和管理区上缴的费用中拿出了 200 多万元，从韩国引进了一套世界上比较先进的电脑制版系统，用于纺织中的大提花工艺设计，并高薪聘请了一些技术人员，组建了一家专门从事新产品开发的研究机构——制版公司。该公司自 1998 年 5 月开业以来，开发了上万个面料新品种，并以低于开发新产品成本的 300 元价格转让给本地纺织企业。镇政府规定，制版公司设计开发出来的新产品，只能一次性出售给一家企业，不能向多家企业进行多次转让。此外，镇政府通过贴息帮助企业购置无梭剑杆机，以替代有梭剑杆机，以改进产品质量，提高生产效率。1995—2000 年间，无梭剑杆机的使用量从不足 500 台增加到 13000 台，无梭化率达到了 48%，远远超过了全国 10% 的平均水平。其结果是，企业劳动生产率不仅提高了 20% ～ 30%，而且，新开发出来的品种面料的每米价格平均提高了 20% 以上。

许多中小企业在尝到了购买新品种有利于提升盈利能力甜头的同时，也感到制版公司开发的通用性设计品种越来越不适应每个企业追求专用性设计的要求，在这种情况下，具有一定实力的企业开始设立自己研发部门，研制与开发有企业自己特色，并支撑自有品牌成长的新品种。到 2000 年年底，整个西樵镇大约有 100 多家相对较大规模的企业自己设置了研发部门。随着各企业研发部门的设立，制版公司把越来越大量的技术资源用于整个镇 1900 多家企业的设备维护、人员培训与信息交流上，新产品、新技术交易则主要集中在其与外部企业之间。到 2000 年年底，制版公司已承接了 6000 多家外部企业对产品开发与设计样品的定单，这对制版公司创新能力的持续性发展产生了重要影响。

总之，西樵镇设立以技术开发为主的制版公司成为西樵纺织业从衰退走向复兴的关键。1998—2001 年间，西樵镇纺织品销售收入从 59. 5 亿元增加到了153.4亿元，年增长率为26.7%，成为仅次于浙江绍兴纺织城的全国第二大纺织生产基地。

另一个实例是以生产球形锁制品而闻名全国的中山市小榄镇。目前，全镇有3050个企业，其中以生产锁制品为主的五金企业以及与此相关的模具生产、零配件加工、电镀、塑料、包装等企业占企业总数的55%。2000年，该行业销售总收入为35.6亿元，占小榄镇工业销售总额的32%。全镇大约有近16万劳动力，在以制锁为主的五金企业就业的人数占总劳动力的35%，整个小榄镇锁制品等五金产品的国内市场占有率达到了30%左右。本来小榄镇是没有金属制品资源的，那么它是如何发展成一个以锁制品生产为主、纵向分工网络明显的专业镇的?

20世纪80年代初期以来，小榄镇一些具有企业家眼光的创业者抓住了球型锁制品在当时国内市场短缺，并随着居民收入水平的提高，其市场潜力还会迅速扩展的时机，利用在海外考察、访问机会和亲戚朋友的渠道，从境外采购了各种各样的球形锁制品，然后将其分解，翻版其设计和制造工艺，开始模仿性生产，并赚取了“第一桶金”。当其他人发现这种产品的技术与资本门槛较低且市场盈利空间较大后，也纷纷效仿跟进。这就形成了小榄镇生产球型锁制品的第一个浪潮，20世纪90年代初期，小榄镇从事球形锁制品的企业达到了300余家，其产品市场也得到了迅速扩展。然而，简单地模仿是缺乏持续竞争力的。当内地一些有技术积累的制锁企业在模仿的基础上，加以改良，从而生产出款式更新、质量更好的球型锁时，小榄镇以简单仿效为支撑的产品就遇到了竞争对手的严峻挑战。90年代中后期，小榄镇球型锁制品的市场占有率下降，特别是一些企业生产出来的产品合格率不高，退换率上升，致使整个小榄镇的锁制品质量声誉受到了影响。在这种压力下，镇政府通过让利、让股权等方式，把一些研制金属模具制品的科研院所引入小榄镇；同时，专门从财政与管理费中拨出500万资金，引进国际上比较先进的SLA设计模具快速成型的设备，共同组建了专门以研制开发各种五金制品模具为主的技术创新中心。该技术创新中心通过展示自己研制与开发的几百个新品种的模具样品与设计，承接了大量企业的外形设计、结构与功能设计等订单，并以成本价格帮助企业设计各种新型的生产模具以及提供技术服务。在全镇内制造球形锁的几百家企业中，大约35%的企业从技术创新中心获得了生产模具的新样品和新设计。得到了新模具设计的企业不仅在球形锁的品种档次上有了明显的改进和提高，而且优质高价的新品种不断投入市场，使企业销售年收入增长了30%以上。其结果是，一方面，与生产球形锁相配套的五金生产、电镀、零部件、塑料、包装以及运输等上百家企业相继进入小榄镇，形成了以球形锁制品为主的产业链条上的企业分工网络；另一方面，一些有实力的企业在感受到研发投入给企业竞争力带来的实际利益条件下，为追求个性化、高质量产品与品牌，开始自己设置技术开发部门。到2000年年底，大约有70多家年产值2000万元以上的企业设立了技术开发部门，且大多数企业的研发开支占整个企业销售总额的3%左右。10多家较大型企业与全国的一些大学、研究所共建了技术工程中心。随着技术开发部门在企业内的广泛设立，由镇设立的技术创新中心越来越注重技能培训、设备维修以及技术与市场的信息服务等。这反过来又进一步扩大了创新知识的外溢效应，促进了技术资源与信息的共享，降低了簇群内企业研发的成本。

六、结论

通过上述的理论与例案分析，可以得出以下几点结论：首先，技术创新是以传统产业为主的中小企业簇群兴衰的关键。在这些簇群缺乏与作为技术先进者的跨国公司承包联系、内生的创新动机与能力不足的条件下，地方政府在引入外部创新源中应扮演重要的角色。其次，设立以公司性运作机制为标志的技术创新中心是有效地使用外部创新源，通过为本地中小企业簇群提供有效的技术服务，使其创新能力得到持续增强的组织保证。在技术创新中心有偿提供创新成果初期，补贴成为推动这些创新成果与资源向本地中小企业有效扩散的扶持性手段。最后，在技术创新中心通过市场扩展逐步产生了技术服务的规模收益的同时，中小企业也通过新技术设计与产品的引入而增强了竞争能力。其结果是，一方面，这为地方政府逐步取消补贴创造了条件；另一方面，一些具有技术与资本实力的企业为追求个性化和品牌化发展而开始自己设立研发机构。技术创新中心与企业内研发机构的创新互动必然会推动企业内研发机构更加注重个性化技术设计与产品的开发，而技术创新中心则更加注重开发技能培训、设备维护与信息交流等服务项目与功能。

参考文献

[1] 安纳利. 萨克森宁. 地区优势：硅谷和128公路地区的文化与竞争[M]. 上海：上海远东出版社，1999.

[2] 今井贤一，小宫隆太郎. 现代日本企业制度[M]. 北京：经济科学出版社，1995.

[3] 慕继丰，冯宗宪. 企业簇群与企业竞争力[J]. 工业企业管理，2001 (7).

[4] 尼古莱·J. 福斯. 企业能力理论的兴起[M] //尼古莱·J. 福斯，克努森. 企业万能：面向企业能力理论. 大连：东北财经大学出版社，1998.

[5] 仇保兴. 小企业集群研究[M]. 上海：复旦大学出版社，1999.

[6] 王珺. 产业组织的网络化发展[J]. 中山大学学报，2002 (1).

[7] 王珺. 论簇群经济的阶段性演进[J]. 学术研究，2002 (7).

[8] Becattini G. Italian Industrial Districts: Problems and Perspectives [J]. International Studies of Mgt & Org, 1991, 21 (1): 83-90.

[9] Birkinshaw J M, Hood N. Roles of Foreign Subsidiaries in Industry Clusters [R]. Institute of International Business, Stockholm School of Economics, Working Paper, 1998.

[10] Chandler A D, Solvell O, Hagstrom P. The Dynamic Firm: The Role of Technology, Strategy, Organization, and Regions [M]. Oxford: Oxford University Press, 1998.

[11] Giovana C, Marco D. Small Enterprises Cluster and Network Development in Developing Countries: The Experience of UNIDO [R]. Issues Paper of UNIDO, 1999.

[12] Hobday M. Innovation in East Asia : Diversity and Development [M] // Dodgson M, Rothwell R. The Handbook of Industrial Innovation. Hants, UK: Edward Elgar, 1994.

[13] Hobday M. Innovation in East Asia: The Challenge to Japan [M]. Hants, UK: Edward Elgar, 1995.

[14] Nelson R R. National Innovation Systems: A comparative Analysis [M]. New York: Oxford University Press, 1993.

[15] Oi J. Fiscal Reform and the Economic Foundations of Local State Corporatism in China [J]. World Politics, 1992, 45 (1).
[16] Piore M, Sabel C. The Second Industrial Divide: Possibilities for Prosperity [M]. New York : Basic Books, 1984.
[17] Porter M E. Location, Competition and Economic Development: Local Clusters in a Global Economy [J]. Economic Development Quarterly, 2000, 14.
[18] Schmitz H. Collective Efficiency: Growth Path for Small-Scale Industry [J]. The Journal of Development Studies, 1995, 31 (4): 529 -566.
[19] UNCTAD. Promoting and Sustaining SM Es Clusters and Networks for Development [J]. Commission on Enterprise Business Facilitation and Development. Geneva, 1998, 9 (2 -4).
[20] Van Dijk M P. Small Enterprise Clusters in Transition [R]. A Proposed Typology and Possible Policies per Type Cluster, Working Paper, 1999.

(原载《管理世界》2002 年第 10 期)

技术服务组织与集群企业技术创新能力的形成

——以南海西樵纺织产业集群为例

一、问题的提出

在地区经济发展中，集群往往被看成是一个区域性的创新网络（Camagni，1991；Storper，et al.，1992；Feldman，1994；Muller & Zenker，2001；Lechner & Dowling，2003），但是这并不意味着这种创新网络必然会使创新活动发生，否则集群的衰退就难以解释。一些学者指出了基于中小企业的集群从模仿走向技术创新所面临的能力不足，诸如资金、人才、信息与技术等方面难以通过自身得以克服的困难（Bellandi，1994；Glasmerier，2005）；还有一些学者讨论了易于模仿的集群环境使中小企业在新产品开发方面更愿意“搭便车”而不愿意自主开发的动机不足（王珺，2002）。在中小企业缺乏创新动机与能力条件下，引入一个扶持性的技术组织是中小企业突破自身困境所必需的（Bianchi，1996）。正如瑞典地理经济学家阿歇姆（Asheim，2003）所说，在一个集群内，有没有公共的技术创新服务组织对中小企业创新的影响是不同的。10 年前，我们根据我国集群发展的特点，提出了在我国产业集群中设立以扶持企业创新为主的公共性技术服务组织的建议（王珺、毛艳华，2005）。这项建议在产业集群聚集的广东省付诸实施了。到 2007 年年底，在广东省的 228 个专业镇中，已有 153 个专业镇成立了这类技术服务组织。当年的各级政府在这个方面的投入达到了 10.35 亿元，占整个专业镇当年技术创新投入总量的 10.31%。在整个政府的科技投入中，镇政府科技投入占了 63.34%。虽然越来越多的专业镇相继设立了这类技术服务组织，但是它对中小企业技术创新的扶持效果存在着较大差异。这就提出了一个问题，在中小企业从模仿走向创新过程中，这类技术服务组织如何进行扶持才是有效的？本文试图对此做些探索。

鉴于不同产业与地区的集群创新复杂性，我们用案例法来阐释这个问题。本文选取了广东省佛山市南海区西樵纺织专业镇作为我们分析的案例，是因为它有助于我们比较完整地观察，一个传统产业集群内的中小企业如何从模仿走向创新的过程。通过对西樵镇技术服务组织促进中小企业转变的考察发现，在传统产业集群中，中小企业从模仿转向创新是不易于一步跨越的，新产品的交易是不可缺少的一个阶梯。其中，技术服务组织扮演了新产品的有效供应者的角色。随着越来越多的企业由新产品的购买转向“自制”，技术服务组织的功能结构也发生了相应的变化。

本文的结构如下，第一部分提出问题；第二部分概述了西樵镇企业从事纺织业的历史、现状以及市场竞争所提出的创新压力与问题；第三部分阐释了西樵技术服务组织的有效性来自机制设计、扶持路径以及功能调整等三个方面的行为特征；第四部分分析了伴随着集群内的企业从购买向自制的转变，技术服务组织的功能结构变化的动态过程；最后是本文的结论与建议。

二、西樵纺织集群的演变

西樵镇位于广东省珠江三角洲腹地的佛山市南海区西南部，辖区面积177 平方公里，下辖 4 个城区、26 个行政村，常住人口 14 万，流动人口约 7.5 万。西樵的纺织业“兴于唐，盛于明”，历史悠久。作为千年纺织之乡，早在明朝嘉靖年间，西樵就享有“广纱甲天下”的美誉。1872 年，民族资本家陈启沅倡导产业救国，在家乡西樵创办了“继昌隆”缫丝厂，带动了西樵纺织业的发展。新中国成立后，西樵镇成为广东的重要纺织生产基地，南海国营丝织一、二、三厂全部设在西樵。改革开放以后，西樵纺织业在获得了快速发展的同时，也经历了一段曲折历程①。为了具体观察西樵纺织业的企业创新活动与过程，我们将这 30 年的历程概括为三个阶段，即 20 世纪 80 年代至 90 年代中期的纺织业低质扩张时期、20 世纪 90 年代后期至 21 世纪初期的创新突围时期和 21 世纪初期以来的全面升

① 西樵纺织业包括：织造及配套行业（织造业主要集中在化纤织物、棉型织物、工业用布、装饰布等 4 方面）、染整行业（包括化纤染整与针织染整）、服装行业（企业规模较小），以及其他行业（包括化纤原料企业、无纺布企业，此外还有少量棉纺、针织企业）。

级时期。

1. 低质扩张时期

在20世纪80年代，西樵镇的农民借助政策优势、国营南海丝织3个厂的技术资源，纷纷“洗脚上田”、开机办厂，个体、私营化纤纺织厂如雨后春笋般发展起来，村前屋后到处可以听到织机声。80年代中期，西樵纺织产品销售以浙江绍兴等地为主。到20世纪90年代中期，西樵形成了“千家厂，千家店，万台机，亿米布”的产销体系①，成为当时全国最大的化纤布匹批发市场和全国主要的纺织品生产和销售基地。

随着国内买方市场的来临，以中低档纺织面料为主的西樵纺织业遇到了前所未有的挑战。一方面，全国各地大量上马的中低层次纺织生产项目使国内市场上的纺织品很快地出现了饱和；另一方面，国内居民收入水平的提高使其对纺织业新原料、纤维、新面料以及新设计的边际消费倾向增加，而对中低档次纺织产品的边际消费倾向下降。这两个方面导致了国内纺织品市场供求结构的变化，在短缺经济下全国各地纺织品采购商云集西樵镇的繁荣景象已成为明日黄花。面临采购商流入的大量减少，而本地中小企业又长期习惯于“坐商”经营，缺少外部市场的信息与渠道，因而西樵纺织品特别是化纤布匹便出现了大量滞销与积压。到20世纪90年代中期，在西樵纺织品的价格连续下降了10%～30%的同时，产销率不仅没有回升反而回落到90%左右②。

在这种市场压力下，许多中小企业都希望通过创新来摆脱困境。然而，由于创新能力与资源严重不足，中小企业创新并不容易。这表现在三个方面。一是习惯于“剪刀织布”的中小企业已形成了对“仿制”方式的技术依赖③，所以，当买方市场到来时，当地的中小纺织企业出现了“不知织什么”的迷茫状况。二是已改制的国企也不能成为这些中小纺织

---

① 截至1995年8月，西樵有织厂2234间，织机13432台。但其中有梭织机占97%，剑杆机只有389台，占2.9%。布匹产量达1亿多米。引自《南海西樵志》，第272～276页。

② 西樵区人大三届二次会议文件（一），区长黎永佳：政府工作报告，对1999年工作回顾。

③ 在卖方市场下的西樵老板到香港参观时，每个人包里总忘不了带上一把剪刀，看到新面料就“咔嚓”一剪子，回来后仿造的“拳头产品”就问世了。他们幽默地说：“纺织，仿织，没有模仿怎么织?”还说：“包里可以没钱，但不能没剪刀。”这样，靠一把剪刀，西樵老板剪出了1994年以前国内最大的化纤布匹市场。引自《广东西樵发展上游纺织机械类企业纺织业突围》，广东服装网，www. gdfz. com，2006－02－22。

企业的技术支撑。20世纪80年代，西樵的中小纺织企业主要依赖于当时南海的3家国营丝织厂的原料和技术力量[①]，诸如国企的技术人员利用业余时间帮助周边的中小纺织企业解决技术难题。到了90年代初期，随着这些国企的股份化改制，中小企业从国企难以再获得稳定的技术支持，只能以“星期六工程师”的方式从广州等地随机地获得技术帮助。三是当时中小企业使用的技术设备也限制了他们对新产品与新原料的开发。90年代以前，西樵化纤织机主要有K74、K274等非国家定型的织布机，这些织机占了西樵1万多台织机的40%。到了1995年，在13043台织机中，有梭织机占97%，先进高档的剑杆机只占2.9%[②]。可见，对于中小纺织企业来说，不是不想创新，而是没有能力创新。

2. 创新突围时期

在西樵纺织中小企业难以靠自身能力走出困境的20世纪90年代中后期，一些人看到了西樵镇中小纺织企业对新产品、新面料具有不断增长的市场需求，便成立了私人面料制版公司，为中小纺织企业提供制版、新面料、工艺流程分析等方面的技术产品与服务。该面料制版公司开发出来的新面料以每块1000元的价格卖给当地中小纺织企业，这种价格使当时的许多中小纺织企业难以承受。而私人公司因成本约束也无法降低新面料样本的价格，结果从私人公司中购置新面料的中小企业寥寥无几。然而，私人设立制版公司的行为却启发了西樵镇政府。一方面，镇政府发现中小企业对新面料有需求；另一方面，私人制版公司的新面料定价较高又抑制了中小企业需求的实现。由镇政府投资，增加新产品作为公共品含量可能会改变私人制版公司的供应困境。在这种认识下，1998年，镇政府投资了400多万元，也创办了一个以开发新面料为主的工艺制版公司。与私人制版公司相比，虽然功能相似，但是运作机制不同。因为镇政府投资了该公司的机器设备以及厂房设施，它也规定了该公司开发出来的新面料只能以成本价卖给企业，这意味着该公司的定价不仅没有包含利润，而且新面料定价中也没有包含技术设备的折旧部分，而仅仅是劳动力成本和简单的原料成本等。当时，由镇政府投入的制版公司所开发出来的新面料定价在每

---

① 岳芳敏、蔡进兵、梁莹著：《创新、升级之路——西樵纺织集群发展模式研究》，广东人民出版社2008年版。

② 西樵山旅游度假区志编纂组：《南海西樵志》，2007年送审稿，第273～274页。

块300元，仅相当于私人公司定价的30%。这促使中小企业从该公司购置新面料数量的增加。当购买了新面料样本的企业将其生产出来并投放市场后，不仅新面料的市场价格比以前提高了15%～20%，而且产销率也上升了，这使应用新面料的中小企业尝到了甜头。

这种示范效应吸引了更多的中小企业从制版公司购置新面料，企业对新面料产品的需求增加推动了工艺制版公司的规模扩张。到2001年年底，西樵镇政府在取得了省、地两级政府的财政支持基础上，将原有的工艺制版公司扩建为西樵技术创新中心（以下简称为“创新中心”）。这不仅扩大了新面料开发的规模，也增加了一些技术服务的功能，诸如技术设备维护、培训等。在这种创新中心与中小企业之间围绕着新面料交易形成的良性循环中，西樵中小纺织企业逐步地走出了困境。由中山大学广东发展研究院对南海区专业镇技术创新服务组织所做的一项调查表明，在随机调查西樵镇的26家中小纺织企业中，购置过新面料和接受过技术服务的企业有14家，占了53.8%；而没有接受过这个创新组织服务的企业有12家，占46.2%。在问到企业对创新服务组织的服务评价时，认为该组织服务好的企业达到了92.9%，只有7.1%的被访者认为技术服务一般。在调查该组织提供新面料和技术服务的价格时，78.6%的企业认为价格适中合理，7.1%的企业则认为价格偏低。在问到该服务组织的技术水平、是否信得过时，一半的被访企业认为中心的技术水平是比较先进、信得过的（王珺等，2008）。

3. 全面升级时期

在创新中心帮助一部分中小企业走出困境后，西樵纺织专业镇也进入了一个全面升级的阶段。这集中地反映在四个方面的变化上。首先，尝到了甜头的中小企业行为形成了使用新面料的示范效应，从而加速了创新中心开发新品种的规模。在工艺制版公司刚成立的1998年，大约有几十家企业购买新面料，到1999年创新中心成立时，业务已开展到了上百家企业。到了2004年，创新中心出售给中小企业的新面料样本已经达到了2500多种，占当年西樵镇纺织城8000多个新品种的31.3%。到2006年年底，创新中心开发的新面料累计有1万多个，应用率超过了80%。在扩大开发数量的同时，花色品种的质量也不断得到提高。在2004年，就有20多个面料新产品被国家纺织产品开发中心评定为“中国流行面料”。目前，创新中心获得的纺织产品的外观设计与实用设计等国家专利达到

300 多件[①]。

其次，新面料的普遍使用带动了中小企业对生产设备的更新与改造。新面料的应用扩大了市场需求，而许多中小企业的传统设备已不适应这种扩张的需求。在这种情况下，西樵镇政府又帮了一把，即通过“贴息贷款”政策[②]，促进了上百家企业将有梭织机更换成进口的高档无梭织机。到 2002 年，全国纺织行业的高档无梭织机的使用率大概不到 10%，而西樵镇已达到了 50% 以上。到 2006 年，西樵纺织企业共投入了 40 多亿元进行技术设备的改造，引入了先进无梭织机近 2 万台。一些企业已开始运用 CAD/CAM 等信息技术等。随着新技术设备的引进与推广，一些大企业拥有的织机台数从 20 世纪 90 年代后期的十几台已增加到 200 ～ 300 台，中型企业的织机台数由原来的几台增加到 30 ～ 50 台，小企业也达到十几台。这个时期的西樵镇纺织企业数量比 20 世纪 90 年代后期减少 50% 以上，但是产值规模却比当时翻了两番[③]。

再次，私人制版公司的更多进入创造了新面料供给的竞争格局。私人制版公司的更多进入是由两个因素推动的。一是对新面料的需求增大。虽然创新中心开发效率不断提高，诸如从 2000 年初 2 ～ 3 天开发一块新面料变为 2004 年的一天开发 2 ～ 3 块新面料，但是它仍然无法满足企业不断增长的对新面料的多样化需求。二是镇政府扶持的制度安排。这是指镇政府规定了企业以每块 300 元优惠价格购买新面料的边界，即享受这种优惠价格的只能是本镇企业，而不是进入西樵镇的外地企业。而进入西樵镇的外地纺织企业是按照市场价格从创新中心来购买新面料样本的。换句话说，创新中心与私人制版公司提供给外地纺织企业新面料样本的价格是一样的。虽然私人制版公司开发的新面料价格仍然明显高于创新中心所开发的新面料定价，但是由于它们从设计到织样，再到大样整理、染色和生产服务等工艺流程比较完善，因而与创新中心相比，新面料的开发效率更高一些，新面料的选择余地更大一些。因此，随着进入西樵的外地纺织企业

① 南海区政府政策研究室：《关于西樵镇依靠科技创新推动纺织产业升级的情况报告》，2006 年。

② 镇政府提出的“贴息贷款”政策是，凡是因购置新设备而贷款的企业可获得地方政府给予的两至三个百分点的贴息扶持。

③ 1995 年，西樵织造厂化纤布匹产量 1 亿多米。1996 年，西樵年产各类布匹逾 4.5 亿米。引自《南海西樵志》，第 272 ～ 275 页。2006 年，西樵各类布匹产量逾 10 亿米。西樵调研资料。

越来越多，私人制版公司也由原来的一家增至了3～4家，并与创新中心形成了一种竞争关系。这种竞争不仅抑制了新面料的市场价格，比如目前西樵的新面料市场价格与2000年时大致相同，而且加速了新面料花色品种与质量的更新换代。到2007年年底，在全镇24个国家级和省级品牌中，私人制版公司开发的新面料占了71%。

最后，一些有实力的企业为了追求面料的个性化与品牌化市场特征，开始从新面料的“购买”转向了“自制”。这表现在越来越多的企业在内部设立了研发设计部门。1998年之前，几乎没有一家纺织企业在内部设立新面料的开发部门，到2007年年底，在西樵的800多家企业中，产值排名前100家的企业都设立了自己的研发部门。

这个案例表明，在西樵中小企业从模仿走向创新过程中，购买创新中心开发的新面料是一个关键环节。这就提出了以下的问题，是什么机制促使西樵创新中心能成为新面料的有效供应者？又是什么因素促使它进行功能结构调整的？下面对此做些理论解释。

三、西樵技术服务组织的行为特征

为了分析的适用性，我们将西樵镇政府兴办的创新中心称为技术服务组织，这样有利于与其他镇的名称不同但功能相似，即为企业创新活动提供各种技术服务的组织进行比较，诸如生产力促进中心、工业开发设计研究院、创新中心、创新服务中心、技术开发中心以及技术创新中心等。与其他专业镇的同类组织相比，西樵技术服务组织之所以能够成为新面料的有效供给者，并能随着条件的变化而发生功能改变，是因为它具备了三个明显的行为特征，即双重性的机制设计、专用性的进入路径与适应性的职能转换。

1. 双重性的机制设计

技术服务组织的双重性是指其公共性与商业性的结合。公共性是由地方政府出资性质所决定的，它体现了企业有需求，但至少在短期内投入成本过高而使私人投入不足的情况。商业性反映了这个组织生存应有一定的市场压力。单纯的公益性不仅会给地方政府财政带来负担，而且缺乏市场激励，组织的服务绩效也会受到影响；而单纯的商业性也可能因收费过高而抑制市场需求，所以双重性可以弥补任何一种单一性质的不足。正由于此，我们把这种双重性技术服务组织看成是一种准公共组织。莫尔（Moe，2004）认为，这类组织的基本特征是以政府出资为主要资金来源，以执行公共政策或履行指定职能为主要职责，通过服务收入来满足其基本开支的组织。作为准公共组织，与纯商业性组织相比，它承担着执行公共政策的职责，不能完全以自身的最大化收益作为配置资源准则。与公共性组织相比，它的日常运营费用要通过提供有效的产品与服务所收取的合理费用加以补偿。如果收费能补偿其成本，它就能持续下去；否则，就会带来生存上的困难（Schick，2004）。

西樵镇技术服务组织自创立之日起就被当成是一个双重性的服务组织来设计的。一方面，其厂房、设备与仪器等固定资产由镇政府出资，6 名科技和管理人员由镇政府聘用，其基本工资纳入镇政府财政预算。此外，镇政府对技术服务组织使用科技大楼的租金给予了一定的优惠，比如，政府对技术服务组织使用创新大楼的面积以每平方米 10 ～ 15 元收取场租，而对其他公司则以每平方米 28 元收租。当然，镇政府对技术服务组织投入了大部分的资金，也有权力对技术服务组织的技术服务定价进行限定，从而体现技术服务的公共性，比如，技术服务组织要以成本价向本镇企业出售新面料样本。另一方面，镇政府的投入又是不够的，技术服务组织的日常运作、科技和管理人员的奖金、固定资产的维护费用等都没有包含在内，这意味着这些项目的开支要来自新面料样本销售所得的收入。这并不是说镇政府因财力不足而形成技术服务组织的资金缺口，而是镇政府希望这种资金缺口通过技术服务组织的自身努力加以弥补。如果技术服务组织所开发的新面料适销对路，中小企业购买新面料的数量越来越多，那么技术服务组织的收入就会增加，反之亦然。显然，这个故意留下来的资金缺口体现了市场对技术服务组织的激励性。我们把技术服务组织基于公共性与市场激励性的机制安排称为双重性的组织设计。

在这种双重性的组织机制下，技术服务组织与中小企业的创新互动变得富有成效。西樵技术服务组织每年新开发的面料样本数量从 2000 年前不足 600 个增加到 2002 年之后的 1200 多个。到目前为止，其每年新开发的面料样本增加到 10000 多个，新面料的销售率达到 80% 以上。此外，为企业量身定做的定制式接单所开发的新面料数量也越来越多。新面料需求的增大不仅使技术服务组织的科技开发人员的收入增长率超过西樵人均收入增长的平均水平，而且技术服务组织的科技开发人员也增加到 10 人以上。

与其他乡镇的同类组织相比，这种双重性机制成为西樵技术服务组织扶持绩效有效的关键。在广东专业镇已有的153个科技服务组织中，由镇政府出资创办的公共性技术服务组织占了80%以上。在发展初期，技术服务组织全部由当地政府出资创办是有必要的，这取决于科技扶持的公益性和研发投入回报的不确定性。比如，西樵最早是由一些民营资本进入制版领域的，但是由于市场定价较高和私人投入不足，以至于不能与企业需求形成有效互动的实践就证明了这一点。随着企业对技术的需求不断增大，技术服务组织因偏重公共性而导致的激励性不足也逐步暴露出来。与西樵镇一样，南海区大沥铝型材专业镇和官窑玩具专业镇分别在2002年前后相继设立了科技创新中心，但是这两家中心一直采取公共组织的运行机制，一方面，每年镇政府要追加投资，这无疑增大了政府的财政负担；另一方面，技术服务组织也不会因为新开发的产品数量减少而影响生存，这就导致了激励不足。缺乏创新激励，引起服务企业的收入减少，进而科技人员的收入水平增长缓慢，其结果是，一部分科技人员出现了流失。

2. 专用性的进入路径

技术服务组织对企业提供的技术服务职能可分为专用性与通用性两种。专用性职能指的是只适合一个企业技术需要的服务职能。新产品的开发就属于这样一种职能，因为开发出来的每一个新产品只能卖给一个企业，而不能连续转让，因而它不具有规模经济。通用性职能是指可适用于大多数企业技术需求的技术服务职能。在一种技术服务满足某一个企业需求的同时，它也可以在不需要增加更多投入下满足其他企业，如提供技术信息、技术服务、质量检测、认证、专利申请服务、法律与会计咨询、专业培训等。与专用性职能相比，通用性职能的最大好处是可使技术服务组织获得规模经济收益。从企业对技术服务需求的角度看，专用性职能是与企业缺乏技术创新能力的集群相关的，而通用性职能是与基于一定创新能力的集群企业对技术设备、认证与培训等配套性技术服务的需求相联系的。如果专用性职能设置根植于有一定创新能力的企业集群，那么这会导致新产品开发能力的重复配置。如果通用性职能设置嵌入缺乏创新能力的集群，那么企业所需要的新产品又难以通过技术服务组织得到满足。这两种不匹配的情况都会影响技术服务组织的服务有效性。

西樵技术服务组织自创立之日起就是以专用性职能为服务起点的。

1998 年成立的工艺制版公司和 1999 年扩大的创新中心的功能设置表明了这一点。之所以形成这种专用性的进入路径，这是由当时的中小企业面临的困境与创新需求所决定的。20 世纪 90 年代后期，我国进入了买方市场，靠简单模仿的技术道路走不通了。对于中小企业来说，只有依靠新产品的不断开发与创新，才能生存下来。但是，中小企业受到资金与技术能力的限制，不可能每个企业都设立自己的研发机构，这只能依托一个具有产品开发功能的技术服务机构。对于技术服务组织来说，由于新面料样本只能根据每个企业的定制式需求进行个性化的开发，开发出来的新面料只能出售给一个企业，因而仅从商业性角度看，技术服务组织并不愿意进入这个新面料的开发领域，只有在以下三个条件限定下才变得可行：一是中小企业对新面料的需求相对比较简单，仅仅是一种花色品种与外观款式的变化，还不完全涉及面料原料、织法的变革，这使技术服务组织基于有限的技术积累与储备有可能应付这些简单的个性化面料开发；二是如上一部分所述，该产品至少要有公共品含量，进而纳入政府投资范围，克服私人投资不足的缺点；三是技术设备由技术服务组织的集中使用可发挥规模经济，提高设备利用率。每个企业购置成套的技术设备是不经济的，即使有实力的企业也不愿意购买这些新技术设备，但是创新又离不开这些技术设备。技术服务组织的设立使中小企业摆脱了这种困境。比如，创新中心运用计算机辅助设计（CAD）系统和印花电脑分色设计系统，以及配套的打孔机和电脑设备，帮助企业设计、加工与织成小样，根据工艺复杂程度收取 200 ～ 1000 元不等的费用①。如果企业设计，委托创新中心织成小样，加工费为 30 ～ 60 元不等，有些简单的小样加工服务就干脆不收费了。显然，正是这种基于专用性的新面料供应启动了中小企业从模仿向交易的转变。

与西樵技术服务组织的相比，其他专业镇技术服务组织对中小企业的扶持有效程度相对较弱，除了双重性机制之外，能否找到适合中小企业技术需求的进入路径也是一个重要的因素。在现有的研究文献中，技术服务组织与企业之间的技术创新分工往往停留在这样一种认识上，即如果技术服务组织被看成是共性技术的组织，那么企业就是一个寻求技术差异化的

① 小样的长度为 60 ～ 100cm，宽度为 20 ～ 30cm。据 2007 年 9 月 26 日西樵创新中心研发部门调研。

组织（丘海雄、徐建牛，2004）。正是基于这种认识，许多技术服务组织自创立之日起就只设立了通用性职能的业务。显然，这是把一般的分工联系与企业缺乏创新能力的特殊条件混为一谈了。因为中小企业没有能力开发自己需求的专用性技术产品，而技术服务组织又只停留在通用性技术服务职能上，这样两者之间就会形成空当，这就是许多专业镇在形式上有技术服务组织，但是又没有实质作用的原因所在。一项由广东省科技厅所做的调查报告显示，大约有20%的技术服务组织对专业镇中小企业创新活动的扶持作用有限①。当然，原因是多种多样的，其中技术服务组织的技术供给不适应中小企业的创新需求是一个重要原因。与仅停留在通用性职能上的技术服务组织相比，发展初期的西樵技术服务组织率先进入了专用性技术领域，并弥补了中小企业有需要但没有能力进入，而技术服务组织又不愿意进入的技术空当。

3. 适应性的职能转换

技术服务组织的职能转换是指其从专用性职能向通用性职能的转变。这种适应性表现为技术服务组织除了自身的财务压力而需要转变外，还需要考虑这种转变后提供的技术服务是否符合企业的技术创新需要。如果企业对技术服务组织的需求已发生了变化，但是技术服务组织并没有因财务压力而转变其技术服务的职能，那么这不仅会导致企业对技术服务组织的需求下降，也会制约中小企业的技术创新进程。如果企业对技术服务组织并没有产生技术需求的变化，但是技术服务组织迫于自身的财务压力而不得不转向通用性职能，那么这也难以使技术服务组织的扶持到位。只有把握专业镇中小企业对技术服务需求结构的变动，并及时地调整技术服务组织的功能结构，才可能使技术服务组织的有效扶持得以持续。

20世纪90年代后期，西樵镇中小企业对技术服务组织的需求主要集中在不断开发新面料的花色品种上，而不是培训、信息以及设备维修等技术服务。由中山大学广东发展研究院所做的一项调查报告显示，在开发新面料、改进面料设计、改进生产工艺、更新生产设备等4种创新类型中，根据最重要、第二重要和第三重要的急需程度进行排列，在32个被访问的中小企业中，把开发新面料和改进面料设计放在最重要位置上的企业分

① 广东省科技统计分析中心：《2007年广东省专业镇统计调查报告》，2008年8月。

别占了90.6%和93.7%[①]。所以，当时的制版公司或创新中心将主要的资源用于新面料的开发与设计上。2001年后，西樵纺织企业对创新中心的需求发生了变化。虽然一部分中小企业仍需要创新中心提供新面料样本，但是越来越多的企业对新面料已从“购买”转向了“自制”。当企业在内部设立研发部门后，它们对创新中心的需求转向诸如质量检测、认证、技术咨询、培训以及设备维修与保护等技术服务。此外，从私人制版公司购置新面料样本的企业也需要创新中心提供设备维护、人员培训等技术服务。为适应这种变化，创新中心开始从以简单新面料为主要业务转向多样化的技术服务。2002年，创新中心将原面料制版公司所有的3个部门构成的研发体系，即素织物、大提花和印花分色等设计部扩展为6个部门，即增加了花样、染整、家纺艺术工程部3个部门。2003年，由中国纺织工业协会、国家纺织产品开发中心与南海区政府、西樵镇政府共同投资组建了“中国纺织工业协会检测中心纺织工业（南方）面料检测中心”及其所属的“纺织工业（南方）产品研发中心”。2004年，西樵又与广东纺织学校、东华大学等建立了紧密合作的联系。这样，西樵技术服务组织从以研发为主扩展为产品研发、人员培训、商务信息服务、产品质量检测和电子商务及物流配送等5个功能齐备的综合性创新服务平台（参见图1）。在此基础上，通过战略联盟、紧密合作等方式，创新中心与全国范围的相关协会、科研院所建立了技术、信息与人才的网络联系，并得到了这些机构与组织的技术支持。

与西樵技术服务组织的适应性调整相比，一些专业镇的技术服务组织功能设置没有与中小企业对技术服务的需求相匹配，这也是影响扶持质量的一个重要因素。这里列举两个例子，一是南海平州制鞋专业镇中的技术服务组织的兴衰过程。2001年，南海平州镇政府与台湾鞋制品设计研究院共同组建了鞋制品设计与服务中心，主要为本地制鞋厂商提供各种设计样板。由于价格与技术标准等问题，本地企业并没有对其开发出来的新样品产生较大需求，因而鞋制品设计与服务中心开发出来的新样本就卖不出去，这就导致了该设计与服务中心的亏损。为解决这个亏损问题，该中心调整了职能设置，比如，增加了培训、设备维护以及帮助企业的定制式设

① 参见王珺等著：《技术创新与集群发展——我国专业镇经济的技术创新机制研究》，经济科学出版社2008年版，第99页。

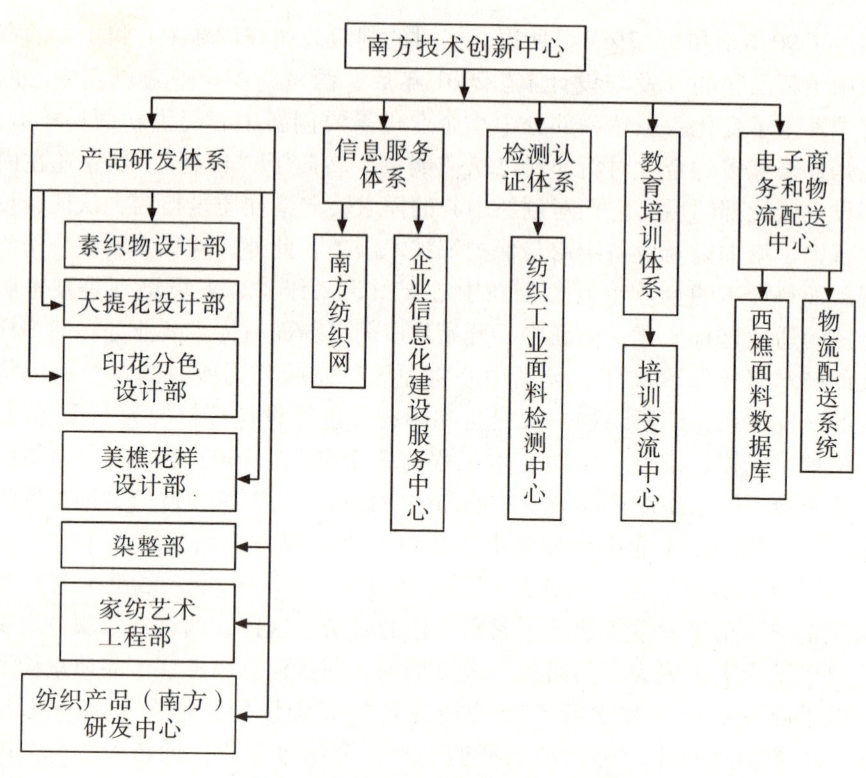

图1　西樵技术服务组织的功能结构

计加工成小样等，但是大量的中小制鞋企业也没有对这些辅助性的技术服务产生较大需求。在这种条件下，镇政府作为主要出资人，不得不决定将这个中心的技术设备通过拍卖方式转让给本地一家企业，致使该中心以退出市场而告终。这表明，在企业的技术服务需求并没有发生变化的条件下，而技术服务组织却因财务压力使功能设置发生了改变，这种改变并未得到市场认同，最后失去了存在的基础。二是南海松岗镇家电技术服务中心的功能设置没有随着企业的技术服务需求变化而变化，这种不适应最终引致其亏损。2001 年，松岗镇政府出资 28% 与出资 72% 的广州家电科学研究院（简称为“电科院”）合资兴建了该镇的家电技术创新中心。该中心由电科院经营，镇政府提供必要的协助。但是，一方面，广州电科院的强项在于技术设备维护、质量检测与新样本设计，而对电子商务、市场网络等信息关注不够；另一方面，虽然广州电科院占大股，但该院技术人员又不能大量、经常地工作在南海松岗镇，因而对该镇中小家电企业的技术需求及变化缺乏及时了解。2004 年后，当该镇的许多家电企业已提出了多样化的技术服务需求时，而该技术创新中心仍然以初期设定的服务功能为主，这导致该技术创新中心的收入下降直至亏损。可见，适应性的职能调整也是技术服务组织是否实现有效扶持的一个重要方面。

四、转化过程的模型化解释

技术服务组织对中小企业创新能力形成的有效扶持是一个动态过程。这个过程的关键在于新产品开发如何从技术服务组织向企业内部转化的问题。根据技术服务组织与中小纺织企业之间在创新动机与能力上的互动顺序与过程，我们构建了这个转化机制的解释模型，这可以通过图 2 和图 3 之间的联系加以说明。图 2 中的横轴 T 表示时间或阶段，纵轴 K 代表技术服务组织提供的技术产品的专用性程度，其中 $K^* = 0$，在 K^* 的下方意味着技术服务组织提供的是专用性产品与服务，在 K^* 的上方则提供的是通用性产品与服务，换言之，技术服务组织提供的产品与服务是沿着专用性程度由高到低的箭头变化的。图 2 中的曲线代表了技术服务组织的职能结构随着时间变化而从以新产品开发的专用性职能为主向以技术服务的通用性职能为主的演变过程。图 3 的横轴表示企业自主开发新产品在整个集群创新活动中的份额，纵轴表示企业从技术服务组织购买新产品的数量在集群新产品开发中的份额。两图相连，说明新产品开发是如何从技术服务组织向企业内部转移的机制与过程。

首先，技术服务组织为集群企业提供的技术服务是从新产品开发为起点的。图 2 纵轴上的 K^1 点代表技术服务组织的进入起点。图 3 中的 OQ^1D^1 曲线上的 A 点表示在技术服务组织设立之前整个集群企业的研发投入十分有限的情况。新产品开发作为技术服务组织的进入起点是由两个因素决定的。一是集群内中小企业对技术产品需求。传统行业集群中的中小企业创新行为往往是从产品改进开始的（Feldman，2005）。缺乏新产品的开发能力，也就谈不上对技术服务的需求。二是技术服务组织的供给能力。新产品开发需要对技术设备、厂房进行投资和聘用一定数量的技术人员，只有这种前期投资达到一定数量，新产品开发才可能启动，这是制约中小企业创新的资金障碍。技术服务组织可以借助地方政府的扶持，诸

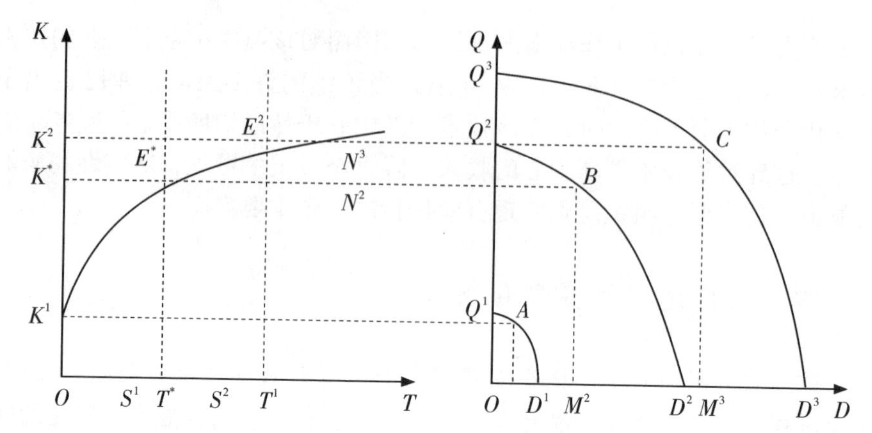

图2　创新中心产品专用性水平变化

图3　企业购买—研发新产品数量的变化

如信贷担保或直接出资等方式来突破这种限制，从而使新产品开发成为可能。

其次，技术服务组织开发出来的新产品是以出售方式转让给中小企业的。对于中小企业来说，新产品的购买要比自制更容易启动，因为购买不需要对前期进行规模化投资。但是，新产品的购买往往需要增加企业的预算，这与购置原材料、中间产品与机器设备不同，毕竟这种购买存在着一种风险，比如，企业现有的技术能力是否能适应新产品样板的规模化生产要求，生产出来的新产品是否能够得到市场认同等。由于这种新产品应用的风险，所以购买新产品也是从偶然开始的。当企业将偶然购买的新产品经过了商业化生产推向市场，并得到了认同后，这种购买行为就可能转向定期化开支。而这种定期化购买新产品的行为就可以看成是中小企业研发投入的开始。如图所示，在图2横轴上的 OT^* 表示了技术服务组织开发出来的新产品转让给企业的交易阶段，K^1K^* 是这个阶段的新产品的交易数量。与此相对应的是图3纵轴上 OQ^2D^2 范围，这是指集群的研发投入从 OQ^1D^1 扩展到 OQ^2D^2，不断扩大的研发投入被分为两个部分，ON^2 是研发投入中用于购买的份额，而 OM^2 是研发投入用于自制的份额。

再次，随着企业对新产品的差异化与个性化需求的增长，技术服务组织因受到技术能力与市场信息的限制而提供的新产品越来越不适应企业的竞争需要，于是一些有技术实力与资金实力的企业便开始设立自己的研发部门，这使企业主要从技术服务组织购买新产品转向自主研发。这个过程可以通过图3中C点反映出来。当整个集群内的研发投入资金从B点扩展到C点时，购买新产品的研发资金投入仅仅从ON^2增加至ON^3，而自制研发的资金投入则从OM^2扩展到OM^3，其中前者的增量远远小于后者的增量，这意味着一部分企业对新产品获得方式的变化。

最后，企业对技术服务需求的结构变化推动了技术服务组织的职能结构转变。一些设立了自己研发部门的企业虽然降低了对新产品的购买依赖，却增加了对技术服务的需求，诸如认证、质量测试、技术设备调试与维护、培训等，这就产生了企业对技术服务组织设立通用性职能的需求。对于技术服务组织来说，新产品开发与销售作为一项专用性投资，因缺乏规模经济而对正常运营往往产生不利影响，因而也有较强的利益动机去减少专用性职能，而增大通用性职能。图2中倒U型曲线反映了技术服务组织尽可能向$K^*=0$的通用性职能靠近的行为轨迹。随着越来越多的企业设立了自己的研发部门，技术服务组织基于专用性职能的服务对象变得越来越少，而对通用性职能的技术服务需求越来越大，这就推动了技术服务组织从专用性职能为主向通用性职能为主的转变。当然，这种职能结构的转变并不意味着技术服务组织将所有的资源都配置到通用性职能上来，因为在集群内毕竟存在着缺乏自主创新能力的中小企业，为这些企业提供新产品仍然是技术服务组织的一项基本职能，只是这部分职能在整个职能结构中的比重下降了。

五、结论和政策性建议

本文以南海西樵纺织专业镇的技术创新过程为例，考察了技术创新如何从技术服务组织向企业内部转化的过程，从理论上解释了在一个缺乏创新动机与能力的中小企业集群中，技术创新活动如何通过技术服务组织的有效性扶持得以发生的内在机理与过程。基于上述分析，本文得出了以下几点结论：第一，传统产业中中小企业从模仿走向创新不是一步可以跨越的。可行的转化是从模仿到购买再到自制的两步骤过程。这是由于资金能力与技术能力不容易同时具备所决定的。其中，企业从模仿到购买意味着一个新产品从无偿获得向有偿获得的转变，这是有了一定资金能力的企业进行研发投入的开始。第二，在这种转变中，有偿交易作为一个关键环节，就需要有一个新产品开发的供应者。如果这个供应者是一个商业机构，那么过高的新产品定价会使得中小企业买不起。如果这个供应者是一个纯粹由政府出资的公共组织，这也容易导致激励不足，特别是在技术服务的规模与质量与自身的生存压力无关条件下，这种供应者也不一定能形成有效的技术服务。为使新产品开发的定价具有低于市场平均价格的扶持性，又使这个供应者获得市场的激励性，双重性的机制设计是必不可少的。第三，技术服务组织的技术开发与持续能力也是决定其对中小企业的创新扶持是否有效的重要因素。如果技术服务组织不能开发出物美价廉的新产品，那么中小企业就不会出现购买行为。然而，由于持续地开发新产品需要大量专用性要素的投入，而这不是技术服务组织的优势。特别是具有一定创新能力的企业对技术服务有了多样化需求后，这又推动着技术服务组织从专用性职能逐步转向多样化的服务职能。所以，综合性服务平台是企业对多样化技术服务需求推动的结果。

基于这个案例研究，我们提出三点政策性建议。一是基于集群的中小企业由模仿走向创新是一个跨度很大的过程，把这个过程分解为从模仿到新产品的购买再到自制行为，从而分步决策与推进对中小企业实现这种转变是有意义的。二是企业对新产品的购买作为其转变的一个中间环节，需要找到一个新产品的有效供应者。现有的许多地方政府兴办的技术服务组织并不是刚一设立就自然地成为这种有效供应者的。这需要进行组织制度的机制设计。三是双重性的机制设计是现有市场体制下的技术服务组织作为这种有效供应者的有效制度安排，这使其按照企业的技术需要来设计与调整服务职能成为可能。不可否认，这是一个复杂的过程，但是西樵纺织专业镇中小纺织企业借助技术服务组织的有效扶持实现从模仿走向创新的案例说明了这种可能性。当然，一个产业和地区形成的经验对其他产业与地区仅仅具有参考性，不同行业与地区的中小企业如何从模仿走向创新，还需要进行具体研究。

参考文献

[1] 费尔德曼. 区位与创新：创新、溢出和集聚的新经济地理 [M] //克拉克，费尔德曼，格特勒. 牛津经济地理学手册. 北京：商务印书馆，2005.
[2] 格拉斯迈尔. 实践中的经济地理：地方经济发展政策 [M] //克拉

克，费尔德曼，格特勒. 牛津经济地理学手册. 北京：商务印书馆，2005.

[3] 莫尔. 美国 [M] //经济合作与发展组织. 分散化的公共治理——代理机构、权力主体和其他政府实体. 国家发展和改革委员会事业单位改革研究课题组，译. 北京：中信出版社，2004.

[4] 丘海雄，徐建牛. 产业集群技术创新中的地方政府行为 [J]. 管理世界，2004 (10).

[5] 史克. 代理机构：探求原则的过程 [M] //经济合作与发展组织. 分散化的公共治理——代理机构、权力主体和其他政府实体. 国家发展和改革委员会事业单位改革研究课题组，译. 北京：中信出版社，2004.

[6] 王珺，等. 技术创新与集群发展——我国专业镇经济的技术创新机制研究 [M]. 经济科学出版社，2008.

[7] 王珺，毛艳华. 广东省专业镇技术创新机制研究 [R]. 广东省软科学研究报告，2005.

[8] 王珺. 企业集群中的技术创新机制研究 [J]. 管理世界，2002 (10).

[9] 中山大学广东发展研究院. 南海区创新中心调研报告 [R]. 2005.

[10] Asheim B T, Isaksen A, Nauwelaers C, Todtling F. Regional Innovation Policy for Small-Medium Enterprises [M]. Cheltenham, UK: Edward Elgar, 2003.

[11] Bellandi M. Decentralized Industrial Creativity in Dynamic Industrial Districts, In Technological Dynamism in Industrial Districts: An Alternative Approach to Industrialization in Developing Countries? [M]. New York and Geneva: UNCTAD, 1994, 73 -87.

[12] Camagni R. Local "Milieu", Uncertainty and Innovation Networks: Towards a New Dynamic Theory of Economic Space [M] //Camagni R. Innovation Networks: Spatial Perspectives. London: Beelhaven-Pinter, 1991.

[13] Feldman M P. The Geography of Innovation: Economics of Science, Technology and Innovation [M]. The Netherlands: Kluwer Academic Publishers, 1994.

[14] Lechner C, Dowling M. Firm Networks: External Relationships as Sources for the Growth and Competitiveness of Entrepreneurial Firms [J]. Entrepreneurship and Regional Development, 2003, 15: 1-26.
[15] Muller, Zenker. Business Services as Actors of Knowledge Transformation: The Role of KIBS in Regional and National Innovation Systems [EB/OL]. http://de.scientificcommons.org/20335248, 2001.
[16] Storper M. The Limits to Globalization: Technology Districts and International Trade [J]. Economic Geography, 1992, 68 (1): 60-93.

（原载《管理世界》2009年第6期，与岳芳敏合著）

集群制造与创新：在中国走向“世界工厂”中的作用

虽然许多学者对现阶段的“中国制造”离“世界工厂”的差距还存在着争论，但是在缩小两者差距问题上给出的思路性建议却是共同的，那就是通过持续不断地加大技术创新力度，推进中国制造业由加工生产环节所具有的国际竞争力向研发与市场销售环节所具有的国际竞争力转变，从而提升中国在国际分工体系中的地位。如何有效地推进“中国制造”的技术创新力度？除了人们讨论的增大企业与产业中的研发投入，提高劳动力素质，大力推进高技术密集产业以及技术装备等基础性产业在国民经济中的比重，加快大企业的整合性成长，从而提高在技术创新过程中的重要作用等需要持续采取的一些战略性手段之外，产业集群也是一个有利于加速创新活动的重要组织机制。本文从这个视角做些讨论。

一、理论解释

迈克·E. 波特（Porter，1998）认为，产业集群（industrial cluster）是在某一特定领域内互相联系的、在地理位置上集中的公司和机构集合。产业集群包括一批对竞争起重要作用的、相互联系的产业和其他实体。较早地系统解释产业集群优势的理论是马歇尔提出的获得低运输成本、技术外溢等构成的“外部经济性”的好处。后来，一些学者（Schmitz，1995；Nadvi，1996）发现，有意识的集体行动也是集群优势的一个重要来源。此外，在集群内，面对面的交流、接触与技术切磋会大大加速信息、知识和实践经验在地区内的扩散（Saxenian，1994；Howells，1995）；贸易网络、技术传播机构、培训协会等组织使企业不用承担全部的创新费用和压力（Cooke & Morgan，1998）；后来人可以很容易地观察并进行模仿和改良，创新者创造出来的新技术或新产品的绩效有助于使追随者不用承受与初期风险承担者一样的风险（Howells，1999），这就极大地加速了整个集群内企业创新能力的提高。

当然，益处不仅仅来自集群内的企业之间更加方便的信息交流，也来自集群与外部的各种经济联系。R. Rabellotti（1998）发现墨西哥的集群与采购商之间的联系变成了相对稳定的、合作性的出口市场，这些出口贸易商成为新技术、质量控制和设计等知识的一个重要来源。一项关于印度针织品集群创新能力提升的研究发现，当集群内的企业与外部采购商发生联系时，虽然订单很小，但是会持续性定期地反馈回来。不断地按照客户订单要求改进款式设计和质量等，这本身就是一个渐进的、连续的学习过程（Tewari，1996）。K. Nadvi（1999）对巴基斯坦小工业制品生产集群的研究发现，在更大程度上与客户之间的紧密合作成为集群内企业提高绩效、改进技术的重要来源。显然，如果企业自身缺少这种对新技术吸收与创新的能力，那么就不可能使企业与外部采购商、供应商之间建立起来的紧密联系构成集群内企业创新活动的主要源泉。如果从外部进入的缺少信息、知识与技术，那么集群的衰落就不可避免。

在集群内的学习与创新能力一定的条件下，与外部经济联系的程度对集群的动态演进和竞争力产生了决定性的影响，因而区分集群与外部的联系程度就十分重要。T. Altenburg 和 J. Meryer-Stamer（1999）根据拉丁美洲一些国家集群生产的产品市场范围将其分为三个层次。一是由大量中小企业构成的生产本地市场需要的低档消费品的生存型集群，这类集群主要集中在进入门槛较低的针织、鞋类、家具、汽车修理等行业。二是由专业化分工、具有较先进技术支撑的、以标准化“福特制”为基础的大量生产者构成的专业化生产集群，这类集群主要面向国内市场，从事进口替代产业的生产制造。三是与跨国公司合作的、面向国际市场的国际化产业集群。这类产业主要集中在电子产品和汽车等行业，这类聚集起来的企业基本上是跨国公司的加工装配企业，因而受到这些大公司的支配，而与国内的中小企业联系则比较少。在这三个层次中，由于国际化产业集群的信息、技术来自跨国公司，国际市场竞争大于国内市场，因而国际化产业集群的创新能力与过程是最快的。当然，他们也指出了这种类型如何把先进的技术转移到本地企业仍然是一个问题。N. Carbonara（2004）考察了外部联系程度对集群学习机制的影响。在缺少与外部经济联系的中小企业集群中，“干中学”“用中学”等面向经验的学习是主要方式。在具有专业化分工体系的集群中，相互模仿构成了学习的主要机制。在与国际市场联系的集群中，主动投入、联合创新构成了学习的主要方式。显然，集群与外部的联系程度对其竞争力与动态的学习都有着重要的影响。

二、中国实践

在我国推进新型工业化的历史进程中，国内外学者都注意到这样一个现象，即我国传统产业集群的分布主要集中在经济实力明显地领先于全国平均水平的长江三角洲与珠江三角洲等地区。如何解释这种现象？事实上，这种企业的地域性聚集与地区经济增长之间的相关性并不是偶然的，因为产业集群理论主张，某种产业在一个地区集聚，不仅可以带动相关产业发展，吸引人才，实现企业间分工，而且有利于降低企业在市场活动中的交易费用与不确定性，并能够促进技术交流与创新活动，从而使这一地区的产业竞争力会越来越强。因此，产业聚集越多的地区，经济发展水平与潜力也越快的事实，恰恰印证了产业聚集理论解释经济转轨时期民营经济聚集性发展的有效性。

在我国产业集群发展实践中，从市场驱动的角度，区分和比较两种产业集群的类型是十分有意义的，这有助于我们观察“世界工厂”在中国的扩展过程。目前，国内存在两种市场驱动型的产业集群，一是国内市场驱动的产业集群，这主要是伴随着国内市场的成长而发展的，从陶瓷、布匹、灯饰、毛纺、制鞋、针织、服装、家具以及相应的塑料制品到摩托车、铝制品以及家用电器等产品，它们主要销售于国内市场。近年来，这些产品的出口比重有所增加，但是国内市场仍占销售额的绝大部分。随着国内市场收入水平的不断提高，这些产品的质量、档次、品种、设计款式与价格等都在发生着相应的变化，这种被认为是内生型的产业集群主要分布在浙江省（仇保兴，1999），广东省珠江流域的西岸地区，诸如佛山、中山等地也聚集了这样一批产业集群（王珺，2002）。二是国际市场驱动的产业集群。这主要是通过外资特别是境外大企业的进入来实现的。外资进入什么产业，就形成什么类型的产业集群。这种类型主要分布在广东省珠江流域东岸、靠近香港的地区，如深圳宝安区、东莞等地。例如，在20世纪90年代中期之前，台资企业向广东东莞迁移的产业主要集中在鞋业、五金、塑胶、灯饰等。90年代中期以后，消费电子产品、电子配件、电脑配件等IT产品大量迁入东莞，就形成了“东莞制造”的基本内涵（郭万达、朱文辉，2003）。中国政府与新加坡政府在苏州市有计划地合作开发的工业园区也属于这种类型。目前，学界尚未对这两种类型的产业集群进行过全面的比较研究，但是从发展过程看，前者的企业规模、技术创新程度等都是随着国内市场规模、资本积累与知识积累程度而得到相应提高的；后者则不会受到国内市场与国内技术力量的制约，而依赖于外部资源的输入。目前，这两种类型出现了交叉性发展的趋势。例如，前者在积极拓展利用国际资源与国际市场的机会。这表现在，2002 年以来长江三角洲地区以产业集群方式吸引外资数量每年的增长率都大大地超过了珠江三角洲地区，使得由境外资本嵌入的产业集群开始形成。江苏昆山通过吸引台商进入形成的 IT 产业集群，并带动本地经济的迅速崛起就是这样一个典型。1991 年，中国所有产业的出口中，外国子公司所占份额为 17%，制造业占 16%。到 2001 年，所有产业出口的 50% 和制造业出口的 44% 来自外国公司[①]。这就是国际资源与市场驱动的产业集群遍地开花的结果。同时，面对中国加入 WTO 后市场机会放开，一方面，国际市场驱动的产业集群将“三来一补”的委托加工合作变为合资企业，从而扩大利用国内市场的空间；另一方面，一些试图抢占国内市场的外资企业开始从珠江三角洲地区迁往长江三角洲地区，这也是近期长江三角洲地区每年吸收外资增长率超过了 30% 的一个原因所在。这种外资在国内地区的流动与扩展也自然成为中国走向“世界工厂”的重要推动力。

在中国走向“世界工厂”的进程中，考察国际市场驱动产业集群的动态演进也是十分重要的，这使我们能够更好地认识中国参与国际分工的深化过程。一些国内学者（吕政，2003）把发展中国家直接利用外资大约分为两种类型。一是以发展委托加工为主的制造业。这种类型的特点是原材料和零部件的供应及产成品的销售都由跨国公司控制，利用本地低廉的劳动力成本优势，通过大进大出的方式，实现利润最大化。二是原材料的采购和零部件的制造实行本土化为主，跨国公司控制研发与销售网络。这种类型较前一种类型的层次要提高一步，但是仍然属于跨国公司的生产车间。笔者认为，这种划分基本上反映了发展中国家参与国际分工的深化过程。第一种类型是仅仅以劳动力因素参与了国际分工，从而赚取人工费用。而第二种类型则是除了劳动力因素以外，本地原材料与零部件生产也逐步纳入国际分工体系中。20 世纪 80 年代至 90 年代中期的广东省东莞

---

① 参见 UNCTAD：《2002 世界投资报告》表 8。

市等珠江流域东岸地区形成的委托加工生产基地就属于第一种类型。90年代中期以后，外商采购本土化日益增长，第二种类型的特征便日益明显地显现出来。此外，从集群角度比较这两种类型，也会发现许多有意义的东西。在第一种类型中，委托加工型的企业虽然会在一起“扎堆”，但是每个企业的采购与供应活动都是在境外完成的，彼此之间缺乏分工联系，也就难以形成相互协作关系。因此，每个企业是分散的“点”，这些“点”的聚集并不会构成有机网络。第二种类型就明显不同了，外商企业开始在本地发生采购与供应之间的关系，创造了许多衍生中小企业的机会，使产业链条上的每个环节开始在一个地区内聚集。这不仅使创新在供应商与用户间快速传播，也导致出现竞争的新方法与新机会（Porter，1990）。因此，当参与国际分工深化到第二个类型时，产业集群的聚集效应便开始显现出来。当然，参与国际分工并不会因进入到第二种类型就停下来，而会继续深化下去。例如，随着零部件与原材料的本地化采购，一部分核心产品的制造以及研发机构也会逐步地本地化，进而使发展中国家的技术、管理等人力资本因素也逐步纳入到国际分工体系中。随后，跨国公司贸易零售业务与地区总部向发展中国家的搬迁，又扩展了发展中国家服务业的国际化进程，这就像20世纪60年代申农（Vernon，1966）提出的生产周期理论的现代翻版。而产业集群也将会随着参与国际分工的深化而逐步形成更加复杂的地域性网络体系。

三、发展趋势

在走向“世界工厂”的发展过程中，产业集群作为一种组织方式将会越来越明显地显示出其范围经济与创新活动的重要性。日本学者丸川知雄在比较了三种解释中国经济快速增长的理论后也发现，与限制消费、鼓励生产资料部门优先发展的产业不平衡发展理论和比较优势理论相比，产业集群效应理论被认为是支撑中国产业竞争力提升的主要因素。他认为，在中国实行改革开放以后，产业在一些沿海地区聚集。20世纪90年代，逐步涌现出乃至世界闻名的产业聚集地，如珠江三角洲地区、浙江省等。

今后拉动中国经济发展的是产业集聚效应。[①] 笔者认为，这种看法是有一定道理的，因为它突出并强化了产业集群在未来中国经济发展的作用。如果说比较优势理论反映了一种经济启动初期的静态资源分布与利益选择，那么产业集群理论则更多地强调了动态发展过程中的信息交流、技术转移、知识积累与创新活动的优势，因而更适合通过这种组织方式推动中国产业领域的创新活动开展。再从中国经济发展实践来看，随着中国的对外开放以及各地在招商引资方面的相互竞争，中国的资源将会越来越大范围地卷入国际分工体系，产业集群将是一种主要的组织方式（Altenburg & Meryer - Stamer，1999），因此，在走向“世界工厂”中将会有更多的产业集群出现，它们不仅会聚集在长江三角洲、珠江三角洲等沿海地区，而且内地和西北地区也将会出现更多的资源型产业集群。不仅是传统产业的聚集，高新技术产业也将以集群方式发展。

国内市场驱动型产业集群的未来发展将主要取决于与国际市场和资源整合的程度以及技术创新的能力。虽然巨大的国内市场可以实现产业集群的规模效益，但是国内市场的分层加速以及与国内市场成长的同步推进，使得面向国内市场的产业集群不容易得到产业价值链中的高附加值部分。而面向高收入支撑的国际市场，无论在产品质量还是技术标准等方面，往往都高于国内市场的要求，因此适应了国际市场竞争，就可能进入正在分层的国内市场中的高端市场。日本在20世纪50—60年代以美国市场为导向的实践提供了这个方面的成功经验。在国内市场国际化的现阶段，企业在自己本土市场上就已感受到国际市场竞争的“火药味”。按照斯密所说的“Venture for Surplus”的路径，国内市场驱动型产业集群向国外市场的拓展被看成是国内市场的延伸，然而，由于国内市场与国际市场之间在产品质量、技术标准、销售渠道等方面存在着位差，因此这种自然的顺势延伸并不容易形成。这需要加大力度提升产业集群中供应商提供的各种原材料、零部件生产与服务的竞争力。在这方面，OECD（1996，1997）关于对拉丁美洲国家进口替代型产业集群的研究与建议提供了有意义的借鉴。例如，发挥集群中主导企业的示范作用；加强企业之间的合作，特别是与大型企业建立战略合作联盟；促进协会等中介组织提供培训、信息、咨询

① ［日］丸川知雄：《中国“世界工厂”论之虚实——用三种理论看中国的产业实力》，见吕政主编《中国能成为世界工厂吗?》，经济管理出版社2003年版，第312页。

与检测服务；鼓励企业的研发和技术投入等。

以促进本土供应商提供的产品质量升级，把越来越多的本土零部件供应商纳入国际公司的采购与生产网络中，将是支撑外资嵌入的国际市场驱动型产业集群在本地形成可持续发展的重要基础。国际市场驱动型产业集群的缺陷之一是技术外溢程度低，虽然进入的外资企业技术管理水平较高，但是它们不在本地发生采购行为，进而无法通过本地采购带动本地供应商的发展，“大进大出”就属于这样一种类型。即使一些外资企业在本地采购了大量的零部件，但是采购的对象依然主要是与主导企业一起进入的外资企业。据我们对东莞清溪镇的调查，目前投资IT产业的台商在本地采购零部件有两方面来源：一是台商向本地非台资企业采购，二是向本地配套的台资企业采购。其中，前者占采购总量的20%左右，其余都是来自后者。虽然外资配套供应商与主导企业一起迁入对本地就业的增加有好处，但是它们对本地企业的技术扩散是十分有限的。而在采购网络中缺少本地企业的参与，外资企业集群缺乏本土化的“生根”基础。因此，在集群未来的发展中，一方面要通过增大研发投资的力度与公共性扶持政策，提高本地供应商技术研发能力，促进本地企业技术产品与工艺流程的不断升级，从而有能力承接国际企业的生产订单；另一方面要加速从制度上解决一些“三来一补”的企业因为涉及“转厂”而常常不能相互采购产品，因而使技术扩散与知识外溢十分有限的问题。随着本土资源与供给能力越来越多地进入外资采购网络，外资嵌入集群的本土化也将越来越大范围地发生。

参考文献

[1] 仇保兴. 小企业集群研究 [M]. 上海：复旦大学出版社，1999.

[2] 郭万达，朱文辉. “中国制造”：“世界工厂”正在转向中国 [M]. 南京：江苏人民出版社，2003.

[3] 吕政. 中国能成为世界工厂吗？ [M]. 北京：经济管理出版社，2003.

[4] 王珺. 企业簇群的创新机制研究 [J]. 管理世界，2002 (10).

[5] Altenburg T，Meryer-Stamer J. How to Promote Clusters：Policy Experiences from Latin America [J]. World Development，1999，27 (9)：

1693 - 1713.

[6] Carbonara N. Innovation Processes Within Geographical Clusters: A Cognitive Approach [J]. Technovation, 2004, 24: 17 - 28.

[7] Cooke P, Morgan K. The Associational Economy: Firms, Regions and Innovation [M]. Oxford: Oxford University Press, 1998.

[8] Howells J. Going Global: the Use of ICT Networks in Research and Development [J]. Research Policy, 1995, 25: 169 - 184.

[9] Howells J. Regional Systems of Innovation ? [M] //Archibugi D, Howells J, Michie J. Innovation Policy In a Global Economy. Cambridge: Cambridge University Press, 1999.

[10] Nadvi K. Small Firm Industrial Districts in Pakistan [D]. Institute of Development Studies, University of Sussex, 1996.

[11] Nadvi K. The Cutting Edge: Collective Efficiency and International Competitiveness in Pakistan [J]. Oxford Development Studies, 1999, 27: 143 - 177.

[12] OECD. Networks of Enterprises and Local Development, Competing and Co-operating in Local Productive Systems [R]. Paris: OECD, 1996.

[13] OECD. Regional Competitiveness and Skills [R]. Paris: OECD, 1997.

[14] Porter M. Clusters and the New Economics of Competition [J]. Harvard Business Review, 1998 (11 - 12): 77 - 90.

[15] Porter M. The Competitive Advantage of Nations [M]. London: Macmillan, 1990.

[16] Rabellotti R. Helping Small Firms to Network: The Experience of UNIDO [J]. Small Enterprises Development, 1998, 9 (1): 25 - 34.

[17] Saxenian A L. Regional Advantage: Culture and Competition in Silicon Valley and Route [J]. Cambridge, M. A.: Harvard University Press, 1994.

[18] Schmitz H. Collective Efficiency: Growth Path for Small-scale Industry [J]. Journal of Development Studies, 1995, 3 (4): 529 - 566.

[19] Tewari M. When the Marginal Becomes Mainstream: Lessons from Half-Century of Dynamics Small-Firm Growth in Ludhiana, India [D]. De-

partment of Urban Studies and Planning, Massachusetts Institute of Technology, 1996.

[20] Vernon R. International Investment and International Trade in the Product Cycle [J]. Quarterly Journal of Economics, 1966, 80 (2): 190 - 207.

(原载《学术研究》2004 年第 7 期)

第二部分

企业理论研究

双重博弈中的激励与行为

——对转轨时期国有企业经理激励不足的一种新解释

一、问题的提出

当前，人们对激励不足影响着国有企业经理作用发挥的看法已成为一种共识。是什么原因导致国企经理的激励不足？无疑，国企经理收入偏低，没有建立年薪制、股权、期权等市场化的长期激励制度等是直接的原因。然而，仅从经理收益角度来回答激励不足问题是不够的，还需要从经理产生与激励相互联系的制度基础上寻找原因。我国改革开放以来，通过放权让利使收入分配向经理倾斜，但激励效果依然不甚理想的实践，证明了这种深层次探讨的重要性。本文在评论现有的理论看法基础上，从博弈角度对国有企业经理激励的制度安排提出一种新的解释。

从现有的理论文献来看，除了经济学家们强调市场机制不充分，如产品市场、经理市场、资本市场等对经理人激励与约束有限的外部因素以外，关于企业内部的激励与约束的研究主要集中在委托代理关系上。在委托人与代理人的目标函数不一致的条件下，由于存在着信息不对称、合约不完整，为降低代理人的道德风险和逆向选择，给予代理人一部分剩余索取权（Grossman & Hart，1983；Alchian & Demsetz，1972）。笔者认为，这种激励机制的设计隐含着一个前提，即他们所分析的委托代理关系是一次性博弈。之所以做出这样的判断，是因为在一次性博弈中，双方没有时间检验和甄别对方披露的信息，即使察觉了对方的背叛行为，也难以采取惩罚策略。在这种条件下，代理人产生机会主义行为的可能性才会大量增加。这就是霍尔姆斯特姆（Holmstrom，1982）所建立的在一次性关系中，无论采用什么规则都难以克服“搭便车”行为的模型。

虽然任何一种委托代理关系都存在着信息不对称，但是随着委托代理关系期限的延长，委托人观察和甄别代理人行为的机会会不断增加，使代理人隐匿信息的成本相应地提高，委托人识别信息的成本则相应降低，进而会降低信息不对称程度。而且，通过这种关系期限的延长，委托人在识别经理人背叛行为后，有时间实施惩罚策略。在经理人退出成本很高的条件下，为避免对方的惩罚，必然会减少隐匿信息和采取机会主义行为的可能性。麦克洛伊德（Macleod，1988）的长期合作博弈模型表明，只要生产关系是无限重复的，即使外在的监督不存在，也会形成一个有效率的均衡。鲁宾斯坦和雅里（Rubinstein & Yaari，1983）等人也证明，在各种无限次重复的委托代理博弈中，是能够解决静态博弈中由于道德风险问题而导致的非效率的。青木昌彦、奥野正宽（1999）等日本学者用这种重复博弈理论解释了日本企业内部对经理激励的有效性。他们认为，日本企业经理的年薪水平不仅大大地低于美国企业经理的年薪水平，经理与一般员工的薪酬差距比美国等西方国家低得多，对经理也几乎没有股权、期权等激励机制。但是，在终身雇佣制、年序列工资等制度使经理脱离这种关系的成本很高的条件下，经理并没有出现明显的机会主义行为。可见，经理与组织的博弈次数不同，组织所设计的激励机制方案也是不同的。

国企经理通常是由上级组织对每个员工、干部进行长期的业绩考核与评价基础上选拔出来的，这表明经理与委派、任命和聘任他的组织之间是一种长期关系。一项调查显示，目前的国有企业经理在组织中的工作年限为 24.3 年，与各种非国有经济成分相比，是各种企业组织中工作年限最长的[①]，因而用以一次性博弈为前提的委托代理理论加以分析是不完全适合的。然而，如果按照艾克斯罗德（Axelrod，1996）的合作进化理论来解释国企行为，这与我们观察到的实际情况也不相符。因为建立在重复博弈基础上的长期关系本来是有利于抑制经理的机会主义行为的，然而，转轨时期的国企经理却存在着各种各样的机会主义行为，比如，经理注重企业的短期收益，而非长期发展；注重企业资产的账面值，而非真实价值；注重个人的在职业绩，而非企业实力；等等。这就提出了一个问题，为什么国企经理在长期关系中却出现了大量的短期行为？本文提出国有企业经理的双重博弈假说，即经理与行政组织是一种重复博弈，与企业组织是一次性博弈，旨在解释国企经理在这种长期关系中出现的短期行为的制度性根源，并提出相应的调整取向。

---

① 中国企业家调查系统：《中国企业家成长与发展：专题调查报告》，1997 年。

二、双重博弈的理论含义

随着体制改革的推进，国有企业自主权和预算约束力都有所加强，但是主管部门对国企经理任命和解职的体制在过去的20年中几乎没有发生变化。20世纪90年代以后，现代企业制度的推行使董事会选聘经理的方式有所增加，然而，在国有独资、控股公司的董事会聘任经理中，主管部门的推荐起着实质性的作用。中国企业家调查系统自20世纪90年代中期以来连续几年的调查结果表明了这一点[①]。这意味着经理授命于行政组织，而工作在企业组织。在传统的计划体制下，企业组织是行政组织中的附属单位，因而国企经理、厂长就成为行政官员的一部分。在市场经济中，经理只与企业组织形成一种契约关系，使经理与律师、医生一样具有职业性质（钱德勒，1996）。然而，在经济转轨时期，作为两个不同性质的组织同时与经理发生着关系，这决定着经济转轨时期国企经理行为的特殊性。根据这两个组织各自对经理现期和预期收益的不同影响，本文将转轨时期国企经理与行政组织的关系看成是重复博弈，与企业组织看成是一次性博弈。

1. 经理与行政组织的重复博弈

把行政组织与经理之间的关系看作重复博弈是由双方的博弈次数无限地持续下去所决定的。麦克洛伊德（Macleod，1983，1988）认为，在双方有自主权选择进入或退出条件下，博弈次数能否持续下去的一个基本约束条件是双方的退出成本。因此，行政组织与经理之间实现重复博弈的关键在于是否存在这个约束条件。

行政组织与经理之间的博弈是机构与个人之间的一种博弈关系，这不同于博弈双方都是参与者个人的一般博弈分析。其差别在于，机构的退出成本往往会高于个人的退出成本，因此，当参与者个人发生背叛行为时，参与机构不可能简单地采用退出策略，只能选择报复性策略来惩罚对方，更换经理就是行政组织采用的一个成本较低但十分严厉的报复性策略。这

① 历年的中国国有企业调查系统显示，1993年，国有企业经理的92.12%由主管部门任命，到1997年为90.19%，1998年为89%。参见《管理世界》1995年3期，1998年4期，1999年4期。

种博弈就像机构投资者与经理之间的关系一样，机构投资者对一个经营不善的公司经理不可能像大量的分散小股东那样以“用脚投票”的方式加以解决，“不换思路就更换人”往往成为机构投资者的报复性策略（迈克尔·尤辛，2000）。因此，对于行政组织来说，在与经理博弈中它也不需要退出，只要掌握着更换经理的权力，就使其具有支配性地位。

相对来说，现阶段国企经理退出行政组织的成本依然较高。这种退出成本主要由三个方面构成，即行政组织满足经理各种现期及预期的需要程度、沉淀成本和外部机会的收益。满足经理的各种需要是指在职消费、各项福利待遇、控制权回报、社会地位以及未来的晋升机会等。沉淀成本是经理在任命前沿着普通工人、班组长、车间副主任、车间主任、企业副经理、最后登上经理职位的十几年甚至几十年的努力与投入。外部机会的收益反映了在行政组织以外获得受雇的机会来补偿沉淀成本和经理各种需要的可能性。这不仅指就业机会，还包括了享有一定级别的退休金、住房、医疗保险等满足其他非工资以外的需求机会。当一个国企经理跳槽到非国有企业，这意味着他要放弃行政组织提供的各项收益、长期发展机会和沉淀性投入的预期回报①。在体制转轨时期，外部机会形成的现期与预期收益还是远远不能补偿经理较高的沉淀成本和行政组织给经理提供各种需要的满足程度，其结果是，国企经理向非国企的流动十分有限。1997 年的一项调查显示，国企经理在不同所有制企业之间的流动次数是所有企业类型的经理流动次数最低的②。在经理退出成本较高条件下，只能无条件地服从行政组织的安排，并获得韦伯所说的“服从带来的利益”（华尔德，1996）。

2. 经理与企业组织的一次性博弈

虽然经理与企业组织之间也是个人与机构之间的博弈，但是与前者相比，却有着明显的区别。这体现在三个方面，即企业组织权力与约束力的变化、经理退出成本的变化和经理在企业组织中的收益与机会预期等。

首先，与行政组织不同的是，企业组织不具有更换经理的权力。这

① 当一个国企经理跳槽到非国企单位，其原有的级别与待遇就不再予以承认，而按照非国有企业规定的标准重新计算。

② 中国企业家调查系统：《1997 年中国企业家成长与发展：专题调查报告》，载于《经济管理》1998 年 2 期。

样，在企业组织与经理博弈中，企业组织就不能像行政组织一样通过“换人”来采取报复性策略，这就削弱了企业组织对经理的制约能力。在这种情况下，如果经理的权力受到企业职工的约束，那么这在一定程度上也会抑制经理的机会主义行为。问题在于，转轨时期的企业职工对经理权力的约束力也是下降的。许多学者的实证研究表明，经济转轨中的企业决策权向经理倾斜，使职工在决策上只有很少的发言权并被置于管理部门更直接的控制之下，有利于权力制衡的职工参与被弱化的情况还有进一步发展的趋势（Lipset，1981；唐文方，1996）。青木昌彦等人所说的“内部人控制”就是这种体制下的产物（青木昌彦等，1995）。在职工不能通过决策参与方式进行积极制约情况下，职工就会选择自愿性退出。个别职工的退出不一定会引起行政组织对经理的更换。只有在大部分职工自愿退出时，才有可能使行政组织更换经理。而这种情况由于职工合谋的成本过高而在现实中几乎不可能发生，因此，这种机制并不奏效。

其次，与退出行政组织的成本相比，经理退出企业组织的成本明显地降低了。当一个员工被提拔为经理后，他就有了一定的行政级别，并获得了相应的货币收入与非货币收入等各种福利待遇。在行政组织内部，不管经理被调离到什么样的企业组织或部门，其行政级别与待遇都是跟着走的。这种行政级别与福利待遇就像工资刚性一样一般也是只升不降的。经理往往不会因经营不善而降低行政级别和待遇，相反会因改善经营而得到升迁。对于经理来说，退出行政组织，则会失去行政级别与待遇，而退出行政组织内的任何一个企业组织则不会失去这种行政级别与待遇，这就是经理退出行政组织与退出行政组织内的企业组织的成本差异。麦克洛伊德（Macleod，1988）认为，一个组织内的成员退出成本的降低会削弱而不是保证努力的激励。因此，这种退出成本的差异会弱化企业组织的激励性，而强化行政组织的激励性。

最后，经理与企业组织签订的任期合约缺乏约束力。在合同期限内，如果行政组织要求一个企业经理调离到另一个企业，那么国企经理只能违背任期合同，无条件地服从于行政组织的调动指令。行政组织不可能事先与经理签订一个什么时候被调离或提拔、被调离或提拔到什么职位以及提拔后被分配到什么企业工作的合约。在这种条件下，经理就无法预测自己在一个企业组织内干多长时间、在什么条件下得到晋升，因此也就难以对自己在企业组织任职内的投入与回报进行预测，从而对企业组织就缺乏一个长期的打算。一项研究表明，年轻的国企经理往往把企业组织作为仕途攀升的跳板，一旦干出成绩，就可能调往上级部门担任更高的职务。岁数大的经理面对即将来临的退休，虽然放弃了晋升的动机，但是也失去了对企业组织长期发展的打算①。其结果是，无论是年轻的经理或是岁数较大的经理对企业组织都容易产生一次性博弈的动机。

三、双重博弈下的激励制度特征与经理行为取向

双重博弈之间存在着内在联系。行政组织往往根据经理的努力与能力对其做出提拔或调离的安排，而经理能力与努力是通过企业业绩显示出来的，这使经理不得不考虑企业绩效。这就形成了双重博弈下对经理激励制度的三个特征。

1. 激励制度的三大特征

首先，行政组织是对经理实行强激励的主体，而企业组织是弱激励的主体。行政组织控制着国企经理的任命、调离、解职与晋升的权力，经理只有服从行政组织的安排，才可能得到更多的利益。这使经理无论从晋升还是保住现有职位角度考虑，都更加注重行政组织对个人能力与努力程度的评价。然而，行政组织没有能力按照每个企业的绩效变动设计具体的激励方案，这只能由企业组织加以考虑。企业组织的激励规则主要由董事会或经理层制定。在有效的公司治理结构尚未建立的情况下，这些由行政组织任命的董事长或总经理不可能忽视行政组织的评价，而把自己的年薪标准定得较高，或把自己与企业绩效挂钩的提成比例定得过大。这就形成了转轨时期国企经理激励的“制度困境”，即国企经理们无法自己制订一个激励自己的高薪计划。一项研究显示，在我国许多的国有上市公司中，一半以上的国有公司经理是不从公司中获取报酬的②。其结果是，这不仅对经理的激励有限，也使广大投资者不大放心。这种激励的“制度性困境”可以看成是行政组织作为强激励主体、企业组织作为弱激励主体的必然结果。

---

① 游正林：《内部分化与流动—— 一家国有企业的20年》，社会科学文献出版社2000年版，第239页。

② 魏刚：《高层管理层激励与上市公司经营绩效》，载于《经济研究》2000年第3期。

其次，以行政组织为主体设计的激励规则内容必然是以晋升激励为主的。笔者曾经把现阶段激励经理的资源大致可分为两类：晋升激励与收益激励（王珺，1998）。企业组织不掌握晋升资源，也缺乏使用这种资源的权力，这样企业组织只能从收益角度来考虑对经理的激励设计。同时，企业组织比行政组织也更加了解企业业绩与经理努力的实际情况，这使其有可能从收益激励上订立一个有效的规则。行政组织没有能力面对自己管辖的众多企业，按照商业标准对每个企业经理做出切合实际的收益激励决策，只能围绕着人事任命和解职权力来制定激励规则。因此，以行政组织为主设计经理的激励规则，在内容安排上必然会向晋升激励倾斜。长期以来，国企经理追求级别晋升的行为取向就是对行政组织作为强激励主体制定的激励规则的一种反应。在经济转轨时期，这种状况并没有得到根本的改变。

最后，国企组织设计的激励规则是要服从行政组织安排的。行政组织对经理的任命和解职因受到许多复杂因素的影响而带有相当的不确定性。在这种条件下，企业组织设计股权、期权等长期激励机制，就容易与不可预见的行政任命制发生冲突。一旦出现冲突，经理只能无条件地服从行政组织的调动安排，其结果是，这种长期激励规则就难以实施下去。当前，在深圳、武汉、北京和上海等地的一些国有企业对经理持有股权的试点中已经出现了任命制与合约期限发生冲突的问题。尽管被调离的经理仍然持有本企业的股权，但是经理的努力与本企业业绩已经分离了。因此，企业组织设计的激励制度实质上是在行政组织掌握着经理任命权的前提下发生作用的，这就限制了企业组织激励制度的作用空间。

2. 经理行为取向

在双重博弈形成的激励制度下，经理的行为取向既不完全遵循麦克洛伊德（Macleod，1988）所分析的，在一次性博弈中成员“偷懒然后退出”的逻辑采取行动，也不完全按照艾克斯罗德（Axelrod，1996）所解释的，在重复博弈中成员以“一报还一报”的方式寻求合作，而会把“努力实现晋升，然后退出企业”作为最优选择。因为在行政组织作为强激励主体条件下，晋升是对经理的最有效激励。为实现晋升，经理会不懈地努力。这种努力包括生产性、非生产性甚至是破坏性的行为，比如，为增大业绩，不顾企业偿还能力而拼命贷款；千方百计地增大资产账面值而非真实值；用新债代旧债以掩盖坏账；等等。许多国有企业在经理任职期间内的经营业绩看起来很好，一旦该经理离任，债务危机就暴露出来。即使是生产性努力也往往不会考虑企业的长期发展，因为一旦经理得到了晋升，就会离开这个企业。因此，“真正愿意长期在国有企业工作下去的经理是很少的。越来越多的人是把企业当作跳板，一个任期干下来，取得一些成绩，然后离开企业谋求高就”①。这并不完全是因为这个企业没有股权、期权等长期激励制度，而是由行政组织作为强激励主体决定的。

无疑，并不是所有的经理在努力后都能够得到及时的晋升。如果经理努力没有得到晋升性回报，他就会依据个人的投入与预期回报采取次优选择。这里所说的次优选择就是降低预期回报率，进而降低投入程度，以争取个人福利最大化。降低预期回报率表现为经理对激励目标的调整，从追求晋升调整为以稳定经理职位为主。有了经理职位，就有了控制权，从而可以得到与职位相应的各种货币收入与非货币收入。失去了这个职位，就失去了与此相连的几乎所有的福利待遇和控制权力。因此，保住这个职位是经理调整预期回报目标的底线。随着预期回报率的调整，经理努力投入的动机也会相应地降低。“不求有功，但求无过”“平平稳稳，少出风头”等都是这种次优选择的典型。当经理没有付出超常的努力时，企业业绩就变得平平。对于经理来说，努力后得不到晋升的可能性越大，做出次优选择就越明显，从而追求企业控制权以获得任职期间的货币收入和非货币收入的动机就越强。

当然，经理不会无限地降低努力性投入，保住经理职位的底线在于企业业绩不能降低至平均水平以下。在假定企业业绩是经理努力函数下，经理无限制地降低个人努力，就会导致企业业绩下滑。当业绩下滑到国企同类企业业绩的平均水平以下，经理职位就会受到威胁，行政组织更换经理就可能发生。

四、数据验证

本文根据企业业绩与经理任职期限之间的实证联系来验证行政组织强激励的运作规则。企业业绩越好，经理晋升的机会越高，他在一个企业内的任职期限也就可能越短。相反，企业业绩越差，经理被调离的可能性越

① 陈惠湘：《中国企业批判》，北京大学出版社 1997 年版，第 12 页。

大，这类经理的任职期限也会越短。只有在企业业绩比较正常的情况下，经理才既不会较快地被提拔，也不会被迅速地调离，从而可能形成较长的任职期限。如果企业业绩与经理任职期之间存在着这种联系，那就可以说明，行政组织强激励是双重博弈下的一个主要激励制度。

2001 年年初，我们对列入广东省经济贸易委员会的 83 家重点大企业集团进行了问卷调查。根据每个企业在经理任期变动与企业业绩等数据方面的完整性，本文选用了 36 家大企业集团。在这 36 家大企业集团中，国有独资企业为 17 家，国有控股公司为 9 家，乡镇政府控股的有 6 家，其余 4 家为外资控股的企业。在 32 家国有独资、控股和公有控股的企业集团中，经理由政府直接任命的有 13 家，由政府部门提出人选、由董事会任命的有 19 家。由于资料所限，本文选用了 1995—1999 年间 36 家企业的销售收入额增长率作为企业业绩的指标。根据业绩变动情况，本文将 36 家大企业集团分为三类：一是这 5 年的销售收入增长率在 100% 以上，这一类业绩优异的企业集团有 11 家，这是在表 1 中从第 26 位至 36 位的企业集团；二是这 5 年间销售收入增长率从正增长率到 100% 之间的业绩正常的企业集团，这一类有 16 家，即表 1 中的第 10 至第 25 位的企业集团；三是在这 5 年间的销售收入增长率为负的企业集团，这是第 1 至第 9 位的 9 家企业集团。

表 1　广东省大型企业集团的经营业绩与经理任职变动

序号	企业名称	股权结构	任命方式	业绩变动率（%）	经理任职届数	退休	晋升	辞职	调离
1	广东新会美达锦纶公司	3	3	-42.03	E>1	0	0	0	1
2	佛山塑料集团公司	3	3	-33.75	E>1	0	0	0	1
3	深圳市莱英达集团	2	2	-25.54	E>1	0	0	0	0
4	广东南方钢铁集团	1	2	-16.78	E>1	0	0	0	0
5	广东蓝带集团	2	2	-11.85	E=1				
6	广东美雅集团	3	2	-11.27	E>1	0	0	1	0
7	广东南海三纶纺织集团	2	2	-9.63	E=1				

续表1

序号	企业名称	股权结构	任命方式	业绩变动率（%）	经理任职届数	退休	晋升	辞职	调离
8	广东佛陶集团	2	1	-5.70	E>1	1	0	0	0
9	广东金泰企业集团	1	1	-2.78	E>1	0	0	0	1
10	深圳华强集团	1	1	15.13	E=1				
11	广东省茂名市华粤集团	1	1	19.28	E=1	0	0	0	0
12	广州造纸集团公司	3	3	22.65	E>1	0	1	0	0
13	广州医药集团	1	1	27.85	E>1	0	1	0	0
14	丽珠医药集团	3	3	34.85	E=1				
15	广东德庆林化工公司	2	2	39.96	E>1	0	0	0	1
16	广州摩托集团	1	1	43.31	E>1	0	0	0	1
17	惠州德赛集团	1	2	46.55	E>1	0	0	0	1
18	广州发展实业控股集团	2	2	50.10	E=1				
19	江门金羚集团	2	1	50.48	E=1				
20	广东南方通信集团	1	2	55.23	E>1	1	0	0	0
21	广东韶关钢铁集团	1	1	55.87	E>1	0	1	0	0
22	广东福地公司	2	2	60.85	E=1				
23	深圳赛格集团	1	2	67.34	E>1	1	0	0	0
24	广东开平春晖股份公司	3	2	69.12	E>1	0	1	0	0
25	深圳经济特区发展集团	1	2	81.28	E>1	0	0	0	1
26	广州珠江钢琴集团	1	1	105.66	E>1	1	0	0	0
27	中山火炬公司	3	2	110.66	E>1	0	0	0	1
28	佛山电建集团	1	1	126	E>1	0	0	0	1
29	珠海格力集团	1	1	131.39	E>1	0	1	0	0

续表 1

序号	企业名称	股权结构	任命方式	业绩变动率（%）	经理任职届数	退休	晋升	辞职	调离
30	广东科龙电器股份公司	3	2	131.47	E>1	0	0	1	
31	深圳石化集团	1	2	159.1	E>1	0	1	0	0
32	广东格兰仕集团	3	2	166.11	E=1				
33	广州珠啤集团	1	1	168.39	E>1	1	0	0	0
34	广东美的集团	3	2	199.64	E=1				
35	麦科特集团	2	2	251.76	E>1	0	1	0	0
36	广东风华集团	1	1	525.48	E=1				

注释：在股权结构中，1 代表国有独资企业，2 代表国有控股企业，3 代表非国有企业。在经理任命方式中，1 代表政府直接任命；2 代表政府推荐、董事会任命，这种推荐具有实质性作用；3 代表董事会任命。业绩变动率是指每个企业在 1995—1999 年期间销售收入额的增长率。经理任职届数反映在 1995—1999 年期间企业经理更换的情况。E=1，表示任职为 1 届；E>1 表示经理任职届数超过了 1 届。退休、晋升、调动和辞职等 4 个方面是经理变更的理由。

表 1 也列出了 3 种不同业绩的企业在 1995—1999 年期间的经理任期的变动频率及其理由。在 11 家业绩优异的企业中，有 8 家企业进行了换届，占 72.7%。在退休、晋升、自动辞职和调离等 4 种经理任期变动理由中，调离的有 2 家，自动辞职的有 1 家，退休的有 2 家，晋升的有 3 家。这表明，在这类企业的经理任职变动中，大约 37.5% 的经理是因晋升而变动的。在 16 家业绩正常的企业中，有 10 个企业进行了换届，占了 62.5%。其中，调离的有 4 家，晋升的有 3 家，退休的有 3 家。这表明，30% 的经理任职是因晋升而变动的。在业绩较差的 9 家企业中，有 7 家企业进行了换届，占 77.7%。其中，调离的有 3 家，自动辞职的有 3 家，退休的有 1 家，而没有一个企业经理得到了晋升。

把经理任职变动频率与企业业绩结合起来，我们会发现：第一，经理任命期限普遍较短。在这 36 家企业中，只有 11 家企业在这 5 年内没有更换经理，其余的企业都更换经理一次以上。也就是说，5 年以上没有更换经理的企业只占总量的30.6%。与1998年中国企业家调查系统的调查结果相比，广东省大型企业经理任职期限还要更短一些①。第二，就经理任职期限而言，业绩正常的企业相对长于业绩优异或业绩较差的企业。表1所示，有72.7%的业绩优异的企业更换了经理，有77.7%的业绩较差的企业更换了经理，而62.5%的业绩正常的企业更换了经理。第三，在3类业绩不同的企业中，经理离开企业组织的理由分布也是不同的。在业绩优异企业中，晋升是排在经理离开理由的第一位，接下来是调离和退休，最后是自动辞职。在业绩正常的企业中，调离为第一位，退休和晋升并列第二位。在业绩较差的企业中，调离和自动辞职并列第一，退休列第二位，没有一位经理得到晋升。

五、结论与建议

通过上述分析，本文得以下出两点结论。

第一，经济转轨时期的国企经理与行政组织之间存在着重复博弈，这使行政组织成为强激励主体。这种强激励主体设计的强激励不是一项正式的制度安排，而是通过企业业绩与经理职位变动联系、围绕着晋升及提拔等人事安排而形成的一项非正式的激励规则。国企经理与企业组织之间是一次性博弈，这使企业组织变为一种弱激励主体。这种弱激励的制度特征不仅仅表现为现阶段企业缺乏股权、期权等长期激励的制度安排，更重要的是，企业组织设计和制定激励规则的权力是不完整的。不仅经理选择权没有掌握在企业组织手里，而且企业所设计的各项激励规则也是在经理无条件地服从行政组织的人事安排前提下发生作用的。行政组织任命和更换国企经理的不确定性，导致企业难以按照合约期限实施股权、期权等长期激励计划。本文运用广东省36家国有控股、独资企业集团在经营绩效与经理任职期限变动的数据，分析了行政组织使用经理任命权的激励规则，研究结果支持了这种看法。

---

① 1998年中国企业家调查系统对经理任职年限进行了调查，结果显示，在企业组织中连续担任6年以上经理的比例，外商投资公司是最高的，达到了83.3%；私有企业次之，为82.1%；国有企业最低，为56.6%。参见《我国经理、厂长素质调查报告》，载于《中外管理》1998年第7期、第8期。

第二，两个组织的不同激励规则对经理行为产生着十分明显的影响。经理首先用主要精力与投入对行政组织制定的各项激励规则做出反应，然后再考虑如何应对企业制定的激励规则。行政组织的激励规则是，一旦通过经理的不懈努力使企业绩效明显改善，经理就可能因提拔而很快地调离企业，那么经理对这种激励制度的反应就是把“努力实现晋升，然后退出企业”作为最优选择。如果没有很快地得到晋升，那么经理才会寻求企业组织所带来的各种利益。因此，行政组织作为强激励主体，必然会弱化企业组织对经理的激励性，这就是国企经理在长期关系中出现短期行为的原因所在。

根据上述结论，本文认为，在重新设计国企经理的激励规则中，不能简单地通过企业实施股权、期权等长期激励计划，就可以使国企组织的激励强度超过行政组织的激励强度，关键在于对两个组织的激励权力与资源进行重新安排。经理的选择机制不仅决定着经理的其他激励制度，而且它本身也是一种强有力的激励制度。由行政组织设计经理的选择机制，由企业组织设计经理的其他收益激励，这种分离导致了行政组织与企业组织的激励资源不完整。在行政组织既没有能力也没有激励按照商业标准对经理做出正确的选择决策条件下，只有把经理选择权转移给企业组织，使企业能够对经理选择和收益激励进行完整的设计和实施，才能从根本上改变企业组织处于弱激励主体的地位。

参考文献

[1] 华尔德. 共产党社会的新传统主义 [M]. 香港：牛津大学出版社，1996.

[2] 罗伯特·艾克斯罗德. 对策中的制胜之道——合作进化 [M]. 上海：上海人民出版社，1996.

[3] 迈克尔·尤辛. 投资商资本主义—— 一个颠覆经理职位的时代 [M]. 海口：海南出版社，2000.

[4] 青木昌彦，奥野正宽. 经济体制的比较制度分析 [M]. 北京：中国发展出版社，1999.

[5] 青木昌彦. 对内部人控制的控制：转轨经济中的公司治理结构的若干问题 [M] //青木昌彦，钱颖一. 转轨经济中的公司治理结构.

北京：中国经济出版社，1995.
[6] 唐文方. 谁来做主——当代中国的企业决策 [M]. 香港：牛津大学出版社，1996.
[7] 王珺. 论转轨时期国有企业经理行为与治理途径 [J]. 经济研究，1998 (9).
[8] Alchian A, Demsetz H. Production, Information Costs and Economic Organization [J]. American Economic Review, 1972, 62: 777 - 795.
[9] Grossman S, Oliver H. Takeover Bids, the Free-Rider Problem, and the Theory of the Corporation [J]. Bell Journal of Economics, 1983, 11: 42 - 64.
[10] Holmstrom B. Moral Hazard in Teams [J]. Bell Journal of Economics, 1982, 13: 324 - 340.
[11] Macleod W. Advances in the Economic Analysis of Participatory and Labor-Managed Firms [J]. Industrial & Labor Relations Review, 1988, 3: 5 - 23.
[12] Macleod W. The Role of Exit Costs in the Theory of Cooperative Teams: A Theoretical Perspective [J]. Journal of Comparative Economics, 1983, 17: 521 - 529.
[13] Rubinstein A, Yaari M. Repeated Insurance Contracts and Moral Hazard [J]. Journal of Economic Theory, 1983, 30: 74 - 97.

（原载《经济研究》2001 年第 8 期。该文被《中国经济学 2001》全文转载，被《委托—代理与机制设计：激励理论前沿专题》全文转载，被《新经济杂志》2005 年第 2 期转载）

政企关系演变的实证逻辑

——我国政企分开的三阶段假说

一、引言

本文分析的政企关系限定在政府与国有企业、公有企业之间的关系。20世纪80年代初期，政企分离就作为经济体制改革的一个基本目标被明确了下来。近20年过去了，政企仍未分离。这并不是政企关系转向分离的目标出了偏差，而是没有理出一条政企关系演变的路径、顺序与进程。哈耶克（Hayek，1969）认为，经济关系的演变并不是设计出来的，而是人们行为的结果。本文以政府与企业行为为分析对象，通过对两者行为背后的制度安排和调整的分析，提出我国政企关系演变的三阶段假说。

政企由合一走向分离可以看成是一个制度变迁过程。新制度经济学建立的制度变迁理论模型，为变迁主体行为和变迁方式提供了一个分析制度变迁的基本框架。一些学者运用这种分析框架来研究我国体制转轨的演变进程，提出了从经济行为主体的角色转换（黄少安，1999）和变迁方式转变（杨瑞龙，1998）来揭示我国体制转轨的不同看法。然而，这种分析框架还不足以解释政企关系演变的特殊过程，因为它没有涉及制度变迁的基本内容。把制度变迁内容作为一个变量放入这个分析框架，不仅对变迁主体和方式会产生重要的影响，而且有利于把握政企关系的动态演变过程。本文以变迁内容、主体和方式的有机结合作为一个基本的分析框架，旨在揭示我国政企关系演变的渐进式特征。

二、理论及分析框架的说明

变迁内容是指一项制度变迁中的项目种类、范围和经济主体之间的行为规则与制度安排的边际性演变。有些项目和利益集团之间的规则调整与制度安排，因其范围小、相关影响相对较低而使其比较容易推进，而有些就比较复杂。根据变迁内容的难易程度，笔者把制度变迁分为一次性目标设置和多次性目标设置。一次性目标设置是指在制度变迁中，只需要通过调整目标的一次性设置就可以完成。在这种情况下，预期调整的目标被设定之后，选择和设计什么样的机制加以实施，就成为制度变迁的首要问题。诺斯等人设计的制度变迁模型就是在这个前提下对实施机制做出解释的。多次性目标设置是指一项制度变迁需要对目标进行多次性设定，并把多次设定的目标联系起来，形成一个连续的过程，才能完成制度的创新。

本文把政企关系的演变设定为一个多次性目标设置的动态过程，有以下三个理由。第一，本文分析的是全局性的政企关系演变，而不是某一个局部或地区的政企关系。然而，全局性政企关系演变是一个局部变化的背景和基础，局部性的政企关系变化是推动全局变化的先导力量。只有把局部性演变与全局性变化有机地结合起来，才能从整体上观察和把握政企关系演变过程。第二，作为一个全局性的政企关系演变，它不仅包括中央政府、地方政府、大型国有企业、中小型国有企业、非国有企业等多个行为主体，而且这些行为主体间所形成的利益关系也十分复杂，诸如中央政府与地方政府关系、地方政府与中小型国有企业关系、中小型国有企业与非国有企业的关系、非国有企业与大型国有企业的关系、中央政府与大型国有企业之间的关系等。这些关系都是政企关系演变中的重要组成部分，梳理出它们之间的内在联系，并根据这种联系安排这些关系演变的先后顺序，这将构成政企关系演变的主要内容。第三，政企关系的演变也是遵循历史和逻辑相统一的顺序展开的。在找出这些关系演变的逻辑顺序的同时，还需要把它放在历史的背景下进行考察，即从历史变迁中找出逻辑联系。这成为观察政企关系演变的一个基本分析方法。

作为一个多次性目标设置的动态过程，我国政企关系由合一转向分离的转轨进程会因变迁内容、变迁主体和变迁方式等方面的差异而可以分解为三个阶段，如表1所示。

表1　我国政企关系演变的渐进逻辑

项目＼阶段	第一阶段	第二阶段	第三阶段
变迁内容	管理权限的再分配	地区内产权关系调整	跨地区产权关系调整

续表 1

项目＼阶段	第一阶段	第二阶段	第三阶段
变迁主体的创新动机与能力	以中央政府为主	以少数具备动机与能力的地方政府为主	以新体制运作的企业推动为主
不同主体之间的关系安排	中央政府与地方政府的关系	地方政府与其所属企业之间的产权关系	已改制企业与需要改制企业的关系；需要改制的企业与当地政府之间的关系
变迁方式	强制型制度变迁	诱致型制度变迁	诱致型制度变迁
阶段特征	行政性分权为主	试验性改制为主	市场化扩散为主

如表 1 所示，第一阶段以中央政府与地方政府为制度变迁主体，以两者之间的行政管理权的再分配为主要内容，以中央政府发动为变迁方式。这个阶段的设置是传统体制惯性、改革路径与以绩效为取向的体制目标共同作用的结果。第二阶段以地方政府与其所属、所办企业为主要变迁主体，以两者之间的资产关系调整为基本内容。由于制度不均衡引致的获利机会和支付费用的能力差别，使少数地方政府率先进行试验性改制。所以，这个阶段的变迁方式是需求引致的。第三阶段以已改制的企业和需要改制的企业为变迁主体，通过跨地区、跨所有制的资产流动和企业重组，既使需要改制的企业在融入资金的同时，也融入不同资产所有者，进而向股权多元化的企业制度转变，也促进需要改制的企业与当地政府之间界定资产关系以及与资产联系相关的投资责任、风险与收益分配。这就会形成以外部力量推动本地政企分离的过程。或者，从宏观上看，形成一个局部性的政企分离向其他地区扩散的过程。下面以我国改革以来的政企关系演变实践来验证这个假说。

三、行政性分权阶段

改革路径是受历史条件约束的。在行政性集权体制背景下，我国体制改革是从分权进入的。20 世纪 80 年代初期，我国中央政府既实行了经济性分权，也实行了行政性分权[①]。而且，一些学者在总结新中国成立以来进行的两次行政性分权改革的历史经验基础上，提出了20世纪80年代以来的管理体制改革应改弦更张而从经济性分权进入的看法（吴敬琏，1994；郑永年，1994）。然而，观察20世纪80年代以来管理体制改革的绩效，我们会发现，行政性分权要比经济性分权更为有效。由于资料所限，本文选用了1987年广州市不同隶属关系的国有工业企业在轻工业和重工业部门的绩效差异加以对比性说明。之所以选用这一年的数据，是因为改革初期的分权效果尚难以显现出来，20世纪90年代以后的企业在行政隶属关系上的淡化也会缺乏说服力。

表2显示，无论是轻工业还是重工业，中央和省属企业的资本有机构成都要高于市属国有工业企业，进而以总产值计算的劳动生产率，也使中央和省属国有工业企业高于市属独立核算国有工业企业。然而，以效益指标衡量，中央和省属企业的产值利税率就低于市属企业。特别是在当时已市场化运作的轻纺工业中，中央和省属企业产值利税率比市属企业低2个百分点左右。

表2　1987年不同隶属关系的独立核算国有工业企业绩效比较

	市属国有工业企业			中央和省属国有工业企业		
	总产值（亿元）	劳动生产率（元）	产值利税率（%）	总产值（亿元）	劳动生产率（元）	产值利税率（%）
轻工业	69.67	28252	19.31	19.58	31356	17.38
重工业	33.06	17698	20.22	35.17	24630	20.03

资料来源：根据广州市统计局所编的《广州统计年鉴（1998）》进行相应的计算和处理而成。

之所以行政性分权会比经济性分权有效，笔者认为，原因有以下三点：①地方政府获得管理权以后形成的投资与发展能力要比企业能力大。比如，地方政府的信誉担保成为大多数地区发展资金来源的一个主要渠

① 行政性分权是在不改变行政运作机制条件下，将中央政府掌握的一部分管理权下放到下级行政机关手里。经济性分权是指将政府手里的一部分直接指挥企业生产经营决策的权力和责任转移给企业（Bornstein，1977）。

道。企业往往需要通过当地政府的融资、贷款才能得到必要的资金供给。此外，地方政府对投资项目的选择可以不受产业限制，只要是盈利较大的产业，地方政府都会千方百计地争资金、争着设立进入该产业的各种项目等。②行政性分权比较适合中国的多层级行政管理体制。一些学者把传统计划经济下的经济管理体制分为以“条条”为重心和以“块块”为重心的组织管理模式，东欧和苏联是以垂直分工为组织原则的，被看成是以“条条”为主的U型组织；中国则以地域为原则，被看成是以“块块”为主的M型组织模式。在“条条”管理体制下，经济性分权会比行政性分权推行成本低、见效快。在“块块”管理体制下，行政性分权就会比经济性分权更为有效（钱颖一、许成钢，1995）。③除了中央所属企业由中央各部委直接进行经济性分权以外，其余的省、地、市、县等各政府层次所属的企业都是通过各级政府把企业自主权下放给企业的，也就是说，是先进行行政性分权，再实施经济性分权的。在地方政府获得行政性分权以后，是否将企业自主权全部下放给企业，这就取决于地方政府对发展与改制取向的选择。事实上，在20世纪80年代以来的“地方政府公司化”发展取向中（Oi，1997），一部分应下放给企业的管理自主权被地方政府截留了，这也使经济性分权不如行政性分权有效。

然而，20世纪80年代以来的行政性分权改革没有重复我国历史上两次行政性分权陷入的“放、乱、收、死”的循环，笔者认为，这主要与经济运行机制有关。以往的两次行政性分权都是在计划配置资源体制下进行的，分权后的各级地方政府依然要向计划经济的权力中心获取发展所需要的各种资源。在地方政府预算软约束下，各地无限扩张的需求冲动必然造成经济建设规模失控。而20世纪80年代以来的行政性分权是与资源配置的市场化变革同时推进的。随着市场化变革的推广和深化，地方政府可以越来越多地从市场渠道上获取资源，这就避免了以往行政性分权引致的问题。

行政性分权极大地激发了地方政府发展本地经济的动机，使地方政府成为市场竞争的主角。20世纪80年代以来，我国地方之间经济绩效差距大于同一地区内不同所有制企业之间经济绩效差距的事实，反映了地方政府在经济发展中的主角作用（王珺，1999）。20世纪80年代中期以来，我国乡镇企业异军突起，并在国民经济中扮演日益重要的角色也是地方政府推动经济发展的有力例证。当然，行政性分权并没有解决政企分离问题，只是由集权型政企合一转变为分权化的政企合一体制（王珺等，1994）。但是，这是我国政企关系演变的第一步。正是在这个意义上，笔者把这个时期称为行政性分权阶段。

四、少数地区的试验性改制阶段

获得了企业经营者任免权和收益分配权的地方政府是否愿意让自己所属的企业分离为独立的经济主体，这主要取决于地方政府而不是企业，因为政企分离的实质是一个经济主体如何裂变为两个独立的经济主体的过程。在这个过程尚未完成之前，企业还不是一个独立的经济主体，所以，地方政府行为对当地的政企分离产生着支配性的影响。

观察地方政府分离所属企业的行为，需要从动机和能力两个方面入手。从动机来看，在分权化政企合一体制使地方政府拥有了经营者决定权和剩余索取权的同时，也承担了对隶属企业的补亏责任。如果地方政府对隶属企业的连续性补亏超过了从中得到的收益，那么政企合一体制的变革就会发生。20 世纪 90 年代中期以前，我国经济处在一个短缺的卖方市场环境。在这种环境下，供给是制约经济发展的主要因素。只要能够得到生产性的资源，无论上什么项目，生产什么档次的产品都会找到销路。由于地方政府比企业更有能力获得各种短缺的供给资源，这样对于地方政府来说，与其把自己手里的经营管理权限下放给企业，不如自己充当经济主角来推进本地经济发展。所以，这种环境下的地方政府是缺乏变革动机的。

随着买方市场的来临，需求约束成为经济发展的主要因素。这样，在政企合一体制下的经营管理方式使企业无法对瞬息万变的市场竞争做出有效反应，其结果会造成企业亏损、产品积压、开工不足、职工下岗等。面对企业困境，地方政府首先做出的反应是采取各种措施来帮助其渡过难关，否则由此带来的各种社会问题会影响上级主管部门对本届地方政府业绩的评价。比如，增加财政补贴、直接出面说服银行等金融部门增加贷款给其所属企业以及降低土地使用费等。然而，对于地方政府来说，连续性地使用这些扶植性政策会遇到三个约束：一是财政约束，即长期的“输血”性补贴使当地政府财政压力越来越大，以致难以支撑下去。二是金融约束。20 世纪 90 年代中期以来，随着银行和金融秩序的规范化操作和强化垂直性管理，过去靠地方政府出面协调资金周转困难的方式也难以持续。三是风险机制约束，即长期以来的政府扶植不仅没有从根本上解决企业激励问题，反而使大量企业产生了日益严重的依赖性，造成盈利由企业享有、风险由政府承担的不对称安排。[①] 在这种制约下，地方政府不得不下决心变革这种分权化政企合一的体制。

有了变革动机，还需要有支付变革成本的能力。尽管变革所带来的潜在收益可能大于所支付的费用，但是也必须先付费才能获取变革的收益。因此，支付变革成本的能力决定着分散型政企合一体制转换的进程。对于一个地区来说，除了用于转轨过程中的下岗职工安置和社会养老金的政府财政支付能力以外，其支付能力还取决于三个条件：一是该地区的不同所有者的资金注入能力；二是该地区的大多数企业的平均规模；三是该地方政府动员和组织将不同所有者的资金引入到本地需要改制的企业中去的能力。

从第一个条件来看，所谓不同所有者的资金注入指的是与政府资产不同的所有者通过注资参与企业重组。一般来说，地方政府对国有资产的处置可以通过无偿奉送、出售和增资注入三种路径进行。无偿奉送是只有不同所有者进入，而缺乏资金注入的方式。出售和增资注入是既有不同所有者进入，又有资金注入的方式。差别在于，出售只是企业所有者的改变与替代，从理论上说，企业资产规模既不会减少，也不会增加；而增资注入则是在改变企业所有制结构基础上，实现企业资产规模的增加。俄罗斯通过无偿奉送进行企业改制，其结果，改制不仅没有增加企业资产总量，反而因资产分割使生产能力受到严重影响，进而使产出大幅度地下降。1997年，俄罗斯的国内生产总值仅相当于改革前的1989年国内生产总值的52.2%。[②] 匈牙利是以出售为主进行改制的国家。科尔内认为，由于出售比无偿奉送有效，这成为俄国改制失败和匈牙利改制成功的原因所在（科尔内，1999）。广州市、肇庆市都是以增资注入方式进行改制的，在调整企业股权结构的同时，企业资产规模和生产能力都在不断地增长。由此可见，非公有经济发展越快、外来资本进入越多的地区，不同所有者的

---

① 广东省顺德市政府把政府与其兴办的企业之间形成的关系概括为“经理负盈、企业负亏、银行负贷、政府负债”，这就是政府与企业在权利、责任和风险等方面形成非对称性制度安排的一个典型写照。

② Grzegorz W. Kolodko. *Economic Neoliberalism Became Almost Irrelevant.* Transition, 1998, 9(3): 6.

资金注入能力也越强，通过不同所有者的资金注入实现企业排他性产权结构的机会也就越多。这就是我国非公有经济发展越迅速、规模越大的省份，国有企业改制相对比较容易的原因所在。

从第二个条件看，企业平均规模不同，对出资人的资金注入需求也不完全相同。规模较大的企业对每个出资人的出资数量要求也较多。如果不同所有者资金注入能力不能满足企业改制对资金注入的需求，那么企业改制也就无法推进下去。

第三个条件涉及地方政府为有效地组织企业改制所做的各项努力，这包括企业变革方式、时机的选择及相应的配套政策。在各地亏损企业增加、财政支付能力日益有限、上级主管部门要求改制压力增大的情况下，各地方政府都会竭尽全力来推动本地政府所属企业的改制。然而，这种努力的效果是以前两个条件为基础的。因此，在假定各地区第三个条件基本相同的情况下，前两个条件及组合决定着一个地区政企关系演变的进程差异。

为了方便分析，笔者把不同地区所有者资金注入能力分为强弱两类：非公有企业发展较快、在国民经济中的份额较大，同时引入外资数量较多的作为强类；相反为弱类。企业规模对改制资金需求的差异也可以分为两类，即一类是以大型企业规模为主的地区，另一类是以中小企业为主的地区。这样，两者组合为四种变革能力：一是不同所有者的强资金注入能力与以中小企业为主组合的地区；二是不同所有者的弱资金注入能力与以中小企业为主组合的地区；三是不同所有者的强资金注入能力与以大型企业为主组合的地区；四是不同所有者的弱资金注入能力与以大型企业为主组合的地区。从这四种类型的地区来看，第一种类型是最有可能率先突破分权化政企合一体制的；接着，第二种类型和第三种类型的地区会随着变革能力的逐步提升而相继安排企业改制；第四种类型的地区需要有一个不同所有者的资金注入能力逐步生长和提升的过程，而且大型企业也要通过分解逐步改制。

我国各地方政企关系演变的实践进程也证明了这个判断。从一项涉及我国 11 个省的国有小企业改革的调查研究中（杨启先等，1997），可以看出我国中小企业改制的地域性差异。山东省诸城市和广东省顺德市基本上具备了较强的不同所有者资金注入能力与中小企业相结合的条件，因而可以在明晰政企之间的产权关系调整上一步到位。黑龙江、四川、安徽等省以及浙江的玉环县、湖北的浠水县、河北新乐市和辽宁的海城市等基本上属于较弱的资金供给能力与中小企业结合的情况，所以它们选择了诸如租赁、托管和委托经营等一些被看成是产权改革的过渡形式进行改制。[①]河南长葛市和山东淄博市周村等地是以零价转让、承接债务、折价出售等方式进行企业改制的地区，这些地区的改制不需要不同所有者注入资金，主要通过在资不抵债情况下以偿还企业债务取得产权，或者以职工历年的各种积累获得股权。显然，这也适宜于在较弱的不同所有者资金注入能力与中小企业组合的环境。总之，在受到不同所有者资金注入能力和企业规模等因素制约下，以明晰产权关系为核心全面推进政企分离的地区是为数不多的，这就是笔者所说的少数地区试验性改制阶段。

五、市场化扩散阶段

少数已改制地区的企业经过以产权改革为核心的政企关系调整，基本上确立了产权激励与约束机制。这种制度安排推动了一些企业竞争力的快速增强与规模成长。一些在技术和实力上迅速成长的优势企业，在规模收益最大化动机驱使下，通过兼并、收购、合资、联合、参股和控股以及证券投资等方式，进行跨地区、跨所有制和跨行业的扩张。伴随着优势企业的资金、品牌、产品技术等要素的输出，其股权和管理机制也随之注入被兼并的企业之中。被兼并企业的地方政府在摆脱本地区亏损企业的压力下，往往会制定各种鼓励政策以吸引外部力量进入，同时也会加速对本地被兼并企业的资产评估和资产转让价格确定。其结果是，在优势企业兼并困难企业的同时，困难企业与其主管部门的行政隶属关系也发生了变化。

事实上，自20世纪90年代以来，这种跨地区、跨所有制的企业并购已露端倪。以率先改制的深圳市和顺德市为例。1996年，深圳市莱英达上市公司、先科实业投资股份有限公司等一批优势企业通过政府组织并购了沈阳市十几家具有一定规模的国有企业，促使这些国有企业从沈阳市主管部门的行政管理中分离出来。1997年11月，深圳市的三九集团、长城

① 根据杨启先等人的分析界定，产权改革的过渡形式是指租赁、委托经营、分立、国有企业之间的兼并等。之所以称其为过渡形式，是因为在这些改革措施中，没有真正涉及产权制度，而只是把企业的经营权让渡给新的经营者。参见杨启先等：《现实的选择——国有小企业改革实践的初步总结》，上海远东出版社1997年版，第13页。

地产、沙河实业、物业集团、金田公司等几十家企业赴重庆市以收购、合资控股方式，使重庆将其约20亿元的国有企业资产产权转让给了深圳企业，从而推动了重庆国有企业的改制。[①] 此外，深圳市的康佳集团[②]、万科公司，顺德市的科龙集团、美的集团、万家乐集团等都从企业发展角度成功地实施了这种跨地区、跨所有制的并购。从全国来看，到1998年年底，我国国有企业（不包括金融企业）为23.8万户，比1997年的26.2万户减少了2.4万户。其中，新增企业1.6万户，因企业改制、撤销合并、破产拍卖、产权出售等因素减少4万户，而国有企业的资产总额增长了8.3%，在社会总资产中的比重上升为52.9%，比1997年上升了1个百分点。到1998年年底，国有控股企业吸纳非国有经济成分的资本为3930.3亿元，比1997年增长21%。股份有限公司、有限责任公司及股份合作企业为主的多元投资主体的国有控股企业已占全部国有企业的10.1%。[③]

无疑，现阶段跨地区、跨所有制企业的并购、联合仍然有限，然而，在今后一段时期内，受到以下几个力量的推动，它将会得到迅速的发展，并成为企业改制中的重要力量。这种推动力量主要有：①在我国经济处于买方市场环境中，企业并购、联合、合资和联合将作为企业的基本竞争战略而变得越来越盛行，这种日益增长的不同所有者之间的并购与联合将成为国有企业改制的一个重要力量。②在企业并购中，行政性捏合手段促成兼并、联合的企业绩效并不尽如人意，这促使各级地方政府不是放弃企业并购，而是改变推动企业兼并的形式，即通过扶植民营企业和改制国有企业，促使更多的不同所有制企业进入市场，参与企业并购。这将成为我国企业并购中的一个基本特征。③各地方政府在依靠内部力量寻求企业改制途径的同时，将会更多地鼓励外部力量参与本地企业改制。近年来，一些地方政府提出的“不求所有，只求所在”的开门改制战略就体现了这种改制的取向。[④]

---

① 参见裴中阳：《集团公司运作机制》，中国经济出版社1998年版，第4～5页。

② 《深圳的康佳集团低成本组建陕西康佳、安徽康佳和重庆康佳》，载于《粤港信息日报》1999年5月14日。

③ 《国有资产占资产总额逾五成》，载于《信报》1999年8月7日。

④ 所谓“不求所有，只求所在”，是指一个市县等基层范围内，可以放开企业的所有制限制，取消对企业所有制主次比例的人为设置，不论什么所有制形式的企业，只要在本地投资设厂，并在本地缴纳税收和解决本地就业就一概加以鼓励和支持。

六、结论

概括上述分析，可以得出以下几个结论。

第一，我国政企关系的演变是计划经济向市场经济体制转轨的一条主线，它贯穿于中央与地方、地方所属企业与地方政府、中央所属企业与中央政府、非公有产权的企业与公有产权的企业等各种关系中。这些关系之间有一个历史与逻辑统一的顺序安排，找出它们之间的联系，并确定各种联系在经济改革中的历史定位，成为划分政企分离阶段性的基本标志。把处理不同关系为重心的阶段性任务整合起来，就形成了我国政企关系演变的全过程。

第二，我国政企关系由合一向分离的转变是一个渐进调整的过程。改革路径受到传统体制约束，使我国政企关系演变首先从中央与地方政府之间的管理权限开始，这是以自上而下的扩大管理权限为基本取向的。行政性分权使地方政府有了完整的自主权，经济管理体制进入到分权化的政企合一体制。随着买方市场的形成，分权化政企合一体制走到了尽头。在中央没有明确地赋予地方政府公有企业的资产处置权条件下，既有变革动机又有变革能力的少数地方政府围绕着产权关系进行试验性改制，这是自下而上推进的。

第三，各地区变革能力的差异使其在确立企业排他性产权制度上形成不平衡。当少数地区的企业基本建立了排他性产权制度，大部分地区刚开始进入这个产权制度改革阶段。对于需要改制的地区政府来说，在努力挖掘内部力量创造变革能力的同时，也越来越强烈需要引入具有投资能力的外部所有者参与企业改制。对于已经改制的地区来说，具有一定竞争优势的企业开始跨地区、跨所有制的企业重组，进而实现低成本扩张。随着资本市场的发育和体制改革的深化，资产流动的限制会越来越少，交易成本变得越来越低，这使企业重组更加广泛，通过重组促使需要改制的地区实现政企分离。这是通过资产流动将变革力量扩散开来，从而使政企分离的条件在更大范围内成熟起来。

参考文献

[1] 戴慕珍. 中国地方政府公司化的制度基础 [M] //甘阳，崔之元. 中国改革的政治经济学. 香港：牛津大学出版社，1997.

[2] 黄少安. 制度变迁主体角色转换假说及其对中国制度变革的解释 [J]. 经济研究，1999 (1).

[3] 钱颖一，许成钢. 非国有经济出现和成长的制度背景 [J]. 香港社会科学学报，1995 (7).

[4] 王珺，董小麟，汤其高. 转向市场经济的制度创新——珠江三角洲地区产权结构演变研究 [M] //中山大学珠江三角洲经济发展与管理研究中心. 珠江三角洲经济发展新透视. 广州：中山大学出版社，1994.

[5] 王珺. 政企关系演变的实证逻辑——经济转轨中的广东省企业政策调整过程研究 [M]. 广州：中山大学出版社，1999.

[6] 吴敬琏. 现代公司与企业改革 [M]. 天津：天津人民出版社，1994.

[7] 亚诺什·科尔内. 东欧转轨经济的经验教训 [J]. 开放导报，1999 (7).

[8] 杨启先，等. 现实的选择：国有小企业改革实践的初步总结 [M]. 上海：上海远东出版社，1997.

[9] 杨瑞龙. 我国制度变迁方式转换的三阶段论 [J]. 经济研究，1998 (1).

[10] 郑永年，吴国光. 论中央与地方的关系：中国制度转轨中的一个轴心问题 [J]. 当代中国研究，1994 (6).

[11] Bornstein M. Economic Reform in Eastern Europe [J]. Comparative Economic Studies，1993，35 (2)：65 - 66.

[12] Hayek F A. Freiburger Studien：Gesammelte Aufsaetze [M]. Mohr：Tuebingen，1969.

[13] Lance D，Douglass C N. Institutional Change and American Growth [M]. Cambridge：Cambridge University Press，1971.

（原载《经济研究》1999 年第 11 期）

论转轨时期国有企业经理行为与治理途径

本文提出的命题是，在我国现有的经理收入制度与组织制度不完善的条件下，侵蚀所有者利益的国有企业经理行为必然会大量出现。由于以年薪制为特征的经理收入制度是以市场选聘经理的组织制度为前提的，所以，当前对经理偏离行为的治理应从选聘经理的组织制度入手，而不是从调整经理的收入制度入手。本文以“制度决定行为，行为影响绩效”的方法逐层展开这方面的分析。

全文分为四部分。第一部分把决定经理行为的主要因素分为收入制度与组织制度两个方面，以两者之间的组合分为不同的制度类型，并指出我国经济过渡时期所处的制度特征。第二部分分析在经济过渡时期国有企业经理人员的行为模式，这是由风险厌恶、风险爱好和以侵蚀所有者利益的偏离行为等三个方面构成的。第三部分讨论在引进年薪制与调整选聘经理制度中，哪一种途径对治理经理行为更为有效。最后是一个简要的结论。

一、制度环境的类型

在所有权与控制权分离的现代企业制度中，经理人员目标与股东目标之间是存在差异的，经理人员有可能为了个人效用的满足而侵害股东的利益。对于股东来说，这就要设计一套有效的制度安排，即在实现股东利益最大化的同时，也能够激励经理人员实现个人效用最大化，并约束不利于股东利益行为的发生。在众多的激励与约束制度中，对经理行为产生决定性影响的制度主要是两个，即收入制度和组织制度。

收入制度是从薪金、津贴、奖金等收益方面来激励和约束经理行为的一种制度安排。对于经理人员来说，收入制度的实质不在于收入水平的高低，而在于经理参与剩余分配的程度。所以，经理是否持有本企业的股份，其报酬中有多大的比重与绩效挂钩，这历来成为经济学家判断收入制度是否有效的一个基本标准（Shileifer，1991）。本文以经理的报酬是否与企业绩效有实质性的挂钩联系为尺度,[1] 将其收入制度大致分为两类：一类是两者有实质性的挂钩联系，即经理人员报酬中的大部分，诸如奖金、股票、股票期权等都取决于企业收益状况，这被称为收益挂钩制度；另一类是两者之间没有实质性挂钩联系，或者说，企业盈亏对经理报酬不会产生决定性影响，这被称为收益无挂钩制度。

组织制度是从经理的形成、权力赋予程度、评价、考核、监督等方面进行激励和约束经理行为的一系列制度规则。传统国有企业制度中的厂长制度与现代企业制度中的经理制度是完全不同的两种组织制度。在传统的国有企业制度中，企业的厂长、经理是由政府任命的，属于国家干部系列，并赋予一定的行政级别，评价和考核厂长、经理行为主要取决于完成政府下达的各项计划指标，而且政府考核也不以企业盈利为唯一指标，除了盈利目标以外，还有许多非营利性工作任务。在现代企业制度中，经理由董事会聘任，经理与董事会的关系是一种契约关系，董事会对经理行为的评价以企业绩效为唯一标准。评价和监督的信息渠道主要来自经理市场、股票市场、产品市场等，经理以经营管理企业为终生职业，干得好可以得到较高的报酬和荣誉，而不一定进入政府机构去做官。

两种收入制度与两种组织制度组合成四种不同的环境类型：一是经理收益与企业绩效无挂钩的收入制度与行政任命经理的组织制度组合；二是经理收益与企业绩效无挂钩的收入制度与董事会选聘经理的组织制度组合；三是经理收入与企业绩效挂钩的收入制度与行政任命经理的组织制度组合；四是经理收益与企业绩效挂钩的收入制度与董事会选聘经理的组织制度组合。

第一种类型是一种典型的计划经济体制。企业盈亏主要由政府的产业计划和价格政策决定，并不完全取决于经理、厂长的努力程度，因而也不需要使厂长的大部分收入与企业绩效挂钩，即使挂钩也是与各项指令性计划指标的完成情况相联系。在各项生产指标和完成这些指标所需要的各种投入以及产出流向都由政府控制的条件下，厂长所被赋予的权力就是组织职工贯彻和实施政府制定的各项计划指标和生产任务，并根据各项计划指

① 这里所说的两者挂钩联系的实质性是指经理人员收入结构中，少部分是保障经理人员及家庭基本生活需要的固定收入，大部分是与企业绩效联系的风险收入，使激励功能得以更充分的发挥。

标的完成情况来考核他们的业绩，只要能够如期或超额完成各项任务，厂长、经理就可以继续胜任，或有进一步晋升的机会，否则就有可能被撤换（青木昌彦，1995）。在这种环境下，考核厂长的指标单一，监督成本比较低，厂长的权力范围也十分有限。

第二种类型是自20世纪初期发生了经理革命之后，而经理的收入制度并没有相应调整的一种过渡形态的企业制度环境。在所有权与控制权发生分离的企业制度中，如果经理不能成为企业剩余的拥有者，那么企业绩效必然不会实现最优增长。美国哈佛大学的经济学教授 Andrei Shleifer 提供了这个方面的经验性证明。他考察了在1980年《财富》杂志列出的世界500家大企业中的371家，并根据经理拥有企业股份份额将这371家企业分为三类：经理拥有企业股份占股份总额的0%～5%为第一类，占5%～20%的为第二类，占20%以上的为第三类。通过比较发现，第二种类型的企业绩效是最高的。[①] 这表明在经理支配型公司中，如果经理收入与企业绩效没有挂钩联系，公司绩效的成长就受到损害。正是由于大多数公司股东都意识到了这一点，这种经理收益与企业绩效没有挂钩联系的公司在当前发达的市场经济国家中已大量减少了。

第三种类型也是一种过渡形态的制度环境。在这种环境中，经理的收入制度发生了一定变化，而行政任命经理的组织制度没有相应地改变。现阶段我国国有企业就属于这种制度类型。自20世纪80年代中期以来，我国国有企业内部全面地推行了厂长（经理）经营承包责任制，在一定程度上形成了厂长和职工的一部分收入与企业绩效挂钩的制度。在90年代推行的股份制试点中，有一些国有上市公司实行了让经理人员持股的做法，这都在一定程度上增加了经理收入与企业绩效挂钩的紧密程度。然而，1995年中国企业家调查系统的调查结果显示，大约2/3的国有企业经理人员仍然由上级主管部门委派和任命（中国企业家调查系统，1995）。之所以这种制度环境也被界定为一种过渡形态，是由于变化了的收入制度与没有变化的组织制度之间是不兼容的。一方面，企业的主管部

① Andrei Shleifer 认为，经理所占股份过少，对经理的激励程度不够，使经理容易出现各种机会主义行为；经理所占的股份过大，会削弱所有者的利益和所有者对经理人员监督、任免的控制权。Andrei Shleifer. *The Conflict Between Managers and Shareholders*. NBER Working Paper，1991，No. 4125.

门是行政单位，它们不可能像股东一样以企业盈亏为唯一尺度，并千方百计地开拓各种市场渠道来监督经理的各项活动；另一方面，政府官员不是股东，政府官员的收入不会伴随着企业收益的增长而增长，因而他们也不可能像股东一样制订和实施经理收入比职工收入水平高出许多倍的挂钩方案。因此，这种形态不会维持很长时间，最终将会调整现有的经理收入制度以适应不变的组织体制，或者改变行政主管部门任命经理的做法以适应年薪制。

第四种类型则是美国管理史学家钱德勒教授所描述的经理支配型的企业制度环境（钱德勒，1997）。在这种企业制度中，为了解决股东对经理行为的监督和控制问题，一方面让经理人员成为剩余权益的拥有者，由此，经理的大部分收益与企业绩效挂钩制度就应运而生。至于经理人员获得多少剩余，这主要取决于董事会利益。董事会对经理收入与绩效挂钩方案的设计是从股东收益最大化出发的，怎样有利于实现股东利益最大化，就怎样设计对经理的收入制度。另一方面董事会根据经理市场、产品市场和资本市场所提供的信息，监督、任免和奖惩经理。

随着我国向市场经济体制的过渡，国有企业经理制度也在由第一种类型向第四种类型转变。近 20 年来，我国的过渡路径是在行政主管部门任命经理人员的组织制度基本不变条件下，从放权让利、调整政府与企业分配关系和改革国有企业经理人员的收入制度开始的。所以，我国的经济转轨没有进入第二种制度类型。现阶段的经济过渡处在第三种类型中。这种制度下，国有企业经理行为取向呈现什么特征呢？

二、经理行为模式

在每个经济主体都是理性选择的假定前提下，任何经营者行为都是对制度环境与规则的一种理性反应。Bormal 认为，在生产性行为、非生产性行为和破坏性行为中，经理们究竟采用哪一种，取决于社会对这些行为的回报规则（Bormal，1990）。这就是说，不同的制度环境，经营者行为特征也是有所不同的。图 1 着重分析处于第三种制度环境中的经理行为模式。

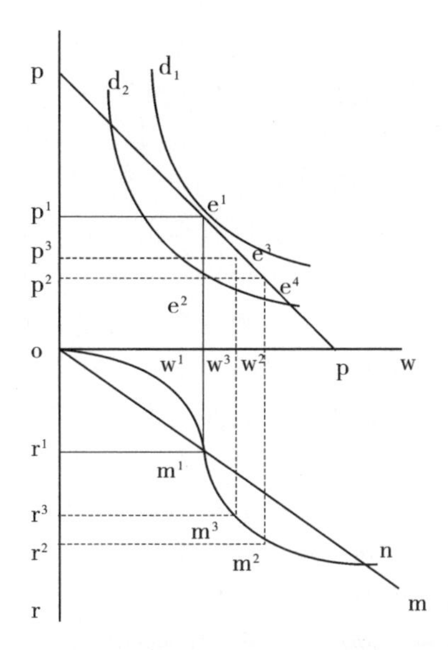

图 1　第三种制度环境下的经理行为模式

图中的横轴 ow 表示经理人员的货币与非货币收益，纵轴上方 op 表示企业收益，纵轴下方 op 表示风险程度。在 wop 中，p 代表可能性曲线，这条线上的 e^1 点是指经理要获得 ow^1 的货币和非货币收益，企业必须要得到 op^1 的利润，与 e^1 点相切的无差异曲线 d_1 形成了威廉姆森所说的经理效用与股东效用的最大化结合（Williamson，1963，1967）。笔者把这个 e^1 点看成是市场经济中股东对经理存在较强激励、约束和监督机制下的两者效用都最大化满足的标准模式。在股东对经理缺乏有效约束和激励条件下，经理收益与股东效用之间的结合点将会与标准模式发生偏离。这里假定经理的收益份额仍在 ow^1 点上，但是股东利益则是在 op^2 点上，两者结合点是 e^2，这意味着经理没有付出同样的努力而获得相同的效用，股东效用却明显地降低了，整个社会的福利效用没有达到最大化。在 wor 中，om 直线表示企业风险与经理效用之间正相关联系，企业风险与企业收益是通过经理效用建立相关联系的。on 曲线表示经理在不同条件下的行为轨迹。在 $ow^1m^1r^1$ 范围内，经理总是试图以承担较少的风险，并支付较少的努力来得到相同的效用，但是他又必须要为企业收益增长而承担一定风险和支付一定的努力，否则他不仅无法实现 ow^1 的福利效用，而且他的经理职位也有被替代的风险。因此，这种条件下的经理行为是风险厌恶型行为（新帕尔格雷夫经济学大辞典，1996）。然而，一旦超出了 $ow^1m^1r^1$ 范围，经理行为就会发生改变，因为随着企业规模的扩大，投资和经营风险也会相应增大。但是，增大的投资与经营风险不会对经理职位产生重要影响，相反，如果扩大投资与经营成功了，经理可以分享收益；如果投资失误或经营不善，经理不用分担资产的损失。这必然激励经理人员不管投资回报率、资金偿还能力和贷款成本，而千方百计地争项目、找贷款、进行投资扩张，这种经理行为变为风险爱好型行为。

图1显示了这种行为下无差异曲线由 d_2 转向 d_1 的两种路径。一种路径是经理收益随着企业投资规模扩大而增大，股东收益却没有相应增长的路径，即经理效用与股东收益的结合点由 e^2 变为 e^4。在这种项目扩张中，经理收益由 ow^1 增加到 ow^2，但是股东因此而使风险由 r^1 增长到 r^2，显然，$or^2—or^1$ 是大于 $ow^2—ow^1$ 的。在股东看来，这种高风险、低收益项目是不可能扩大投资的。然而，在股东对经理缺乏有效约束条件下，这种情况就有可能发生。当然，这是一种极端的情况。另一种路径是随着企业规模的不断扩张，股东收益、经理效用和企业经营风险都相应增大，但是三者并不是按比例增大，其中企业规模扩张所增大的风险大于经理因扩张而增加的效用，经理所增加的效用又大于股东的收益增长。这种福利效用的增加是由 e^2 点转入 e^3 点，形成了向经理效用倾斜的经理效用与股东收益的新组合。

在所有者不能有效地约束和监督经理行为条件下，偏离所有者利益的经理行为就不可避免最终使所有者利益受到损失。从图1可以看出，这种侵蚀方式集中体现在三个方面。第一，国有企业经理行为首先是风险厌恶型的。$ow^1m^1r^1$ 范围是一个“不求有功，但求无过”的制度环境，只要“无过”，经理职位的风险就降至最低了，经理就可以得到在这个职位上的所有福利效用。在这种动机驱使下，任何增加经理职位的经营行为都可能会放弃。比如，在现实的市场经济中存在高盈利与高风险、低盈利与低风险等多种组合的机会，对于经理来说，与其选择这些高盈利高风险项目，不如选择低盈利低风险的项目更有利。其结果是，本来可以抓住的一些高盈利与高风险甚至是高盈利低风险的市场机会，也会丧失（王珺，1996）。第二，在经理的职位风险被锁定后，经理行为会转向风险爱好型。因为经理决策的投资项目成功了，经理们业绩斐然；如果项目失败了，经理们的利益和职位却秋毫无损。目前，我国大量出现的重复性建设和投资项目的决策性失误与国有企业经理的这种风险爱好型投资行为密切相关。据有关部门调查分析，一些国有企业的亏损大户都与缺乏科学论证、盲目上马的“经理、厂长项目”以及与此相联系的“首长项目”有关（中国社科院课题组，1997）。第三，经理们会以侵蚀所有者收益为代价，增大个人收益。与威廉姆森所描述的标准模式完全不同，过渡时期国有企业所有者角色是“缺位”的，政府各级官员不可能像真正的财产所有者一样千方百计地激励和约束经理行为，[①] 致使经理们发生大量的机会主义行为。比如，国有企业经理人员经常得到如优惠贷款、配额指标等其他经济类型企业难以得到的有利的投资项目机会。他们不会轻易地放弃这些机会，而是把它们转移到自己出资兴办的属于二级法人的附属企业；或有偿转让给与自己有关系的诸如亲属、朋友办的其他经济类型企业中去，通过厂外建厂、账外设账，从中获取租金。

美国经济学家 Joseph E. Stiglitz 认为，公司制中的经理们也存在风险厌恶和风险爱好的两种行为，[②] 但是在大多数情况下，现代公司制中的经理们行为比所有者们所希望的要显得更为厌恶风险（Stiglitz，1997）。然而，过渡时期国有企业经理行为偏好却是风险爱好型的。这是因为过渡时期的国有企业所有者控制和监督相对薄弱，与经理签订契约合同的国有资产代表既是委托人又是代理人，他们本身也会产生机会主义行为，甚至出现与国有企业经理人员共同合谋国有资产利益的现象，使经营者存在更大的机会主义行为空间。所以，企业规模扩张越快，经理获取各种非货币收益的机会就越多。

三、治理途径的选择

在过渡时期，如何治理经理的这种偏离行为呢？当前，引进年薪制被

---

① 由于上级主管部门不以企业盈利为衡量经理人员的唯一标准，所以上级主管部门也不可能制定经理收益与企业利润有效挂钩的制度，即使有挂钩制度，也往往因经理人员的风险收益与企业绩效挂钩的份额十分有限而无法有效地激励经理。

② 这里所说的经理人员行为二重性，是指经理人员的行为方式一方面会比厂商所有者所希望的更为厌恶风险。毕竟，经理们懂得，如果在他们的管理下项目失败了，他们就可能丢掉工作。另一方面，经理们有时却愿意承担所有者们所不愿意承担的风险。毕竟，他们在用别人的钱来赌博。如果项目失败，厂商亏损；如果项目成功，经理获得奖励。

普遍认为是治理的一种主要途径。理由是，经理的年薪制是当代市场经济国家中公司制企业在形成对经理有效激励与约束的一种普遍性做法。国有企业经理由于没有采用年薪制而缺乏应有的责任心和经营动力，所以引进年薪制是解决经理偏离行为的有效办法。笔者认为，年薪制对治理经理偏离行为有一定激励和约束作用，但是在所有者缺乏有效地约束经理行为的条件下，年薪制功效也是十分有限的。

年薪制是企业所有者们为实现盈利最大化而对经理采取的一套激励和约束机制，通过年薪制使所有者对经营者的监督变为经理的自我监督，使经理人员在实现个人效用最大化的同时，实现所有者利益最大化。所以，年薪制是所有者从自己的收益最大化目标出发，并根据经理市场的竞价和经理人员的经验与实绩来确定其年薪标准。自20世纪90年代以来，我国许多城市和地区开始逐步地推行年薪制试点，到1996年年底，许多城市试行经理年薪制的企业数量已经达到了50%以上，少数城市高达80%以上。[①] 然而，年薪制的推广并没有完全改变国有企业经理们的偏离行为，国有企业亏损持续增加的事实至少从一个侧面反映了这一点。之所以如此，是因为在现有体制下，无论是国有企业的董事长或总经理都是由政府任命的，这样年薪制就遇到了现代公司制度中所不曾遇到的一个问题，即实行年薪制的对象究竟是谁，是董事长还是总经理，或者两者兼而有之，或者再包括副职？由于董事长和总经理都是国有资产代理人，不可能只有总经理实行年薪制，而董事长没有份。如果对两者都实行年薪制，也就不可能由企业董事会来确定董事长和总经理的年薪标准，因为这种体制下的董事长与总经理不是一种利益制衡关系，由企业董事会确定年薪标准实际上等于是经营者自己确定自己的报酬标准，只能由各级政府主管部门确定年薪制标准。

然而，由政府确定年薪制标准也存在一些难以克服的矛盾。比如，政府不可能花费大量的时间和精力去根据每个企业的特点来确定一个特殊的经营者年薪制度，只能制定一个大致统一的规则。其结果是，这种统一规则不一定适合每个企业。此外，政府不是一个商业性经营单位，对作为干部任命的国有企业董事长和总经理行为也不可能完全以盈利作为唯一指标进行考核，同时政府在制订经理年薪标准时，还需要考虑到它与职工平均

① 参见《改革时报》，1996年3月16日。

收入的差距不能过大，与其他岗位上的政府官员的平均收入差距不能拉得过大，等等。[①] 这也使政府不可能像实际的财产所有者那样，根据企业对政府交纳的收益多少给经理人员确定一个有激励功效的提成比例。在考虑了多种因素的基础上，政府在确定国有企业经理人员年薪制中只能选择低标准方案，而且往往要规定经理的年薪标准最高限。现实也是如此，如北京市政府规定风险收入不得超过基薪的1倍，劳动部也明文规定企业经营者年薪最高不得超过企业职工平均收入的4倍，上海市还规定超出这个范围即为非法，等等。[②] 其结果是，低水平的年薪收入标准也就失去了它的激励和约束意义。此外，国有企业经理们偏离所有者利益的行为主要是在所有者缺乏有效监督条件下产生的，对经理们实行年薪制并没有改善所有者对经理们的监督效果。没有有效的监督，也就不会形成对称性的激励与约束机制。

因此，我们需要把治理经理偏离行为转移到以调整现行的经理组织体制为重点上来。

调整经理组织制度就是将上级主管部门任命经理的行政组织制度转变为董事会选聘经理的经济组织制度。笔者认为，这是当前治理经理行为偏离所有者利益的基本措施。在政府任命经理的行政组织体制下，作为国有企业所有者代表的上级主管部门不可能使这种监督变得有效。这主要受三个不同于市场经济下的制度因素制约。一是监督动机不足，即监督者本身不是企业所有者，监督者的利益与监督行为没有直接的联系，监督动力不足就不可避免。二是监督尺度多元化。在行政组织体制下，国有企业经理是作为干部层次进行管理的，对经理业绩的考核也不完全以企业绩效为唯一标准，安置就业、承担一部分社会职能等都是考核经理行为的重要指标，其结果是弱化了以企业绩效评价经理行为的重要性。三是缺乏有效监督的信息渠道。在以多元化尺度考核经理行为的体制下，上级主管部门并不需要从经理市场、股票市场和产品市场等市场渠道所收集的信息来判断

① 据调查，现阶段国有企业经理人员的平均收入仅仅是职工平均收入水平的2.2倍（中国企业家调查系统，1995）。一些学者也指出，如果把国有企业经理人员的基本收入与一般职工拉平，那么经理人员的风险收入仅仅是基本收入的一倍多一些。这远远低于市场经济国家经理人员与一般职工收入的差距。例如，1992年，美国经理的平均收入是一般员工的158倍，日本公司经理的平均收入也是一般员工的32倍（陈佳贵，1996）。

② 参见《劳动理论与实践》1996年第4期，第11页。

经理行为。实际上，改革以来国有企业内部所实行的厂长、经理承包责任制效果已经证明了这一点。[①] 采取董事会选聘经理的经济组织制度，可以实现企业绩效作为衡量和评价经理行为的唯一指标，从而产生对培育各种市场的较大需求。

至于董事会选聘经理制度是否符合政府主管部门的意图，这主要取决于国有资产在这个企业中的份额。如果是国有资产参股，但不占较大份额的企业，那么选聘经理的决策权就不一定控制在国有股东手里；如果是国有独资或控股的企业，政府主管部门就会委派董事长。看起来，在国有资产控股或是国有全资的企业中，对经理的选聘、罢免等决定权也同样控制在政府主管部门手里。但是，实际上，以国有资产保值和增值作为判断董事长行为的基本指标会强化董事长的监督动机。同时，专职监督经理行为也保证了监督职能的有效性，这是一种实质性的区别。

总之，年薪制是与由董事会选聘经理的组织制度相联系的一种收入制度，在这种组织制度没有发展起来以前，年薪制的有效性必然会受到制约。尽管董事会选聘经理的组织制度并不能完全杜绝经理们的机会主义行为，但是这种组织制度在激励、约束和监督经理行为方面至少要比政府主管部门任命经理的行政组织制度会更加有效。因此，对于如何激励、约束和监督国有企业经理行为，当前最迫切的不是如何完善年薪制，而是调整经理选聘制度。

四、结论

概括上述分析，可以得出以下三点结论。

（1）以对经理的选聘制度和收入制度的组合来判断，现阶段我国经济体制进入了收入制度已经发生变化而经理的选拔和任命制度并没有发生相应改变的过渡时期。经理选聘制度的滞后使收入制度在激励、约束经理行为方面的效力受到制约。

---

① 在监督渠道有限、监督信息不对称和监督指标多元化体制下，这种仅仅建立经理报酬与企业绩效挂钩的厂长、经理承包责任制度，并没有实现对国有企业厂长和经理人员的有效激励和约束。虽然年薪制与经理承包责任制有一定差别，但是在企业绩效与经理报酬挂钩方面，可能是异曲同工的。

（2）由于行政任命经理的组织制度不能有效地监督国有企业经理行为，致使经理们偏离所有者利益的行为十分普遍，以风险厌恶行为、风险爱好行为和以损害所有者利益的机会主义行为同时存在为基本特征，其中爱好风险的行为成为经理行为的基本取向。现阶段国有企业大量亏损主要来自项目投资的决策性失误，而这又与风险爱好取向的经理行为密切相关。

（3）治理这种偏离行为要从解决所有者的监督机制入手，在所有者缺乏有效监督条件下，年薪制不能有效地解决这个问题，只能积极推进经理的组织制度变革，这既是有效地推行年薪制的基本前提，也是提高所有者对经理行为的监督效果的基本制度安排。

参考文献

[1] 钱德勒. 看得见的手——美国企业的管理革命［M］. 北京：商务印书馆，1997.

[2] 陈佳贵. 现代大中型企业的经营与发展［M］. 北京：经济管理出版社，1996.

[3] 青木昌彦. 对内部人控制的控制：转轨经济中的公司治理结构的若干问题［M］// 青木昌彦，钱颖一. 转轨经济中的公司治理结构——内部人控制和银行的作用. 北京：中国经济出版社，1995.

[4] 王骞. 谈国有资产代表的动力与约束［J］. 广东社会科学，1996（2）.

[5] 中国社会科学院《严重亏损的国有企业研究》课题组. 严重亏损国有企业的亏损原因剖析［J］. 管理世界，1997（1）.

[6] Bormal W J. Entrepreneurship, Productive, Unproductive, and Destructive［M］. Journal of Political Economy, 1990, 98（5）.

[7] Williamson O E. The Economics of Discretionary Behavior: Managerial Objectives in a Theory of the Firm［M］. Chicago: Markham Publishing Company, 1967.

（原载《经济研究》1998 年第 9 期）

国有企业的经济绩效分析

一、引言

在现有的研究改革以来的中国国有企业经济绩效的文献中，对如何评价国有企业的经济绩效存在明显的分歧。一种是国外一些经济学家的看法，他们主要应用了全要素生产率（Total Factor Productivity，TFP）的方法与指标，评价过渡期间我国国有企业的经济绩效。研究结果表明，自经济改革开放以来，我国国有企业的 TFP 是有所改善的，而不是下降的。虽然国有企业的 TFP 增长率不如乡镇企业高，但这意味着渐进式的经济改革是可取的、有效的（Dright & Perkins，1988；Prime，1992；Gelb，Jefferson & Singh，1993；Weitzman，1994），即不需要付出“大震荡”式的经济代价，国有企业经济行为也会逐步转变过来。但是，这种观点似乎无法解释我国国有企业亏损额不断增加、亏损面持续扩大的经济现实。另一种看法则完全不同，这是以樊纲、胡永泰等经济学家为代表的。他们在分析了我国经济改革以来，尤其是 1984 年以来国有企业内部各种财务指标以后，发现反映国有企业经济效益的各种指标都是不断下降的。这表明，国有企业经济绩效并没有改善（樊纲、胡永泰等，1994）。还有一种观点是，TFP 指标作为衡量社会主义条件下国有企业经济绩效的指标是不可行的，其理由是资本主义市场经济下的私营企业与社会主义市场经济下的国有企业的目标函数有很大的差别。私营企业的目标是单一的，那就是追求利润最大化，而国有企业的厂长和经理除了追求利润以外，还要追求相应的经济规模。这种追求规模的动机是直接与这个企业的行政级别及厂长和经理的各种待遇相联系的。在规模不断增加条件下，即使利润下降，TFP 仍可能会增长。所以，TFP 不能完全反映社会主义条件下国有企业经济绩效的变动状况，只有利润率指标才能真实反映国有企业经济绩效的变化（王一江，1996）。这等于从利润率的角度补充了樊纲等人的看法。然而，后一种看法也存在一些问题，即在市场定价机制不起主要作用的情况下，资金利税率等价值指标并不能真实地反映企业经营状况。这就是说，在价格机制改革还没有根本完成的情况下，以传统统计指标计算出来的各种利润率等效益指标存在明显的缺陷。同时，即便在市场经济条件下，假如竞争是较为充分的，资金利税率的下降也不能说明效率的下降，恰恰相反，说明了由竞争引起的平均利税率的下降促进了社会资源配置效率的改进。此外，认为改革以来国有企业经营绩效不如改革以前的观点与人们观察到的现实也不相符。

笔者认为，TFP 作为判断社会主义国有企业运作绩效的一个基本指标是可行的，国内一些学者用这个指标来比较自改革以来国有企业与非国有企业在经济成效上的差异，从而得出非国有企业 TFP 增长高于国有企业的结论是与现实观察到的情况基本一致的（郭克莎，1994）。目前，之所以会产生统计中的国有企业 TFP 不断增长与现实中的国有企业亏损额及亏损面不断增加的矛盾，并不在于这种 TFP 的衡量指标是否准确，而在于国外学者的描述性研究并没有揭示国有企业绩效增长背后的各种因素作用程度。为此，本文试图对改革以来国有企业经营绩效改进的源泉做探讨，讨论的问题有以下几个：改革以来国有企业 TFP 为什么会增长？这种增长主要来源于哪些因素的推动？今后这些因素组合发生了变动时，会对国有企业 TFP 增长产生什么样的影响？

本文结构如下，第一部分为引言；第二部分以企业运作理论为基础，把变革过程中的国有企业 TFP 增长的来源概括为三个方面，即宏观景气因素、制度性因素和技术性因素，并应用生产函数方法，建立企业生产效率与这三个因素之间的函数关系；第三部分具体地考察 1980—1992 年期间国有企业 TFP 增长与宏观经济波动、制度性变革和技术改进的现实联系；第四部分评估这三个因素对国有企业改进绩效的实际贡献程度；第五部分提出几点结论性的评述。

二、理论性说明

全要素生产率（TFP）是衡量单位劳动和资本综合投入的产出指标。它的变动是通过总产出增长扣除了投入变动以后的剩余反映出来的，这个剩余一般被理解为广义的技术变动。公式（1）表述了企业 TFP 与投入产出之间的关系。

$$\ln(TFP_t/TFP_{t-1}) = \ln(Y_t/Y_{t-1}) - \ln(X_t/X_{t-1}) \quad (1)$$

这里，T表示时间，Y代表实际产出，X表示投入。公式表明，如果要使生产率增长，在产出一定时使投入降低，或在投入一定时使产出增加。如何实现这种生产率增长呢？关键在于寻找推动生产率增长的基本因素。从长期来看，周期性经济波动、体制与政策调整等因素对企业生产率的影响是相对稳定的，基本上可以看成是一个常数。这样TFP变动就自然地与一些技术性因素，诸如企业的人力资本投资、规模收益、生产技术、知识和劳动经验及技能、研究与开发费用等因素的累积性增长联系起来，许多经验性的相关研究也证明了这一点。然而，从短期看，对企业TFP变动的影响因素可能就有所不同了。宏观经济政策变动、市场竞争程度、贸易环境、经济周期波动、体制与政策性的调整等技术以外的因素都会对企业的TFP变动产生重要影响。尤其在体制转换过程中，制度性的变化可能会比技术因素对企业TFP产生更为重要的影响。比如，通过体制和政策性调整，使一些价格扭曲和缺乏激励的体制与政策得到纠正，并使一些无效率企业能够从生产中退出，有限的资源基本上留给有效的企业使用和运作，进而提高资源配置效率；改善管理组织和激励机制，从而解决投入无效率问题等。本文对企业TFP决定因素的探讨范围既不是纯市场经济条件，也不是计划经济环境，而是限定在由计划经济转向市场经济的体制过渡时期。

在体制过渡时期，对企业TFP影响的因素主要可以分为技术性变动、制度性变动和宏观景气变动三个方面。技术变动是通过人力资本、研究与开发费用的投资、劳动经验的积累和知识的提高、规模收益和技术手段创新等方面对企业TFP产生影响。目前，国内外有关这方面的大多数研究文献都集中在揭示企业TFP与技术变动之间的相关关系上。

制度性变动对企业TFP变动的影响是从两个方面展开的。第一，政府从改变国有企业外部环境入手，即把垄断性为主变为竞争性为主。比如，放开产业限制，允许各种经济成分进入市场，这对国有企业来说，等于发展了竞争对手。在价格基本放开条件下，非国有经济成分进入份额在一定程度上表明了市场竞争环境的发育程度。在过渡时期，非国有经济成分的成长对国有企业生产率变动产生着双重的影响。一方面，竞争压力会迫使国有企业不断开发新产品、新技术和新市场，提高资源要素的使用效率，从而推动TFP增长；另一方面，原有国有企业的垄断地位在竞争冲击下，垄断利润也会减少，这会表现出以利润为标志的企业生产率的下降。第二，政府从国有企业内部入手，不断变革激励机制，使国有企业能够不断改善管理，提高生产要素的利用率，并对外部市场发育所带来的挑战和机会做出积极反应。

宏观景气性波动也是影响企业 TFP 变动的一个重要因素。宏观经济环境波动是通过投入要素的成本与产出收益渠道来影响企业 TFP 变动的。在经济紧缩时期，社会需求总量的收缩会快于企业投入成本的下降，进而降低企业利润率，TFP 也随之下降；相反，在经济扩张时期，相对于投入成本来说，社会需求总量增加和价格上升更早一些和更快一些，生产规模扩大，从而企业 TFP 会增长。本文以国内生产总值（GDP）来表示宏观经济的波动，这是因为这个指标是信贷、货币、财政和经济等各项政策调整及机会变动的函数，单纯选择某一方面的指标，诸如信贷投资规模、货币流量等都不能全面地反映宏观经济的整体状况。

根据上述说明，过渡时期的国有企业 TFP 变动大致可以看成是技术性变动、制度性变动和宏观景气性波动的函数。它们之间的函数关系可表述为：

$$TFP = A \cdot GDP^{a_1} \times SYS^{a_2} \times NSTATE^{a_3} \times TE^{a_4} \times u_i \qquad (2)$$

其中，价格缩减的 GDP 表示宏观景气性波动；制度性因素因其双重影响可以分为两个指标来表示，即非国有的工业企业在工业总产值中所占的比重 NSTATE 表示竞争对手的成长情况，以 SYS 表示政府每年公布的改革国有企业的各种措施，通过虚拟变量的设计可代表企业内部的制度性安排对企业 TFP 的影响程度；TE 表示技术进步的作用；u_i 表示随机影响的部分。然而，这里并没有列出代表技术性变动的具体指标，是因为数据年限的制约，对技术性变动、制度性变动和宏观景气性变动因素对企业 TFP 变动的估计需要分两步进行，即先计算出制度性因素和宏观景气因素对企业 TFP 变动的贡献程度，再通过企业 TFP 变动与这两个因素对 TFP 变动的贡献率之差计算出技术性因素的影响程度。这样，首先扣除（2）中的 TE 因素，然后把（2）式转为一个线性对数形式的回归方程：

$$\text{Log } TFP = \text{Log}A + a_1 \text{Log } GDP + a_2 \text{Log } SYS + a_3 \text{Log } NSTATE + E \quad (3)$$

这里的 a 是需要估计的参数，E 是误差项，这里可以估计为技术进步对企业 TFP 的影响程度。企业 TFP 与三个影响要素为对数形式。每个因素对企业 TFP 的贡献率取决于两个部分的乘积，即估计参数与三个因素由基期到现期的平均变动率的乘积，所谓估计参数是由回归系数中的 a 来衡量的，它反映了每个因素对提高企业生产率的作用程度，三个因素的平均变动率反映了考察期间的自身变化。

三、数据分析

表 1 显示了改革以来我国国有企业经营绩效有所改进的状况及与此相关的一些主要经济指标的变动。

表 1　国有工业企业与国内生产总值增长指标

年份	产生增长（%）	投入增长（%）	TFP 增长（%）	GDP 增长（%）	非国企份额（%）	市场价格（%）
1980	100.00	100.00	100.00	100.00	24.03	3.00
1981	102.50	104.79	97.70	104.50	25.24	12.34
1982	109.78	109.18	102.90	113.40	26.31	18.50
1983	120.09	112.94	108.90	124.90	26.65	25.34
1984	130.79	115.53	116.20	143.00	30.91	31.30
1985	147.66	122.99	123.60	161.50	35.14	34.00
1986	156.81	130.86	121.20	175.21	37.73	40.00
1987	174.53	137.22	128.90	194.60	40.27	38.30
1988	197.52	146.37	136.60	216.60	43.20	49.30
1989	204.19	149.65	138.80	225.90	43.94	45.50
1990	210.31	159.18	134.20	234.70	45.40	45.00
1991	228.40	167.32	138.60	253.50	47.06	68.80
1992	233.88	172.98	135.80	288.00	51.91	80.00
平均	7.34	4.73	2.58	9.22		

注：非国有企业份额是指非国有工业企业产值占工业总产值的份额；市场价格是指市场决定的社会零售商品价格在其价格总量中的比重；所有指标的增长率都是按照价格缩减指数统计的；这里所计算的国有企业投入增长是根据 0.35 的资本投入系数与资本增长率相乘加上 0.65 的劳动力投入系数与劳动力投入增长率相乘之和计算出来的。即 $Y = A + 0.35K + 0.65L$。

资料来源：历年的《中国统计年鉴》和《中国价格年鉴》。

从表1中，我们可以看出以下两个方面的基本联系。

首先是企业绩效与宏观经济环境变动的相关关系。1980—1992年期间，国有企业TFP每年平均增长率是2.58%。同时，以表示宏观经济综合性指标的GDP每年平均增长9.22%。两者之间的相关联系会通过每年实际的增长率变动显示得更加明显。根据国有企业每年实际的产出增长、要素投入增长、TFP增长和GDP增长状况，笔者对这些指标的标准差进行了计算，其结果是，1980—1992年期间，GDP增长的标准差是3.42，TFP增长的标准差是2.99，产出增长的标准差是2.34，而投入增长的标准差是1.49。其中，GDP增长变动与TFP的增长变动是最接近的。按照标准差值越大，变动范围越大；标准差值越小，变动范围越小的性质，可以看出，不管宏观经济环境是紧缩或是宽松，每年对国有企业投入量的增长大致都差不多。而产出增长因宏观环境差异而波动相对较大，企业绩效变动比产出变动更大，这表明在投入增长率基本不变条件下，宏观经济扩张，企业TFP改进就较大；相反，宏观经济紧缩，企业TFP改进就较少。

其次是企业绩效与市场经济制度发育之间的关系。市场取向的制度创新是通过两个方面体现出来的，一是企业外部的市场竞争环境的发育程度，二是企业内部激励机制与约束机制的建立。表1主要反映了前一个方面的变迁。由表1可知，自改革以来，构成市场竞争环境的两个基本要素都发生了基本的变化，即非国有工业企业的产值比重由1980年的接近1/4上升到1992年的一半以上；同时，由市场决定的商品价格占社会零售商品价格总量中的比重也由1980年的3%提高到1992年的80%以上。大量的实证性研究表明，产品价格和产业限制准入原则的基本上放开对国有企业绩效产生了双重的影响。一方面是促进了国有企业改进绩效，这是通过把国有企业推入市场，并不断地在与进入市场的非国有经济展开争原料、争市场的竞争中获得的（Perkins，1988；Mcmillan & Naughton，1992）。另一方面是导致国有企业利润率的持续下降。预算内国有工业企业的资金利税率从1978年的24.2%下降到1992年的9.7%。这种下降被认为是非国有企业大量进入，极大地削弱了国有企业的垄断地位，并分享了国有企业的利润收益所致（Jefferson，1992）。

企业内部激励机制与约束机制的建立直接体现在政府不断推出的从内部增强企业活力的各项主要改革措施上。按照体制改革出台的顺序，表2列出了1980—1992年期间我国改革国有企业经营机制的主要措施。截至

1992 年年底，已经出台的主要改革措施累计有 12 项，其中有 11 项已得到了普遍推广。由于对体制改革措施缺乏定量化的衡量标准，这里以虚拟变量进行统计，即每年出台一项措施就设定为 1，否则为 0。然后把每年出台措施加起来，得到当年出台措施的总量，再用这个出台数量与 12 年的改革措施总量相比较，进而求出每年出台的改革量在 12 年出台的改革措施总量中所占的比重，并以百分数表示。

表 2　国有企业改革的主要措施

年份	1980	1981	1982	1983	1984	1985	1986	1987	1988	1989	1990	1991	1992
生产与销售自主权	1	1	1	1	1	1	1	1	1	1	1	1	1
自贸基金使用权	1	1	1	1	1	1	1	1	1	1	1	1	1
计划外产品定价权	1	1	1	1	1	1	1	1	1	1	1	1	1
利润留成	1	1	1	0	0	0	0	0	0	0	0	0	0
利改税	0	0	0	1	1	1	1	1	1	1	1	1	1
减少指令性计划	0	0	0	0	1	1	1	1	1	1	1	1	1
外贸经营权	0	0	0	0	1	1	1	1	1	1	1	1	1
企业联合决策权	0	0	0	0	1	1	1	1	1	1	1	1	1
奖励总额分配权	1	1	1	1	1	1	1	1	1	1	1	1	1
承包责任制	0	0	0	0	0	0	0	1	1	1	1	1	1
工资总额分配权	0	0	0	0	0	0	0	1	1	1	1	1	1
股份制改革试点	0	0	0	0	0	0	0	0	0	0	0	0	1
总计	5	5	5	5	7	8	8	10	10	10	10	10	11
比重（%）	41.7	41.7	41.7	41.7	58.3	66.7	66.7	83.3	83.3	83.3	83.3	83.3	91.7

注：（1）这里所说的生产与销售自主权是指超计划的生产与销售自主权。

（2）企业联合决策权指企业跨地区与跨行业的联合自主权。

资料来源：根据《我国经济体制改革事典》（广东人民出版社 1993 年版）统计出来。

笔者认为，这种统计方式大致上可以反映国有企业内部的不间断改革对其经营绩效的积极影响。从表 2 可以看出，自改革以来，我国政府每年都推出一些改革国有企业经营机制的主要措施，这些措施主要是围绕激励机制的重建而展开的。比如，在主要以承包方式明确了国家与企业之间在利润分配上的利益关系的同时，减少指令性计划指标，增加企业在市场经济中的各种经营自主权，从而形成了与传统体制完全不同的利益激励机制，即企业职工收入与其劳动成果和整个企业经营效益挂钩，经营者收入与企业收益挂钩，企业留利与其所创造的利润总额挂钩等。从这种收入与企业效益挂钩的结果来看，它所产生的经济动力要比传统体制大得多。世界银行研究转型经济的经济学家 Alan Gelb 在比较了中国、波兰和匈牙利等经济改革之后认为，中国国有企业在引入以企业所有员工收入与企业经济效益挂钩为主要内容的激励机制以后，国有企业职工收入增长与生产扩张之间就形成了一个非常紧密的联系。而波兰和匈牙利则没有出现这种联系，从而导致后两个国家在经济转型期间的产出下降（Gelb，1993）。

四、绩效源泉

至于宏观经济变动和市场取向的制度性创新对国有企业绩效的影响程度，可以通过以下三个步骤计算出来。首先将表 1 中的 TFP 增长率、GDP 增长率和非国有企业份额等三个数据和表 2 中的最后一行的数据代入公式 (3)，计算出每个要素与国有企业经营绩效的相关系数。然后算出各个解释变量由 T_1 到 T_2 期间的平均每年变化率。这个变化率是各个解释变量每年的变动程度，宏观经济波动的变化率是由 GDP 每年平均增长率来表示的，企业内部体制变革措施的每年变化率是由 T_1 与 T_2 期间出台措施比重的总量差除以年数所得，企业外部竞争强度的变化率也是由 T_1 与 T_2 期间非国有经济在工业总产值中所占比重的总量差除以年数所得。最后将各个变量与国有企业 TFP 的相关系数与其每年平均变化率相乘，求出影响系数，这个影响系数在国有企业 TFP 平均每年增长率中的份额就是各个变量对国有企业经营绩效的贡献程度。如果设定每年 TFP 增长率为 100%，那么各个要素的贡献程度就可以转换为贡献的百分比。

将表 1 和表 2 的有关数据代入公式（3），经过计算，得出方程（4）：

$$\text{Log TFP} = 1.2659 + 0.1259\text{Log GDP} + 0.2862\text{Log SYS} + 0.0162\text{Log NSTATE} + E \quad (4)$$

$$(T = 1.555) \qquad (T = 3.174) \qquad (T = 1.195)$$

$$R = 0.947 \qquad F = 111.78$$

从表 3 中可以看出，宏观经济波动和市场取向的制度性变革对国有企业 TFP 的贡献率达到了 89.15%，其余的 10.85% 可以解释为国有企业技术改进对 TFP 增长的贡献率。在宏观经济波动、制度性变革和技术改进三个因素中，前两个因素对国有企业 TFP 增长的贡献程度几乎是相同的。就宏观经济波动因素的影响而言，尽管 20 世纪 80 年代以来我国宏观经济存在明显的周期性波动，但是每年产出增长的平均水平明显地高于 1949—1978 年期间的平均经济增长率，这意味着自 20 世纪 80 年代以来的宏观经济持续扩张给国有企业带来了极为有利的发展机会。在这种需求不断增长的繁荣环境中，即使国有企业经济活力不足，产值和效益也会有所增长。在市场取向的制度性变革中，以调动企业内部积极性为主的各项改革措施对国有企业 TFP 增长的影响明显地大于发育市场竞争环境所产生的正面影响，即在 TFP 增长中有 42.64% 来自企业内部的制度性变革，只有 1.55% 归结于国有企业外部竞争强化的影响。当然，这种制度性变革主要是靠政府向企业和市场输入各种变革措施来推动的，企业自身的主动性创新还不是一个主要方面。在 20 世纪 80 年代以来的国有企业绩效改进中，相对于宏观经济波动和市场取向的制度性调整因素来说，技术改进的贡献程度是有限的，只占 10.85%。这说明，体制转轨时期的制度性变革比技术改进更加重要。

表 3　国有工业企业 TFP 增长源泉的测算

	解释变量	估计系数	每年变化率（%）	对绩效的贡献	贡献程度（%）
A	对 TFP 的解释程度			2.30	89.15
	宏观经济变动	0.1259	9.22	1.16	44.95
	制度性创新			1.14	44.19
	企业内部制度变革	0.2862	3.85	1.10	42.64
	企业外部竞争强化	0.0162	2.15	0.04	1.55
B	残项			0.28	10.85
	每年平均增长率			2.58	100

五、结论性评述

通过对体制转换时期我国国有企业 TFP 增长源泉的分析，可以得出以下几点结论。

首先，自 20 世纪 80 年代以来的国有企业经营绩效是有所改进的，TFP 每年平均增长 2.58%。这种经济绩效的改进与不断扩张的宏观经济环境和政府直接输入的各种改革措施有着直接的联系，换句话说，国有企业盈亏状况主要取决于宏观经济环境和政府发动改革的努力程度。总体上看，80 年代我国宏观经济基本上处于需求持续扩张时期。同时，自 1984 年以来，我国从中央到地方的各级政府每年都推出了一系列以重建国有企业内部激励机制为核心的改革措施。这种经济环境与改革措施对国有企业改进绩效起了决定性作用。根据这种分析，可以做出这样的判断，即国有企业经济行为基本处于盈亏的临界状态，当宏观经济环境有利和政府加大力度推进企业制度改革时，国有企业盈利会相应增加。当宏观经济环境紧缩和政府对企业改革努力程度减弱时，国有企业亏损就会增大。由此可见，现阶段我国国有企业经营绩效的改进主要不是靠自身主动地增强经济活力来取得的，而是在有利的宏观经济环境中，依赖政府输入的各项激励性政策和措施来获得的。所以，既不能把改革以来国有企业绩效改进当成是其自身经济活力增强的标志，也不能由于国有企业需要进一步改革就否定国有企业经营绩效有所改善的事实。

其次，在今后一段时期内，需要进一步加大制度性变革对企业 TFP 增长的贡献程度。进入 20 世纪 90 年代中期以后，我国宏观经济逐步由扩张为主转为货币适度从紧约束下的平稳持续增长时期，在这种环境下，如果对国有企业 TFP 增长的内部贡献结构不变，那么国有企业 TFP 增长率就会下降。实际上，自 1993 年下半年以来，宏观经济紧缩与国有企业亏损增加就反映了这样一种内在联系。要使国有企业 TFP 增长率不下降，或者有所提高，就需要增大制度性变革和技术创新的贡献程度。这里需要强调的是，国有企业处于体制转轨时期，其制度性变革是技术创新的基本前提，把制度性变革放在更加重要的位置上是这个时期的客观要求。这个时期的制度性变革也需要从两个方面展开，即加快企业外部的市场建设和企业内部产权结构调整。其中对国有企业内部运作体制改革要有新内容，即围绕产权结构这个核心进行有效推进，这包括合理地界定和划分产权，在资产经营中引入积极的竞争，逐步形成选拔优秀经营者的合理机制等。加大制度性变革因素对国有企业绩效的贡献率，一方面可以弥补宏观经济环境对其贡献的减弱程度，另一方面可推进激励机制与约束机制在企业内部的形成。

再次，随着市场环境的不断完善，市场竞争程度对国有企业的负面影响会弱化，其正面影响会强化。自20世纪80年代以来，市场体制的不断发育对国有企业产生了双重的影响，一方面是非国有经济的大量进入构成了国有企业的竞争对手，迫使其改进技术，提高生产效率；另一方面是国有企业具有垄断性的优势地位逐步消失，使其利润率逐步下降。比如，在计划价与市场价之间的差价缩小甚至消失的条件下，由国家供应的原材料、动力、燃料、资金等投入已经失去了意义；国家也不再订购包销国有企业的所有产品；许多产业已经允许非国有企业进入；等等。由表3可知，在正负两个方面的影响相互抵消以后，正面的净影响还是稍稍大一些的，即对国有企业经营绩效改进的贡献率为1.55%。然而，随着市场体系的稳步建立，各种市场取向的价格改革逐步到位，这种体制调整对国有企业所产生的负面影响就变得越来越小了，而非国有经济大量进入所形成的竞争压力就会越来越大，这就迫使国有企业有更强的动机来提高生产效率。其结果是，市场竞争环境对国有企业TFP增长的贡献率就会逐步上升。当然，现阶段市场竞争对国有企业TFP增长的影响程度还是十分有限的，在相当一段时期内，强化市场竞争环境的影响力还远远不能与企业内部的制度性变革相提并论。这就是说，靠提高非国有经济的成长对国有企业经营绩效的正面影响是一个十分缓慢的过程，在今后相当一段时间内，对国有企业进行制度性创新的重点不在外部，而是在于内部。

最后，从表3中可以看出，目前国有企业内部的制度性变革主要是靠各级政府输入各种政策措施来推动的，而不完全来自企业自身所产生的实际需要，这会影响制度性变革的动力和有效性。现阶段各级政府扮演着“改革主体”的角色，而企业处于“被改革者”的地位。由于政府不可能了解每个企业的具体情况和发展阶段及所需要解决的不同矛盾，也不可能按照每一个企业的具体需要来设计各种不同的改革方案，所以以这种推动方式推进企业内部制度性变革，其有效性会受到影响。同时，在所贯彻的改革措施并不一定符合企业实际要求条件下，企业也缺乏有效贯彻这些改革措施的动力。此外，为了监督企业推进这些改革措施，政府也不得不花费更多的费用，其结果是这种推进方式的成本也会增加。只有把企业内部的制度性变革真正变成企业自己的事情，也就是说，变成企业自己解决矛盾的一种途径，才可能克服这种成本较高而收效有限的推进方式。因此，如何让每个企业切实地感受到变革企业资产组合和运作体制的迫切要求，使其有动力来做这件事情，是当前亟待解决的一个基本问题。

参考文献

[1] 郭克莎．中国所有制结构变动与资源总配置效应［J］．经济研究，1994（7）．

[2] 王一江．对海外学者研究中国经济的方法评价［R］．打印稿，1996．

[3] 张维迎．企业的企业家—契约理论［M］．上海：上海三联书店，上海人民出版社，1995．

[4] 张维迎．企业理论及其对中国国有企业改革的意义［M］// 北京大学中国经济研究中心．经济学与中国经济改革．上海：上海人民出版社，1995．

[5] 郑玉散，罗斯基．体制转换中的中国工业生产率［M］．北京：社会科学文献出版社，1993．

[6] Gary J，Singh I. China's Industrial Performance：A Review of Recent Findings ［R］. Mimeo：The World Bank Policy Research Department，1994.

[7] Gelb A，Gary J，Singh I. Can Communist Economics Transform Incrementally? The Experience of China ［J］. Economics of Transition，1993，1（2）：401－436.

[8] Mcmillan J，Naughton B. How to Reform a Planned Economy：Lessons From China ［J］. Oxford Reviere of Economic Policy，1992，18（1）.

[9] Naughton B. What is Distinctive about China's Economic Transition? State Enterprises Reform and Overall System Transformation ［J］. Journal of Comparative Economics，1994，18：470－490.

[10] Perkins D H. Reforming China's Economics System ［J］. Journal of Economic Literature，1998，26（2）.

[11] Prime P B. Industry's Response to Market Liberalization in China: Evidence From Jiangsu Province [J]. Economic Development and Cultural Change, 1992, 41 (1): 27-51.
[12] Weltzman M L, Xu C G. Chinese Township-Village Enterprises Vaguely Defined Cooperatives [J]. Journal of Comparative Economics, 1994, 18 (2): 121-145.

（原载《经济研究》1996 年第 8 期）

国有企业的改制能力分析

以1984年10月22日中共中央颁布的《关于经济体制改革的决定》为标志，我国经济体制改革的重心开始由农村转为城市，同时国有企业改革就成为我国经济体制改革的中心任务。15年过去了，每年的经济体制改革的中心任务都是国有企业改革，而每年政府也都出台一些改革措施，并取得了一定的成绩，但国有企业改革进展中仍然存在许多问题，任务仍未完成。这个事实说明，国有企业改革已成为我国的改革难点。那么，国有企业改革根本的难点在哪里？国有企业目前存在许多问题，比如其社会负担过重；负债率高，资金短缺；冗员过多，缺乏人才；国有企业税赋较重；等等。这反映了我国全面地解决这些问题的能力是不足的，因此，作为一个较长期的国有企业改革过程，一方面意味着人们对国有企业改革的目标定位认识不断深化，另一方面随着人们对国有企业改革的认识的深化，也不断地培育和提高改革国有企业的能力。笔者认为，一些以产权变革为主要内容的改革思路早在20世纪80年代后期就提出来了，但难以实施，关键在于缺乏改革能力。今后如何有效地推进国有企业改革，关键在于增强国有企业的改革能力。本文将对国有企业的改革能力做些简单分析。

一

什么是国有企业的改革能力？简单地说，就是支付国有企业改革成本的一种能力。如果把国有企业的改制完成定位在企业基本上建立了排他性产权制度的话，[①] 那么以产权改革为中心的企业改制所需要的改革能力包括三个部分：一是政府的财政支付能力，二是不同所有者资金注入能力，

① 笔者曾把国有企业改制完成的标志定位在企业基本上建立了排他性产权制度。王珺：《政企关系演变的实证逻辑》，载于《经济研究》1999年第11期。

三是政府将动员和组织的不同所有者的资金引入本地需要改制的企业中去的能力。

（1）政府财政支付能力对于保证国有企业改革进程中的经济和社会稳定具有重要作用。比如，企业职工在改制中出现的分流下岗、医疗保险、失业救济、退休保障等问题，都需要政府支付一定的费用加以解决。虽然政府不能把这些问题全部包下来，但政府作为解决问题的一个主体是不可缺少的，而这些问题解决不好，最终影响到国有企业的改制进程，主要责任还是要由政府承担。观察我国不同地区国有企业改制进程的差别就不难看出，哪些地区的政府财政支付能力越强，就越能够较好地解决职工的后顾之忧问题，而这些地区的国有企业改制推进速度就越快一些。20世纪90年代以来，广东省深圳、顺德等地提供了这方面的例子。

（2）国有企业改革的最优选择是将具有资金注入能力的不同所有者引入到国有企业资产重组中去。这里所说的不同所有者的资金注入，指的是与政府资产不同的所有者通过注资参与企业的产权重组。从国际上的企业改制经验来看，只引入新的所有者，而缺乏相应的资金注入，这虽然可以使企业产权得到重组，但是企业生产力不可能迅速地得到提高，甚至会因改制而下降。俄罗斯就是通过无偿奉送进行企业改制的，其结果是，改制不仅没有增加企业资产总量，反而因资产分割增加的交易成本而使企业资产总量减少，进而严重地影响了生产能力，造成了产出大幅度地下降，其1997年的国内生产总值仅相当于改革前的1989年国内生产总值的52.2%。当然，俄罗斯也不是不想通过出售或增资注入方式进行改制，只是社会上缺乏不同所有者购买企业股权的能力（夏旺斯，1999）。可见，企业改制既需要不同所有者进入，又需要资金注入。出售就是这样一种改制形式。匈牙利是以出售为主进行改制的国家。科尔内（1999）认为，由于出售比无偿奉送有效，这成为俄国改制失败和匈牙利改制成功的原因所在。事实上，在既有资金注入又有不同所有者进入的限定下，还有另一种有效的改制方式，这就是增资注入方式。与出售相比，两者差别也是十分明显的。出售仅仅是企业所有者结构的一种替代性调整，从理论上说，企业资产并不会因此而减少，也不会增加。而增资注入既可以实现企业所有制结构的改变，也可以实现企业资产规模的增加。广东的广州市、肇庆市都有以增资注入进行改制成功的案例。改制企业往往根据经营情况，不断地调整企业内部的股权结构。显然，在产权改制方式中，出售要比无偿奉送有效而注资经营又比出售有效。事实上，很多改制的国家和地区领导人或学者都认识到了这一点，而之所以不能选择更有效的产权改制方式，根源在于缺乏不同所有者的资金注入能力。由此可见，不同所有者的资金注入能力决定着产权改制方式与进程。非公有经济发展越快、外来资本进入越多的地区，不同所有者的资金注入能力也越强，通过不同所有者的资金注入实现企业排他性产权结构的机会也就越多。这就是我国非公有经济发展越迅速、规模越大的省份，国有企业改制相对比较容易的原因所在。这个事实也表明，国有企业改制的最优选择不是仅仅将与国有企业不同的所有者引入国有企业内部，而是将有资金注入能力的不同所有者引入国有企业资产重组中去。

（3）国有企业改革的第三个条件涉及地方政府为有效地组织企业改制所做的努力，这包括企业变革方式、时机的选择及相应的配套政策。比如，在各地亏损企业增加、财政支付能力相对有限、上级主管部门要求改制压力增大和来自其他地区改制的竞争压力强化的情况下，各级地方政府都会竭尽全力来推动本地政府所属企业的改制。然而，要推动本地区的政府所属企业的改制，就需要动员本地和外地的不同所有者的资金注入。特别是当本地的不同所有者资金注入能力有限的条件下，各级地方政府就千方百计地吸纳外部的不同所有者资金注入，如地方政府出台的各种优惠政策等。当然，这种努力的效果是以前两个方面的能力和多种因素为前提的。如果一个地区的政府没有一定的财政能力或当地的不同所有者资金注入能力有限，产业配套能力不足、区域位置不合适等，即使地方政府再有动员能力，也难以见效。在具备了其他一些基本条件的基础上，地方政府的动员行为对吸纳不同所有者资金注入将会产生重要的影响。

虽然以上三种改制能力都是国有企业改制不可缺少的，但是从推进产权制度改革角度看，不同所有者资金注入能力是国有企业改制的主要部分，它决定着国有企业改制的方式与进程。政府财政支付能力是这种改制方式与进程能否顺利进行的制度性保证，政府动员能力实质上是一种手段，目的在于能够促成本地区的不同所有者的资金积累与向国有企业进入。

二

笔者之所以把培育国有企业的改制能力看成是推进国有企业改革的关键因素，是因为在改制动机越来越强烈的条件下，一个地区是否具备改制能力就成为改制行为能否发生的基本因素。我们知道，在国有企业改制中，各级政府仍然是国有企业改革方案的制定者和推进者，这是由目前的各级政府仍然控制着企业经营者任免权和剩余分配权所决定的。在这种条件下，政府与企业博弈的结果往往是政府说了算。比如，在企业盈利时，企业具有明显的摆脱政府控制的离心力倾向，而政府不愿意将其分离出去，其结果是，企业只能服从政府的意志。当企业亏损时，企业又希望政企不分，因为这样可以得到政府的保护和补贴，而政府却具有“甩包袱”的倾向，结果是，在这种情况下，往往会出台各种改制措施。总之，在国有企业改制中，由于各种改制的方案、实施对策、出台时机等都是由政府制定和推动的，所以各级地方政府是制定、发动和操作国有企业改革的主体。

观察作为推动国有企业改制主体的地方政府行为，离不开对其改制动机和能力的分析。从动机来看，地方政府在拥有经营者决定权、剩余索取权等权利的同时，也承担了对隶属企业的补亏责任。如果地方政府对隶属企业的连续性补亏超过了从中得到的收益，那么对国有企业改制的动机就会发生。

自改革开放以来，国有企业盈亏变动直接与市场环境有着紧密的联系。20 世纪 90 年代中期以前，我国处于一个短缺的卖方市场环境。在这种环境下，供给是制约经济发展的主要因素，只要能够得到生产性的资源，无论上什么项目、生产什么档次的产品都会找到销路，作为“边际性”的国有企业[①]仍然有一定能力获利；或者说，盈利能力虽然不如其他所有制企业那么大，但也能过得下去。在这种情况下，地方政府缺乏对国有企业改制的动机。随着买方市场的来临，我国经济环境发生了变化，需求约束成为经济发展的主要因素。伴随着市场竞争的日益激烈，作为

① 这里定义的边际企业，指当经济进入衰退时期最先进入亏损、当经济复苏时期最后走出低谷的企业。

“边际性”的国有企业便陷入困境，如亏损、积压、停产等。面对困境，地方政府不得不千方百计地加以扶植。因为地方政府不愿意自己兴办的企业倒闭，否则由此带来的各种社会问题会影响上级主管部门对本届地方政府业绩的评价（江小娟等，1995）。然而，对于地方政府来说，连续性地使用增加财政补贴、直接出面说服银行增加贷款给其所属企业、降低土地使用费等扶植性政策会遇到三个约束。一是财政约束。即长期的“输血”性补贴使当地政府财政压力越来越大，以致难以支撑。二是金融约束。20世纪90年代中期以来，随着银行的规范化操作和金融秩序的强化垂直性管理，过去靠地方政府出面协调资金周转困难的方式难以持续。三是风险机制约束。即长期以来的政府扶植不仅未从根本上解决企业激励问题，反而使大量企业产生了严重的依赖性，造成盈利由企业享有、风险由政府承担的不对称安排。[①] 在这种制约下，地方政府不得不下决心变革这种制度安排。从这个意义上说，无论是何种经济发展水平的地区，只要有国有企业且出现了连续性的亏损，那地方政府的变革动机就是基本相同的。尽管目前各个地区的政府改制动机基本相同，但决定各个地区之间的国有企业改制进程的差距是什么呢？这就是一个地区的改制能力。

对于一个地区来说，如何才是基本上具备了国有企业的改制能力？笔者认为，这与该地区企业的平均规模紧密相关。一个地区企业的平均规模不同，对出资人注入企业的资金需求也不完全相同。企业规模较小的地区，对每个参与企业改制的不同所有者的出资数量需求就比较少，而且可以分散地进行。相反，在企业规模较大的地区，每个参与企业改制的出资人出资数量就要达到一定规模，如果不同所有者是大量分散的话，这还需要通过相应的机制把资源集中起来，这既涉及不同所有者的积累程度，也涉及资本市场的发育程度。显然，推进大型国有企业改制要比推进中小型企业改制所需要的条件要困难得多，这也就是中小国有企业改制容易推进，而大型国有企业改制相对比较困难的原因所在。

具体来说，笔者把不同地区所有者资金注入能力分为强弱两类：非公有企业发展较快、在国民经济中的份额较大，同时引入外资数量较多作为

---

① 广东顺德市政府把政府与其兴办的企业之间形成的关系概括为“经理负盈、企业负亏、银行负贷、政府负债”，这是政府与企业在权利、责任和风险等方面形成非对称性制度安排的一个典型写照。

强类；相反作为弱类。不同的企业规模对改制的资金需求差异也可以分为两类：一类是以大型企业规模为主的地区；另一类是以中小企业为主的地区。这样，两者组合为四种变革能力的环境类型：一是不同所有者的强资金注入能力与以中小企业为主组合的地区；二是不同所有者的弱资金注入能力与以中小企业为主组合的地区；三是不同所有者的强资金注入能力与以大型企业为主组合的地区；四是不同所有者的弱资金注入能力与以大型企业为主组合的地区。从这四种类型的地区来看，第一种类型是最有可能率先进行企业改制的。接着是第二种类型，在本地不同所有者资金积累较弱的条件下，政府如何动员外部的不同所有者资金进入，就成为实现企业改制的重要因素。第三种类型地区会随着变革能力的逐步提升，来相继安排企业改制。第四种类型地区需要有一个不同所有者的资金注入能力逐步生长和提升的过程，而且大型企业也要通过分解逐步改制。

一项涉及我国 11 个省的 14 个市县的国有小企业改革的调查研究的结果可以证明笔者所做的这种分类性判断（杨启先等，1997）。20 世纪 90 年代以来，我国国有中小企业改制是以区域为主，并以多种方式推进的。从推进方式上可以看出这种演变的顺序。14 个市县的中小企业改制大致可以分为三类：一类是以明晰政企产权关系为核心进行改制的地区，如山东诸城市、广东的顺德市等。这类地区由于基本上具备较强的不同所有者资金注入能力与中小企业相结合的条件，因而可以在明晰政企之间的产权关系调整上一步到位。然而，从全国来看，符合这种条件的地区并不多。另一类是通过契约把企业的经营权转让给新的经营者的地区，如黑龙江、四川、安徽等省份以及浙江的玉环县、湖北的浠水县、河北新乐市、辽宁的海城市等，都是以选择一些租赁、托管和委托经营等方式进行改革的。这些改革在较弱的资金供给能力与中小企业结合的情况下进行，仅仅选择了一些产权改革的过渡形式，没有真正触及产权制度改革，待条件成熟后，再选择适当的形式进行产权改革。[①] 还有一类是以零价转让、承接债务、折价出售等方式进行企业改制的地区，如河南长葛市和山东淄博市周

① 根据杨启先等人的分析界定，产权改革的过渡形式是指租赁、委托经营、分立、国有企业之间的兼并等，之所以称为过渡形式，是因为在这些改革措施中，没有真正涉及产权制度，而只是把企业的经营权让渡给新的经营者。参见杨启先等：《现实的选择——国有小企业改革实践的初步总结》，上海远东出版社 1997 年版，第 13 页。

村等地。这种改制有两种情况，一是在资不抵债的情况下以偿还企业债务取得产权，二是以职工历年的各种积累获得股权，但是有一点是相同的，即它们都不需要不同所有者注入资金，所以这也适宜于在较弱的不同所有者资金注入能力与中小企业组合的类型。从这些类型中可以发现，上述三类是在企业规模较小的前提下进行的。如果把企业规模作为一个变量加以考虑，那么相对于大型国有企业改制对不同所有者的资金需求来说，现阶段我国大多数地区的不同所有者资金注入能力都是难以支撑改制需要的。这就是我国大型国有企业推进改制相对更加困难的原因所在。总之，虽然我国各地区对国有企业改革试验是多样化的，但是以明晰产权关系为核心、全面推进政企分离的地区还为数不多。

三

由于变革能力的差异越来越充分地为人们所认识，所以我国北方一些省市的地方政府在挖掘和鼓励本地的不同所有者资金注入能力，使其积极参与本地国有企业改制的基础上，越来越希望借助于外部力量来推进本地企业改制。比如，1996 年夏，沈阳市政府领导带队将当地近百家国有企业摆到了招商台上。为促进国有企业的展销拍卖，沈阳市政府提出了一系列优惠政策，吸引深圳的一些优势企业并购沈阳市的一批国有企业，通过此次产权交易活动，深圳企业收购了沈阳的十几家国有企业，其中包括沈阳高低压阀门厂、沈阳玻璃制品企业、沈阳农药厂等有一定规模和影响的企业。从另一个方面看，南方已改制的企业在新机制作用下，迅速成长起来，并以企业行为为特征积极向外扩张。比如，1997 年 11 月，深圳市政府以“政府搭台，企业唱戏”的方式，组织一批深圳的优势企业如三九集团、长城地产、沙河实业、物业集团、金田公司等赴重庆市，以收购、合资控股方式使重庆市约 20 亿元的国有企业资产产权转让给深圳企业。[①]深圳康佳集团从 1993 年开始，以注资控股方式，连续组建了牡康公司、陕西康佳、安徽康佳和重庆康佳。通过资产重组，搞活了当地原已濒临倒

---

① 裴中阳：《集团公司运作机制》，中国经济出版社 1998 年版，第 9 页。

闭的国有企业。[①] 深圳万科公司于 1994 年注资 5000 万元收购锦州港 31.11% 的股权，成为锦州港的第一大股东，盘活了拥有 5 亿元固定资产但长期经营亏损、负债沉重的锦州港。[②] 又如，1993 年全面展开公有企业产权改革的顺德市，随着改制的完成，大量具有体制和实力优势的企业纷纷向内地扩张。科龙集团于 1996 年注资 9000 万元，并控股 45%，将成都双燕冰箱厂改为成都科龙有限公司；同年，又通过注资 8400 万元，控股 42%，将营口冷藏柜总厂生产的“辽河”品牌的电冰箱改名为“科龙”品牌。美的电器集团公司以品牌投入占 1/3，实物与现金投入占 2/3，控股 60%，总投资 3450 万元，与安徽芜湖光华集团丽光空调设备厂合资生产空调。万家乐电器集团公司也通过注资控股，将营口市北方友谊家用电器集团公司、四川昆仑仪表厂与万县煤气公司等国有企业分别改造为营口万家乐热水器有限公司和重庆万家乐燃气具有限公司。顺德糖厂也是一家有 60 多年历史的老牌国有企业，改制后这家企业租赁了湖南省华容县黄麻纺织厂和广西灵山县武利糖厂的酒精车间，通过改进管理体制，使产量达到了该厂历史最好水平，在当地产生了良好效果。

综上所述，一些改制能力较弱的地方政府不仅在积极培育本地具有投资能力的不同所有者，而且也大力引入外地的不同所有者资金注入本地国有企业。这个态度的变化会促进越来越多的优势企业进行跨地区、跨所有制的资产重组。这种流动一方面对于优势企业是一个企业规模有效扩展过程，另一方面对于优势企业进入的地区来说是一个强化该地区国有企业改制能力的过程。

参考文献

[1] 贝尔纳·夏旺斯. 东方的经济改革——从 50 年代到 90 年代 [M]. 北京：社会科学文献出版社，1999.

[2] 亚诺什·科尔内. 东欧转轨经济的经验教训 [J]. 开放导报，1999 (7).

---

① 《深圳的康佳集团低成本组建陕西康佳、安徽康佳和重庆康佳》，载于《粤港信息日报》1999 年 5 月 14 日。

② 裴中阳：《集团公司运作机制》，中国经济出版社 1998 年版，第 4～5 页。

[3] 江小娟. 经济转轨时期的产业政策——对中国经验的实证分析与前景展望 [M]. 上海：上海三联出版社，1995.
[4] 吴敬琏. 现代公司与企业改革 [M]. 天津：天津人民出版社，1994.

[原载《中山大学学报》(社会科学版) 2000 年第 2 期]

国有企业股份化改制的新阶段：微观机制与宏观环境的适应性互动

一、问题的提出

我国国有企业改革从党的十一届三中全会到现在已经持续了27个年头，经历了“利改税”、承包制、股份制等改革过程。其中，20世纪80年代初期的“利改税”核心在于税利分开，目的是理顺国家与国有企业之间的利益关系。20世纪80年代中后期，我国对国有企业普遍推行了承包制。这项改革存在内在的一些不可克服的问题，诸如承包指标的确定、经营者短期行为等，到1992年党的十四大和1993年召开的十四届三中全会，这项改革逐步被以建立现代企业制度的改革措施所取代。现代企业制度就是公司组织方式，其核心在于推进国有企业以股份制为取向的改制。这表明，从20世纪90年代初期我国就开始把股份制作为国有企业改制的一项核心内容。党的十六届三中全会通过的《关于完善社会主义市场经济体制若干问题的决定》中进一步明确地强调了“股份制是公有制的主要实现方式”的观点。这意味着经过了10年的股份制改革，我国的国企改革仍然处于推进股份制改制阶段。为什么国企推进股份制改制比较缓慢？笔者认为，股份制改革的关键在于我国国有企业产权制度。而要解决国有企业的产权问题，就涉及国有资产所有者的“实质性到位”、国有资产定价以及与其他方面的改革协调、配套推进问题，如职工安置、社会保障制度安排、产权保护的法律制度建设、资本市场发育等，这已成为我国深层次改革的难点与重点问题。企业股份制改造向前推进的每一步都与外部的环境与制度建设是紧密联系的。这是我国渐进式改革进入新阶段的基本特征。

二、对我国股份制改造中的产权理论解释及局限

经济理论表明，产权制度安排是经济效率与经济增长的基础。波斯纳指出，在市场经济活动中，产权安排应体现在三个方面，即产权的全面性、排他性与可转让性。所谓全面性是指所有有价值的资源都应有明确的所有者，因为无主的资源容易出现无节制的利用与浪费。通过产权界定可以使所有的有用资源都得到有效的利用。排他性是指排除他人对资源的利用和对利用资源所产生的收益的享有。一般来说，财产权越专有，投入资源的激励就越大。因此，排他性的意义在于将成本与收益内部化，并产生对经济活动的激励。可转让性指的是财产在不同所有者之间的转移。由于同一资产对不同的使用主体可能存在不同的使用方式，因而也会产生不同的收益。财产的自由转让有利于财产从低价值用途转向高价值用途。通过财产的自由转让，可以提高整个社会的总产出和资源的使用效率。

股份制就是建立在这种产权安排的完整性基础上的经济活动的一种组织方式。企业作为一个生产经营的组织，它既可以由一个出资人通过雇佣合约整合相关资源进行生产经营与服务，也可以由多个出资人以合约形式把资源整合起来用于生产经营。在保证产权主体明晰及排他性前提下，资产的自由交易对股份制建立具有重要的作用。如果产权不能转让，资产不能很容易地进入或退出某一个产业，或不能便利地进行资产形态方面的相互转化，就没有办法通过自愿交换使资源从生产率较低的使用转到生产率较高的使用上。股份制就是这种资产通过自由流动组合的结果。正是由于资产的自由交换，才使股份制成为市场经济活动中的一种比较普遍的企业组织形式。

对于我国国有企业来说，要推进股份制改造就会遇到两个基本问题。首先需要从行为主体的经济意义上来明确谁是可以处置国有资产的所有者。这里强调行为主体的经济意义是相对于国有资产的主体法律意义而言的，从法律意义上说，国有资产是属于全体人民所有的，但是一旦国有资产纳入法人组织体内，那就是任何一个自由人都不能随意支配的。如果自由人不能随意支配，而市场经济活动又需要相当一部分的国有资产自由交易，这就是说，支配与处置国有资产需要有一个授权的组织。这就像公司股东一样，一旦把自己的一部分资产作为投资放入公司组织后，他是不可

以随意支配自己的资产的，股东群体委托董事会支配和处置公司的资产，董事会最后向股东大会进行汇报。因此，公司董事会就成为经济意义上的资产支配主体。虽然我国国有资产在法律意义上的所有者是明确的，但是，长期以来，我国在经济意义上具体支配国有资产的行为主体是不明确的，这就是学者们经常说的“所有者缺位”问题（何家成，2004）。

其次是国有资产交易中的定价问题。定价本来是一个交易双方利益博弈的市场过程。它可能高于资产净值，问题在于，在国有资产转让与重组过程中，如果交易双方的角色不同，资产定价就变得十分复杂。比如，买方是资产所有者，卖方可能是代理人，如果国有资产以高于净现值定价转让，那么有利于代理人向委托人交代，但是不容易找到买家；如果国有资产定价低于资产净现值，那么代理人就会担心委托人怀疑国有资产通过自己的转让可能造成流失。不可否认，买卖双方串谋把国有资产低价转变为个人资产的情况是存在的，但是没有这种交易双方的串谋行为而低于资产净现值的转让也是存在的。如果没有一个可行的甄别机制，代理人的转让决策行为就会受到限制。其结果是，代理人的转让行为只有两种情况可以选择，要么以高于净资产现值转让，要么不转让。如果以高于净资产现值转让的机会是有限的，那么不转让就是一种代理人的理性选择。然而，不转让并不意味着资产没有流失。相反，这可能是更大的一种流失，因为不能将资产通过转让从低效益部门配置到高效益部门，这本身也是一种资源的浪费与损失。因此，定价也是困扰着国有产权交易实现的一个难题。

三、近年来改革推进的实践与可借鉴的经验

在近年来国有企业股份制改革的实践中，我国着重解决的是“所有者缺位”问题。在委托—代理分析框架中，如果委托人委托的资产是自己的，那么在有限理性与信息不对称假设下，代理人可能出现机会主义行为，因而治理的对象主要是代理人行为。问题在于，国有企业的资产不是委托人自己的，这就对委托人存在着一个监督与激励的问题。近年来国有企业改革推进的重点是在对委托人治理的制度设计上。首先解决委托人多元化问题，即世界银行学者所说的“五龙治水”问题，为了治理这种现象，党的十六大提出了管人、管事与管资产相结合的原则。为贯彻这个原则，从中央到地方纷纷成立了国有资产监督管理委员会（简称为“国资

委”)，这意味我国的国有资产委托管理由多个委托人变为一个委托机构，显然这有利于实施管人、管事与管资产的结合。在此基础上，如何使国资委行使所有者职能，这就涉及十六大提出的“权利、义务、责任三统一”的原则，目的在于使国资委在界定竞争性产业与战略性产业基础上，对不同的产业确定不同的国有资产的使用功能定位。比如，对竞争性产业要实现保值增值目标，对战略性产业要保证国家整体利益、公共产品提供以及在国际竞争中的战略地位等。显然，成立国资委并界定其作为国有资产管理机构功能、定位，以及强化其权利、责任与义务的统一，是实现国有资产市场交易的必要条件。

在市场经济活动中，“所有者缺位”的交易是无法进行的。但是，有了所有者，也不一定能进行有效的产权交易。因为有效的资产交易与流动还需要健全的保护产权的法律制度与运作良好的资本市场。国际经验表明，虽然美国、英国、日本、欧洲大陆国家以及东南亚等市场经济国家的交易主体都是以私有产权为基础的，但是法律制度的完善与资本市场发育程度之间的差异决定了它们具有不同的资产交易模式。美国与英国被认为是法律制度比较完善、资本市场也比较发达的市场经济国家。在这些国家中，大量分散的由家庭和中小企业构成的小股东比其他国家更加普遍。这主要是由对大投资商的法律限制和充分流动的资本市场造成的。一方面，美国和英国的法律制度严格对银行、共同基金、保险公司和其他机构拥有控制权与实施控制权进行了限制，使大投资商不多见。另一方面，充分流动的资本市场使中小股东进入与退出某一个产业的成本很低。在德国、日本等国家，虽然法律保护产权的制度是比较完善的，但是缺少对大投资商的限制，因而依赖外部大投资商与银行的控制权要比美国强。由于大量持股的大投资商居多，因而资本市场交易不活跃。没有活跃的资本市场，中小股东就难以低成本地进入与退出，这又进一步强化了拥有大量控制权的银行等债权人的控制地位。在东南亚等国家和地区，既缺乏完善的法律保护，又没有充分运作的资本市场来保证资金进入与退出，因此内部融资与家族控股的企业是占大量的。1999 年，除了日本公众持股占 79.8%、家族控股占 9.7% 以外，其余的东南亚国家和地区都是家族控股占大量的，比如，印尼、马来西亚、新加坡、菲律宾、韩国、泰国、中国香港和台湾等地企业的家族股份占总资本的份额分别是 71.5%、67.2%、55.4%、44.6%、48.4%、61.6%、66.7% 和 48.2%，在这些份额中，虽然有些是相对控股，但也都大大超过了其他股东持有的比例。1982—1992 年间，美国有 3000 多家家族企业变为上市公司，意大利只有 123 家。印度大企业除了从政府获得资金外，几乎完全靠内部融资。拉丁美洲的企业倾向于内部融资或从政府控制的银行融资（Shleifer & Vishny，2003）。

在 20 世纪 90 年代初期转轨经济国家推进的私有化中，由经理层、员工等内部人购买被认为是一种主要方式。世界银行报告（1996）分析了这种方式的优缺点，除了推进速度快一些和具有一定的可操作性以外，其他无论从政府获得收入、企业获得技术和资金、对公司治理的影响、收入分配均等化等方面都是负面的。但是，这种方式在 20 世纪 90 年代初期的俄罗斯、东欧等转轨国家却大量出现了。比如，在俄罗斯的私有化过程中，55% 的国有资产是通过这种内部人购买方式实现的，波兰以这种方式达到了 14%，爱沙尼亚为 32% 等（世界银行，1996）。既然这并不是一个最好的选择，为什么会大量出现？一个重要的原因是，其他方式都需要完善的法律制度与资本市场。在快速的私有化要求下，企业内部人控制与收购就变成一种重要方式。在缺乏法律有效保护与资本市场运作条件下，这种方式就必然导致资产的大量流失。一些学者（Shleifer & Vishny，1993）曾对俄罗斯转轨时期的石油企业转让价格进行过计算，俄罗斯公司在已经探明的储存里每桶价格在 5 美分以下，而在西方石油公司里每桶价格一般在 4 ~ 5 美元，这意味着俄国的资产以折价 99% 出卖。

各国经验表明，在产权明晰的基础上，产权交易的实现也是有条件的。这个条件就是有效的法律制度与运作有效的资本市场。这些条件的组合构成了产权交易的不同模式。缺乏这些条件，产权的交易就会变得十分有限。相对来说，在我国推进股份制改造的经济转轨过程中，之所以资产定价成为困扰决策的一个问题，关键在于，我国缺乏充分发育的资本市场和完善且可实施的法律制度。在这些条件不完善的情况下，大力推行国有企业的管理层收购就可能会出现类似俄国在 20 世纪 90 年代初期的情况。

四、今后我国推进股份制改造的趋势性特征

2004 年发生在网上的“郎顾之争”引发了我国国有企业产权改革的一次大讨论。随后，财政部叫停了管理层收购（Management Buy-Outs，即 MBO）方式。2005 年 4 月，国资委和财政部又正式公布了《企业国有产

权向管理层转让暂行规定》（简称为“《暂行规定》”）。笔者认为，这项《暂行规定》并不是对MBO方式的一般性否定，因为MBO本身就是市场经济中产权交易的一种方式，而是对现阶段我国国有企业股份化改制进程中因缺乏有效的资本市场与完善的法律制度保护而普遍采用这种方式可能带来的一些问题所做出的规制性限定，这些问题包括自买自卖、暗箱操作；以国有产权或实物资产作为其融资的担保，将收购风险和经营风险全部转嫁给金融机构和被收购机构；损害投资人和企业职工合法权益的“内部人收购”所引发的一些不稳定因素等。因此，这项《暂行规定》可以看成是对MBO方式选择的一个规范性法律文件，即严格限定MBO方式的使用条件。比如，进行股份化改造的国有企业管理层不得参与转让方案的制定以及与此相关的清产核资，转让必须要在公开披露信息、管理层与其他企业平等竞标以及在资产机构严管监管下进行，等等。

从这个《暂行规定》的出台还可以看出国有企业股份化改造在推进方式上的一种趋势性变化，即企业内部化改制与外部制度环境建设之间进入到一个适应性互动的渐进改革阶段。过去，我国的渐进改革的路径方式主要体现在个别地区先进行股份化改造试点，在总结经验和发现问题的基础上，再进行宏观层面的规范和限定，并逐步加以推广。20世纪90年代初期的广东顺德、山东诸城等地在公有权结构方面的试点以及经过上级部门认可后的经验推广过程就是这种路径的典型例子。而目前的情况是，20世纪90年代的股份化试点与推广所反映出来的问题是共同的，即“所有者缺位”与产权交易所需要的法律制度与资本市场机制不完善。前一阶段，我国着重解决的是国有资产“所有者缺位”问题，即通过成立国资委的制度安排，解决“五龙治水”的多头委托问题。在今后的一个时期内，在不断健全国资委管人、管事与管资产相结合的制度基础上，重点转向国有企业股份化改造与制度环境建设之间的互动关系上。因为任何一个企业的股份化改制都需要在一定的制度环境与市场机制作用下进行，缺乏这种法律制度环境与有效的资本市场机制，就容易使国有企业的股份化改制出现偏离。法律制度越规范，资本市场发育越完善，就越能保证股份化改制的有效推进。相反，股份化改造越深化，涉及的法律制度、定价机制的问题越多，就越能推动我国法律制度与资本市场的完善。因此，这已不能用我们过去熟悉的由上而下或由下而上的简单思路加以概括，而是一个上下互动的过程。这也就是本文开头所说的我国经济改革已进入到整体协调推进的新阶段。其中整体协调的一个重要内容就是微观基础再造与宏观制度环境、资本市场机制的适应性互动。国际经验表明，外部资本市场发育到什么程度，企业股份化改制就可能推进到什么程度，而企业股份化改制需求构成了资本市场发育的最重要的一种推动力。

为适应我国股份化改制新阶段的发展特点，纠正一些对国有企业改革的偏见是十分必要的。一种观点是过窄地理解国有企业改革思路，只把企业产权单一化变为多元化看成是改革的主要内容，而没有把股份化的实现机制与宏观制度环境的规范以及资本市场的发育程度结合起来。一谈到企业改制，就是如何将股权结构多元化。只要不搞股权结构多元化，就是偏离了企业改革方向。笔者认为，这是一种过窄地理解改制的观点。事实上，创造有效的资本市场与法律制度环境是股份化改制的必不可少的一项内容，这是解决企业股份化改制在什么条件下推进的核心问题。如果把股份化实现机制看成是股份化改制的一项重要内容，那么，资本市场的发育与法律制度建设就必然纳入企业改革的视野内。只是在不同年份，改革的侧重点有所不同而已。另一种观点是当前的一些企业实施的管理层收购（MBO）导致收入不均、内部人控制、国有资产流失等，因而这种方式不需要也不宜于在国有企业中再使用。这就把当前存在的问题归咎于改革方式的选择上。事实上，管理层收购作为一种改制方式是有条件的，不能因为我国暂不具备这些条件就否定了这种方式本身。随着一些条件的逐步具备，作为市场竞争中的一种普遍方式，还是会被使用的。因此，笔者认为，当前改革的重点是，在对这种方式有所限定条件下，积极创造资本市场与法律制度建设的条件。

不可否认，健全有利于产权流动的法律制度与有效的资本市场是一个长期的过程，同时并不是任何一个市场经济国家和地区都会自然地完善这些条件的，这就决定了我国一些竞争性行业的国有资产股份化改制的长期性与艰巨性。

参考文献

[1] 何家成. 公司治理：结构、机制与效率——治理案例的国际比较［M］. 北京：经济科学出版社，2004.
[2] 世界银行. 世界发展报告：从计划到市场［M］. 北京：中国财政经

济出版社，1996.
[3] Andrei S，Vishny R. Corruption [J]. Quartely Journal of Economics，1993，108：599 -618.
[4] Andrei S，Vishny R. 公司治理综述 [M] //李维安，张俊喜. 公司治理前沿：经典篇. 北京：中国财政经济出版社，2003.

（原载《广东社会科学》2005 年第 6 期）

有限外部化：技术进步对企业边界的影响

一、问题的提出

技术进步对企业边界会产生什么样的影响？这是企业理论在迅速变化的技术条件下需要讨论的一个新课题。企业边界的变动，既取决于特定的制度结构，也受到技术变动的影响。在假定技术不变的条件下，制度结构就成为解释企业边界变动的决定性变量。交易费用理论就是沿着这个理论思路讨论基于机会主义行为假设对市场交易活动的影响，并得出了垂直整合的大型企业组织经济活动比市场组织交易活动更有优势的看法（Williamson，1985；Klein et al.，1978；Grossman & Hart，1986）。即使引入了技术变革因素，如果它变动缓慢，企业也仍然呈现内部化扩张的趋势。钱德勒（Chandler，1977）通过对19世纪中期以来美国铁路、机动船、电报和电缆通信、煤炭提供的蒸汽动力等几项主要技术在生产活动中的普遍应用与企业组织演变过程的具体考察，得出了“当行政协调比市场机制的协调产生更高的生产力时，现代多产业工商企业取代了小规模的传统企业”的结论。这个结论印证了19世纪技术进步与企业组织扩张之间存在内在联系的看法，这也使得企业边界的扩展作为一种范式而被普遍接受。

然而，20世纪90年代以来，创新速度加快，产品的生命周期缩短，大规模的信息交换日益便捷。这种技术进步的加速促使越来越多的企业选择外包、战略联盟等中间组织形态，这对纵向一体化的理论范式提出了挑战。而威廉姆森（Williamson，1985）也承认：“在迅速创新的情况下，对经济组织的研究比这里提到的要困难得多……需要更多地研究组织与创新的关系。”而早在20多年前，一些学者已经提出在组织和市场之间存在中间组织形态（Richardson，1972）。但是，他们只把它看成是未来组织发展的方向，需要给予更多的关注，而并没有从理论上加以阐释。之所以如此，这可能既与作为中间组织形态的企业组织发展程度相关，也与交易费用理论的静态分析框架有关。从后一个方面来看，一旦动态地观察交易费用对企业边界的影响，这就与技术进步联系起来了。多西（Dosi，1988）也指出，公司边界不仅应从交易费用角度去理解，也应从学习、路径依赖、技术机会、选择和互补资产的角度来看。而现有的交易费用理论所使用的静态框架无法容纳对技术变革的研究（Hodgson，1999），因而难以对中间组织形态做出具有说服力的理论解释，这也反映了现有交易费用理论静态分析框架的局限。

基于这种认识，我们需要从长期被忽视了的技术变革角度来讨论企业组织边界的变动。笔者的基本观点是，快速的技术进步既增大了企业内部化的不确定性，也导致了市场交易费用的降低。但是，技术进步并不能完全消除市场交易活动中的不确定性。因此，我们提出了在快速的技术变革条件下，企业边界变动是有限外部化的理论假设。

二、技术进步对企业内部和外部不确定性程度的影响

从技术变革角度讨论企业边界的变动，不确定性因素就具有重要的作用，因为企业对交易费用的测量主要不是对已发生事件的成本计算，而是基于对未来事件不确定性的一种判断。组织边界的变动可以看成是降低不确定性的反应。问题在于，企业面临两种类型的不确定性，即技术创新不确定性与市场交易活动中的不确定性。所谓技术创新不确定性指的是企业无法预测什么时间、投入多少费用、开发出什么样的新产品以及这种新产品被市场接受的程度（Grubler，1998）。由于未来知识的属性是未知的，研究与开发的结果也是不确定的，所以不可能形成一个对已经存在的创新和知识的期货市场。这种不确定性是伴随企业的研发活动而产生的，因此属于企业组织内部的一种风险。市场交易活动中的不确定性来自企业与外部的联系。威廉姆森（Williamson，1985）的治理模型仅仅分析了市场交易活动中的不确定性对组织边界的影响。他认为，治理外部不确定性的一种有效方式是组织内部化。事实上，企业边界的变动是受到两种不确定性影响的。而这两种不确定性对企业边界的影响方向是相反的。因此，企业边界的变动取决于这两种不确定性中哪一种对其未来发展的影响更大。这不是某一个时点上交易费用的简单比较，而是两种不确定性变动趋向的一种权衡。这就需要考察两种不确定性变动对企业组织的影响程度。

1. 快速的技术进步会增大企业内部化的不确定性

大量的文献证明了企业技术创新投入与利润增长的相关性（Baumol, 2002）。在技术快速变革的情况下，这会促使现代企业把技术创新由一种偶然使用的非常规手段转变为常规化行为（Schmookler, 1966），这表现为三个方面：一是企业把越来越多的资金投入到研究与开发上；二是使用越来越多的高素质人员来替代原有的熟练工人；三是加速新技术向规模化商业生产的转化。然而，这三个方面都会增大企业组织内部化的不确定性程度。

（1）随着研发投入在企业销售额中的比重不断提高，研发活动本身所带来的不确定性也就相应地增大。格罗斯曼和赫尔普曼（Grossman & Helpman, 1991）考察了8个OECD国家产业的研发在产业附加值中所占比重的发展趋势以及企业在研发方面的投资与对厂房和设备投资之间的比较，发现在20世纪70年代中期至80年代后期，在所有这些国家的产业与企业中，研发投入所占的比重几乎无一例外地上升了。鲍莫尔（Baumol, 2002）认为，企业的研发投入是一种为获得高盈利而具有高风险的“赌注行为”，而且研发投入具有军备竞赛式的“棘轮效应”。当越来越多的研发投入所导致的技术创新不确定性增大到单一企业无法承受时，合作研究、共同分担风险等中间组织形态就成为一种降低企业内部技术创新不确定性的有效治理方式。

（2）使用更多的高素质人力资本来替代简单的熟练工人在促使企业价值增值的同时，也带来了治理风险与费用的上升。为适应技术的快速变革，企业不得不使用越来越多的高素质人力资本。而高素质人力资本需要企业提供更加有效的激励机制、更适于参与的权力分配以及更加宽松的制度环境。显然，企业对治理高素质人力资本的制度安排要比治理简单的熟练工人的制度安排复杂得多（Klein, et al., 1978）。格罗斯曼和哈特（Grossman & Hart, 1986）从实物资产专用性与人力资本专用性对纵向一体化水平有不同意义的分析入手，提出“主要在以使用人力资本专用性的企业中，非一体化经常是一种比较理想的选择”的看法。拉詹和津加莱斯（Rajan & Zingales, 2003）进一步指出，在以使用高素质人力资本的新型企业中，设计一套有效激励的机制会引起企业内部的权力分配与治理结构的变化，从而导致治理费用的上升。为了降低这种治理费用，“当人力资本取代实物资产成为价值源泉的同时，垂直整合企业也会让位于竞争更激烈的中间产品市场”。

(3) 技术的快速变动可能会增大企业内部规模化生产投资的风险。威廉姆森(Williamson, 1991)认为，如果单个企业通过应用新技术带来了生产成本的大幅度下降，而交换过程并没有相应地降低交易费用，例如，受到要挟问题的威胁而造成关系专用性投资的减少与生产成本的增加等，那么企业会通过内部规模化方式得到补偿。可以看出，企业的规模化收益取决于其与社会平均水平之间的技术差距。如果这种技术差距越大，单个企业获得规模递增优势就越明显。然而，随着技术变革与传播速度的加快，留给先行者通过扩大规模得到创新补偿的机会大大减少了。当先行者将新技术用于生产，并取得规模化收益之前，其他企业的新技术创新又出现了。在这种条件下，扩大内部化的规模投资就可能因为不能适应技术的快速变革而造成巨大失误。因此，基于应用新技术的规模化生产已经由过去的一种优势变成了一种风险。

2. 技术进步降低了外部市场交易的不确定性

为了说明技术进步对市场交易费用不确定性的影响，我们先把科斯(Coase, 1937)以“搜寻与发现相对价格的成本”定义的交易费用分为两个方面：一是基于技术因素而导致的交易费用变动，这是由参加交易的商品或服务的特点以及进行交易的场所等客观特征决定的；二是基于“有限理性”和机会主义行为假设而导致的交易费用变动，这是由参加交易的主体以及决策者行为特征决定的。经济学家们关注到前一方面的变化(North & Thowmas, 1973)，钱德勒(Chandler, 1977)认为，由新技术应用所带来的交易场所、交易范围、交易手段、获取交易所需要的信息等交易物质条件的改善导致了交易费用的降低，这使规模化生产与分销成为可能。与此同时，他们也考察和测量了后一个方面的变动特点(Williamson, 1985)。但是，他们把这两方面看成是独立作用的过程，而忽视了前一个方面的变化对后一个方面的影响。如果考察前者的变化对后者的影响，我们就会发现，市场交易活动中的不确定性也是一个降低的过程。

前者对后者的影响主要表现在以下两个方面。一方面，基于技术进步引致的运输成本和信息搜寻费用的降低，提高了企业之间的交易频率，创造了更多的重复博弈机会，从而对治理基于信息不对称的机会主义行为产生积极作用。如果交易次数增多，那么企业之间维持稳定的交易关系就是一种有效的治理结构安排，因为这种交易费用可以分摊到多次交易过程而降低每次的交易费用。随着交易规模的扩大与交易次数的增多，长期合约出现的概率可能会大量增加（Groenewegen，1999），这对治理交易活动中的机会主义行为具有重要作用。张维迎和柯荣住（2002）通过对中国跨省的信任来源调查所得出的信任程度与交易频率之间正相关关系的结论支持了这种看法。另一方面，快速的技术进步加速了技术与产品质量的标准化进程，提高了交易方对产品和服务的质量评估与监督水平，从而导致更大程度上的专业化。威廉姆森（Williamson，1985）认为，交易频率与资产专用性是决定治理结构选择的重要因素。如果双方的交易在资产专用性程度较低的产品上经常发生，那么就不需要通过纵向一体化进行治理。按照这种观点，基于信息通信技术的快速变动不仅导致交易场所、范围与手段、获取交易所需要的信息等交易条件的根本改善，也引起了相当一部分技术产品由专用性向标准化的转化以及交易次数的大幅度增长。克鲁伯勒（Grubler，1998）从 18 世纪以来技术标准化经历的四次浪潮专门论述了技术产品质量标准化作为一套可操作的规范对加快信息传播、扩大交易等方面的重要性，并把降低交易费用看成是这种标准化的主要经济功能。尤素福和伊夫耐特（Yusuf & Evenett，2002）认为，信息通信技术的使用更有力地推动了产品技术标准化，从而降低了资产转移过程中的评估费用。这有助于现代生产体系的细分，从而使外包和分散化生产成为可能。爱立信（Ericsson）、思科（Cisco）、IBM 等大型跨国公司将其硬件产品中的很大一部分转包给特定的供应商，而他们自身更加关注上游制造业和客户服务。这些制造商又在东亚地区购进大量产品，并在这个地区组织供货网络，以此来促进供应商之间的竞争。奥伯特等人（Aubert，et al.，1996）的研究也证明了在技术进步情况下，容易标准化的硬件外包在时间上要早于软件外包，在数量上也大于软件的外包；但随着软件产品的复杂性程度降低，其外包数量也在不断增加。因此，看不到技术进步对交易产品标准化进程以及交易频率所引起的深刻变化，就无法解释现代经济活动中为什么越来越多的企业从偏重于实现一体化组织中的内部规模经济和范围经济，转移到实现组织间的外部规模经济性与范围经济性。

当然，技术进步作为一种改善交易条件的基本手段，它有利于降低市场交易活动中的不确定性。例如，交易频率的增加与交易产品专用性程度的降低，以及基于交易频率增加促进的重复博弈行为的大量发生，在一定程度上会抑制市场交易活动中出现的机会主义行为。但是，技术进步并不能完全消除行为主体在市场交易活动中出现机会主义行为的空间，因为技术进步主要体现在交易主体搜寻、甄别信息以及监督手段的扩展上，行为主体为了获得效用的最大化还会以更多的方式来隐蔽和披露信息。因此，技术进步缩小了市场交易活动中的机会主义行为空间，但是不能使这部分交易费用降为零。这使企业不可能由内部化转向完全的外部化，而是更多地偏向于混合的中间组织状态。

3. 两种不确定性变动趋势的分析

把两个方面综合起来，我们可以看出，随着技术进步的加速，企业内部进行技术创新的不确定性是不断增大的，而外部市场交易的不确定性则是有所下降的。这两种不确定性的相向变动导致企业边界收敛性调整（见图 1）。图 1 给出了两种不确定性的相向变动趋势使企业边界调整的解释模型。*X* 轴代表技术水平变动。*Y* 轴表示不确定性的变动。*T* 表示以研发为主的创新企业进行研究与开发的不确定性，这类创新企业可以限定为其研发投入占销售额的比重不仅明显地高于社会平均水平，而且随着技术进步的加速，这种比重还会不断上升。本文将这类企业称为 *T* 型企业。*N* 代表一般生产性企业的不确定性变动，这里所说的一般生产性企业指的是企业内部的研发投入占销售额的比重基本上是稳定的，且处于社会平均水平，本文将其称为 *N* 型企业。*N* 型企业的研发投入占销售额的比重可以假设为一条水平线。*M* 表示由市场交易引起的不确定性变动。*T* 型企业的不确定性变动、*N* 型企业的不确定性与 *M* 曲线交汇于 *E* 点，这样 *ED* 线构成了技术变动对组织边界影响的分界线。

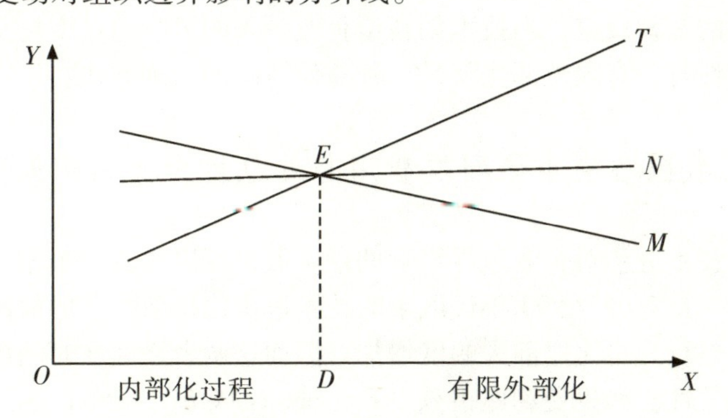

图 1　两种不确定性对企业边界调整的影响

资料来源：作者整理。

在 *ED* 线左边，*T* 型企业内部的技术创新不确定性是上升的，但是没有超过市场交易带来的不确定性。在这种条件下，企业能够承担全部研发投入的费用与风险，因此，技术创新是一个内部化过程。这就是施穆克勒（Schmookler，1966）所说的技术变革作为推动增长的一个非常规行为的环境。在这个环境内，我们也可以理解钱德勒（Chandler，1977）论述的19 世纪以来美国造船、钢铁等主要产业的技术进步与企业组织规模扩展之间的内在联系。一方面，基于一些主要产业的技术进步在生产活动中的普遍应用降低了市场交易费用，使规模化扩张成为可能；另一方面，率先创新的企业与其他企业存在着技术差异，这个技术差异给先行创新的企业带来了收益递增的机会与空间，因而先行者具有很强的动机通过规模化扩张实现边际收益递增。

ED 线右边意味着基于技术进步引起的市场交易条件的改善，使市场交易不确定性的下降幅度不仅低于 *T* 型企业内部的技术变革不确定性，也低于 *N* 型企业规模扩张所带来的协调费用。在这种条件下，无论是 *T* 型企业或是 *N* 型企业都可能发生更多的外包行为。只是 *T* 型企业在更大程度上依赖技术创新，这种因技术创新引致的不确定性增长会使 *T* 型企业比 *N* 型企业更大，因而 *T* 型企业寻求外部合作伙伴的动机要比 *N* 型企业更强。这就是为什么技术创新型企业要比一般生产性企业在研发方面的合作行为多（Baumol，2002）；为什么以技术创新为主的高技术企业规模一般都不会很大；也是为什么整个社会的技术进步速度越快，企业之间发生外包与战略联盟等合作行为越多的原因所在。因此，组织边界作为降低不确定性的一种反应，当技术创新给企业带来的风险超过市场交易活动中的不确定性时，有限外部化就是一种降低风险的治理方式。

三、我国各省市区研发费用与外包行为之间相关性的验证

关于技术进步对企业边界影响的理论假设可以通过三个相关的命题加以验证。一是 20 世纪 90 年代以来的技术进步比以前明显地加快，而现代企业的外包行为也比以前大幅度增加，因而这两者之间在时间序列上存在明显的相关性。弗里曼和佩雷兹（Freeman & Perez，1988）运用康特拉替夫长波与熊彼特商业周期理论，在考察工业市场经济国家 100 多年来的企业创新活动与组织变革联系基础上，提出了由“福特主义”的技术经济

范式向“后福特主义”转变的观点。二是在所有的产业中，技术变动越快的行业，其企业外包行为也是越多的。例如，IT 业被认为是近 10 年来工业发达国家技术进步最快、研发投入最多并对经济增长贡献最大的行业，而这个行业内的企业外包行为也被看成是发展最快、数量最大的（Brynjolfsson & Hitt，2000）。阿西莫格鲁等人（Acemoglu，et al.，2002）通过建立的数学模型证明了这个行业的技术进步和纵向一体化之间呈负相关，与外包呈正相关。三是一个地区用于研发投入占 GDP 的份额越大，该地区高新技术企业的外包数量也会越多。到目前为止，上述命题还没有得到验证。本文使用我国各省市区在 1998—2002 年的数据着重对这个命题加以验证。

本文选取了除了西藏（由于 1998 年数据的缺失）和台湾之外的我国 30 个省市区在 1998—2002 年期间的高技术企业作为实证分析对象。由于无法直接得到我国各省市区技术进步水平与外包业务量的数据，本文采用替代指标来表示，即用一个省市区的研发投入占 GDP 比重表示一个地区的技术进步水平，这是基于许多学者（Grossman & Helpman，1991）实证性地验证了一个国家或地区的研发投入与 GDP 比重与技术进步水平呈正相关的结论而采取的措施。同时，用各省市区高新技术产业的中间投入作为反映外包业务的替代指标，这种选择借鉴了由阿德尔曼（Adelman，1955）使用的价值增值法作为衡量纵向一体化程度的方法，外包作为非纵向一体化的特征可以用总产值减去增加值等于中间投入的指标来衡量。

我们设定的回归方程为：

$$WB = C(\cdot) + C(1) \times RD \tag{1}$$

以及弹性分析的回归方程为：

$$\log WB = C(\cdot) + C(1) \times \log RD \tag{2}$$

其中，RD 表示研发投入占 GDP 比重；WB 表示外包数量；C（·）表示固定效应；C（1）是回归方程的系数，表示自变量对因变量的影响程度。弹性分析表示自变量的变化对因变量变化的影响程度。

为了便于分析，首先把 30 个省市区分为东部、中部与西部三个部分；然后使用 EVIEWS 软件进行回归分析，先计算出东部、中部以及西部地区各省市区在 1998—2002 年期间的面板（Panel）数据的分析结果；再分别计算出各省市区的弹性分析结果。表 1 列出了这三个地区统计分析结果中的系数和主要的统计检验指标。

表1　东部、中部和西部面板数据分析以及弹性分析结果的比较

		Coefficient	R - squared	Std. Error	t - Statistic	Prob.
面板分析结果	东部	62163.10	0.906827	10597.78	5.865671	0.0000
	中部	7980.627	0.912118	1608.842	4.960479	0.0000
	西部	3745.338	0.983246	1120.876	3.341438	0.0020
弹性分析结果	东部	0.522395	0.982342	0.071211	7.335847	0.0000
	中部	0.686889	0.956161	0.095683	7.178803	0.0000
	西部	0.837483	0.980418	0.219596	3.813744	0.0005

资料来源：作者根据《中国统计年鉴》（1993—2003）、《中国高技术产业统计年鉴》（1999—2003）相关数据分析整理。

从表1可以看出，技术进步与高新技术产业外包数量之间的拟合程度是较好的（$R^2 > 0.9$），而T检验也证明了这种拟合程度的可信度。这说明一个地区的技术进步与外包数量之间存在正相关关系。从弹性分析来看，拟合程度以及统计检验也验证了技术进步程度的变化和外包数量程度的变化之间的正相关关系。然而，从弹性变化程度看，西部大于中部，中部大于东部。笔者认为，这可能是因为东部地区的技术水平在经历了一个较快的发展过程之后，其基数是远远高于中部和西部地区的。随着技术进步的加快，要使外包数量变化达到同样的程度，需要的技术进步程度就更大。

四、结论

综合上述分析，我们得出以下几点看法：①在讨论是什么导致企业边界的收缩与扩张的理论问题上，笔者试图强调技术因素对现代企业边界变动的重要作用。因为技术创新是企业为追求高收益而承担高风险的经济行为，当这种行为由偶然变为常规化时，技术因素对企业边界调整的影响就逐步增大了。钱德勒提出的美国19世纪中期以来技术进步导致企业规模扩展的看法是基于技术创新作为一种偶然行为的背景下做出的，这种看法不能用于创新作为一种常规化行为条件下的企业边界分析。②基于科斯、威廉姆森等人发展起来的企业边界理论之所以不能解释现代企业大量发生

的外包行为，是因为他们的分析作为一种静态框架无法容纳技术进步影响组织变动的动态过程，这种分析仅仅适合于在技术进步作为偶然因素条件下对企业边界的界定，而无法对现代技术进步快速变革条件下的企业边界调整做出具有说服力的解释。而一旦技术进步的因素被引入企业与市场之间的边界分析，不确定性就成为认识两者之间动态变动的基本工具。这是交易费用理论较薄弱的部分，也是值得深入研究的理论问题。本文在这个方面仅仅是做了一些有益的探索。③受到技术变化的动态影响，外部市场交易不确定性是一个有所下降的过程，而企业内部创新与治理的不确定性则是一个增大的过程。这两种不确定性的相向变动导致企业边界的有限外部化。这就是为什么在现代技术快速进步条件下，无论是高新技术企业或生产传统产品的企业都越来越多地选择外包行为的原因所在。本文通过对我国30个省市区高技术产业1998—2002年的面板数据分析，证明了技术进步和外包数量之间的正相关关系，也丰富了在技术进步与外包行为之间的经验验证中缺少地区间比较的缺陷。

参考文献

[1] 豪森. 企业文化与厂商的性质 [M] //克劳奈维根. 交易费用经济学及其超越. 上海：上海财经大学出版社，2002.

[2] 道格拉斯·诺思，罗伯斯·托马斯. 西方世界的兴起 [M]. 北京：华夏出版社，1999.

[3] 小艾尔弗雷德·D. 钱德勒. 看得见的手——美国企业的管理革命 [M]. 北京：商务印书馆，1987.

[4] 张维迎，柯荣住. 信任及其解释：来自中国的跨省调查分析 [J]. 经济研究，2002 (10)：59-70.

[5] Adelman M A. The Concept and Statistical Measurement of Vertical Integration [M] // Stigler G J. Business Concentration and Price Policy. N. J.：Princeton University Press，1955.

[6] Aubert B A，Rivard S，Patry M. A Transaction Cost Approach to Outsourcing Behavior：Some Empirical Evidence [J]. Information & Management，1996，30 (2)：51-64.

[7] Baumol W J. Free Market Innovation Machine：Analyzing the Growth

Miracle of Capitalism [M]. N. J.: Princeton University Press, 2002.

[8] Coase R H. The Nature of the Firm [J]. Economica, 1937, 4 (16): 386 – 405.

[9] Freeman C, Perez C. Structural Crises of Adjustment: Business Cycles and Investment Behaviour [M] //Dosi G, et al. Technical Change and Economic Theory. London: Pinter Publishers, 1988.

[10] Grossman G M, Helpman E. Innovation and Growth in The Global Economy [M]. M. A.: MIT Press, 1991.

[11] Grossman S, Hart O. The Cost and Benefits of Ownership: A Theory of Vertical and Lateral Integration [J]. Journal of Political Economy, 1986, 94 (4): 691 – 719.

[12] Klein B, Crawford R, Alchian A. Vertical Integration, Appropriable Rents and the Competitive Contracting Process [M]. Journal of Law and Economics, 2000, 21 (2): 297 – 326.

[13] Richardson G B. The Organization of Industry [M]. Economic Journal, 1972, 82: 883 – 896.

[14] Schmookler J. Invention and Economic Growth [M]. Cambridge, Mass: Harvard University Press, 1966.

[15] Williamson O. The Economic Institution of Capitalism [M]. New York: The Free Press, 1985.

（原载《中国工业经济》2005 年第 10 期，与侯广辉合著）

社会资本结构与民营企业成长

一、引言

对于我国民营企业生命周期普遍较短的现象，目前存在三种解释。

一种观点是用钱德勒给定的企业家式企业向公司制企业转变的制度范式来解释一部分民营企业走向成功的原因，这可以称为企业制度理论的解释。但是，在家族企业向公司制企业转轨的制度逐步完善的过程中，有的成功，有的不成功，珠江三角洲地区一部分家族企业雇用外来人作为经理，因受骗而蒙受损失的例子比比皆是。反过来，在仍然沿用家族方式进行管理的企业中，成功与不成功的实例也都存在。即使在美国这样市场经济比较发达的国家里，家族企业也占企业数量的95%以上。因此，用一个趋势性因素来区别某一个时段内的企业绩效差别是缺乏解释力的。

另一种观点是政策性解释，即用政策因素来解释民营企业的绩效差异，甚至一些学者把民营企业看成是“政策性经济”。虽然从限制、允许到现阶段扶持的全国政策与民营经济成长数量与规模是相关的，但是在某一个时期内，在同样一种政策下，不同的企业却有着不同的绩效。此外，在过去一段时间内，尽管不同地区制定的政策差别也对民营企业发展产生了不同影响，但是各地区之间的不同政策是最容易通过模仿走向趋同的，在各地“争着做出让步”以至于形成政策趋同的环境下，民营企业经营与发展状况也仍然存在较大的差别。因此，政策因素也不是关键。

还有一种看法是社会资本理论的解释，即从社会资本角度来探究民营企业的发展期限与盈利差异（李路路，1998）。也就是说，民营企业主在“下海”前的职业背景、亲戚朋友的关系网络等因素对其获取机会与资源都产生着重要的影响，进而导致企业之间的绩效差异。显然，在区分“成功与不成功”的民营企业中，社会资本理论作为个性化分析比制度、政策等共性解释具有较强的解释力。但是，这仅限于从社会资本的民营企业主个人关系的狭义视角来研究其对经营绩效的影响程度，这种视角难以阐释我国民营企业的成功数量不断增加。因为虽然每个人都有自己的社会关系网络，但并不是每个人的关系网络都具备获取机会与资源的能力。既然社会资本是民营企业走向成功的一个重要因素，那么缺少这种社会资本的创业者在创业和经营过程中就会通过投资来编织这种能够带来机会与提高资源动员能力的关系网络。如果编织这个关系网络所支付的交易成本过高，那么缺少这种社会资本的企业主会降低对此投资的热情，进而影响民营企业走向成功。从宏观角度看，如果缺乏这种社会资本的企业难以走向成功，社会中具有创业能力的人就不愿意进入民营企业行列，其结果是民营企业发展数量就变得十分有限。显然，这种逻辑推理与我国民营企业的发展现实是不一致的。

二、社会资本及其分类

社会资本是20世纪80年代以来在西方社会学、经济学和社区发展领域被广泛使用的一个概念，它用来解释“处于网络或更广泛的社会结构中的个人动员稀有资源的能力”。根据这个定义，林南（2002）把它概括为三种成分：镶嵌于一种社会结构中的资源；个人摄取这些社会资源的能力；通过有目的地运用和动员这些社会资源以获得更大的回报（这种回报包括直接获得收益的经济回报、改善政治经济地位的政治回报以及增强社会影响力的社会回报等。鉴于本文的研究范围，笔者对社会资本回报的考察集中在经济回报上）。按照林南的说法，社会结构中的资源数量与特性决定着个人动员社会资源的数量与特性，而回报程度则直接是行动者动员社会资源的结果。因此，研究社会资本的关键在于解释社会结构中的资源是一种什么样的资源，这种资源是由什么样的社会结构产生出来的，这是确定个人动员社会资源的前提。

社会结构中的资源指的是蕴含在人际关系网络中的资源，如信任、规范、网络等，它能够通过推动协调的行动来提高社会的效率（Putnam，1993）。信任关系决定着整个社会结构中的每个行为者从事经营活动的环境与风险水平。规范则是为一般社会群体成员所接受了的行为习惯与规则。网络是行为者在参与互动中使资源得到聚集、维持和强化的一种有效途径。无论什么样的社会结构都存在这些诸如信任、规范与网络聚集的社会资源，这种资源对提高行动结果的价值产生着重要的影响。许多学者论述了这方面的作用，如促进信息交流、强化共识行动、降低交易费用、协调利益关系等以提高回报率（布尔迪厄，1992；科尔曼，1990；彼得·埃文斯，1999；简·弗泰恩和罗伯特·阿特金森，1999；福山，1998）。一些学者还把它直接看成是全要素生产率的一个要素（金立群，2002）。

蕴含着社会资源的社会结构可以从狭义与广义的两个视角加以考察。狭义的社会结构指的是作为个人的联系。伯特（Bonald Burts）指出，社会资本就是一个人与朋友、同事的关系或者更一般的联系，通过这些关系，人们可以使已经获得的金融资本和人力资本的效用最大化。奥斯特洛姆（Elinor Ostrom）把这个狭义的社会资本看成是微观层次。广义的社会结构是指建立在这种个人联系网络基础上的一种组织特征。普特南（1993）对意大利南方与北方长达 20 年的实证研究发现，意大利北方在经济与地方政府绩效水平总体上大大高于南方，其根本原因在于两个地区之间的公民参与以及人们之间相互信任水平的差异。这项研究被看成是对社会资本进行宏观分析的一个经典案例。总之，狭义与广义的社会资本指的就是个人关系与集体组织中所蕴含的资源。

笔者认为，社会资本对我国民营企业发展差异的影响也需要从狭义与广义两个层面加以考察，任何单一层次的分析都是不完整的。为此，根据民营企业发展对社会资本的需求，本文将社会资本分为个人关系资本与集群网络资本。个人关系资本指的是民营企业主从其亲戚、朋友关系中获得机会与资源的能力。国内学者关于社会资本与民营企业成长的研究基本上是从这个视角展开的（李路路，1997、1998；张厚义等，1995）。这些研究得出了一个共性的结论，即我国经济转轨时期表现为正式制度规则处于变革过程，非正式的制度规则发挥着更加重要的作用。在这种体制背景下，民营企业主的亲戚、朋友关系的社会地位背景越显赫，动员稀缺资源的能力就越强。但是，这种以个人关系网络为基础的社会资本属于个人，因而具有一定的封闭性和排他性。换句话说，在这个关系网络内的人不会把这种社会资本无偿地提供给网络以外的其他人享用，不具有这种人际关系网络的人要获得这种社会资本，需要投入比在这个关系网络内的成员高得多的交易费用。集群网络资本是建立在企业参与专业化分工网络基础上的相互认同、互惠与信任。早在 19 世纪后期，马歇尔使用的“工业区”概念被看成是这种具有高效率、高灵活性的专业分工与合作的企业集群网络。波特（Porter，1990）认为，在现代经济中，产业集群“作为在某一领域内的相关工业及联合机构中，那些既相互竞争又彼此合作的相互依赖的公司、专业供应商、服务商、生产商等，集中在某一地区的一种工业现象”，在组织经济活动中具有重要的作用。这主要体现在企业之间基于专业化分工联系的稳定性以及由此产生的合作关系，集群内非正式的规则认同以及行会、互助会等组织的协调所产生的创新保护、有效竞争与资源共享等。这些作用构成了企业集群网络资本。

与个人关系资本相比，集群网络资本具有三个特征。一是基于一个地区的地理条件与商业传统而形成以某一产业内的市场分工深化，使产业内零售商、供应商与采购商以及服务机构之间的交易在这个地区内变得更加集中，因而具有地域专业化。二是地区内不断聚集的资源、信息和企业配套能力使得企业相互沟通、要素供给与技术扩散更加方便，由此生成的网络资源具有共享性。三是企业网络通过与外部市场、信息、资源和企业之间的扩大交换而保持着竞争活力，因而具有开放性与群体性。换句话说，凡是希望获取这种集群网络资本的相关企业和配套厂家都可以在此投资设厂。在假设集群内开办新企业的费用与其他地区基本相同条件下，集群内专业化需求信息集中、厂商分工细化、配套服务完整等优势，往往导致流入集群的资源大于流出，从而推动整个集群经济的快速增长。从个人关系资本与集群网络资本构成的社会资本结构角度考察其对我国民营企业成长的影响，有助于我们扩展对我国民营企业成功因素与环境类型的认识。对于民营企业获取资源与机会的能力来说，个人关系资本可分为强供给与弱供给两种。而集群网络资本可以通过民营企业在集群内外显示出来，换句话说，集群内的企业可享有这种公共性质的集群网络资本，而集群外的企业则无法享受。这样，影响民营企业发展的社会资本结构可扩展为四种环境：一是集群外与缺少个人关系资本组合的环境；二是集群外与拥有较强个人关系资本组合的环境；三是集群内与缺少个人关系资本组合的环境；四是集群内与拥有较强个人关系资本组合的环境。在这四种环境中，如果某种环境下的企业更有效率，我们就把它看成是比其他环境提供了更多的生存机会。对于民营企业来说，究竟哪一种环境具有更多的生存机会？

三、两种社会资本组合的实证比较

在上述四种环境中，区分可比较的环境是必需的。这种区分包括两种情况：一是在假设集群网络资本不变的条件下，观察个人关系资本的强弱与企业绩效差异之间的联系，由此区分第一种与第二种环境的影响力；二是在假设个人关系资本不变的条件下，比较集群内外的企业绩效差异，从而判断第二种和第三种环境，即有没有集群网络资本对民营企业影响程度。从前一个区分来看，大量的文献与数据已表明我国转轨时期的个人关系资本强弱与民营企业经营绩效差异之间存在相关联系的看法。如李路路（1997）通过对1995年的第二次全国私营企业问卷调查数据的对数线性回归分析，得出了民营企业主办企业前的家庭背景、个人地位以及政治面貌对企业成功并不具有重要性，而与其来往关系最密切的亲戚、朋友及其配偶的社会地位对企业成功具有明显的重要性。石秀印（1998）也以1995年全国工商联对私营企业家的调查数据为分析依据，通过概率统计，验证了存活时间长且经营成功的私营企业家往往与拥有资源和权力支配者具有更密切关系的看法。边燕杰、丘海雄（2000）通过对广州1998年的188家企业问卷调查数据分析，证明了社会资本对企业经营能力与绩效具有重要作用的理论假设。这些研究对这种相关联系的解释是，在我国经济转轨过程中，由于正式制度规则的变动具有更大的不确定性，因而依赖非正式的社会关系网络便有了更大的作用空间，这种“关系”资源的多少决定着民营企业获取市场机会与资源的能力大小，进而导致企业绩效差别。

后一个区别也为许多学者的实证研究所证明。意大利经济学家S. Fabiani、G. Pellegrini、E. Romagnano、L. F. Signorini等人使用了10939家意大利企业在1995年的财务报表数据，并将企业分为非簇群内企业与簇群内企业两类，通过统计分析发现，对于任何规模和行业而言，簇群内的企业都比非簇群内的企业具有更高的经营能力和更好的经营绩效。比如，在13个行业中，非簇群内的企业平均盈利率为11.55%，而簇群内的企业平均盈利率为13.54%。在企业簇群内，从10～19人、20～99人到100～250人等三类企业规模的平均盈利率都分别比非企业簇群的企业平均盈利率高出2个百分点左右。同时，大部分行业内的簇群内企业比非簇群内企业的融资也更为平衡，簇群内企业的债务成本平均为7.84%，而非簇群内企业为8.03%。簇群内企业的总支付利息/总生产利润的指标为29.52%，非簇群内企业的这个指标为31.78%。这种融资方面的良好表现使其成为簇群内企业获得高利润率的因素之一。意大利经济学家

Michele Bagella、Leonardo Becchetti、Simona Sacchi 等人的研究发现，意大利非簇群内的企业出口比例为 21.08%，而簇群内的企业出口比例为 25.61%。Evert Jan Visser 对秘鲁生产服装的中小企业进行了分类研究，结果显示，簇群内企业的工人每月平均销售额比非簇群内企业的高出 30% 左右，工人工资也高出 30% 以上。国内学者（金祥荣，2002；王珺，2002）对浙江专业产品区及广东专业镇的研究也印证了在缺乏集群网络与具有集群网络的两个时期中民营经济发展的明显差异。由于这些研究揭示了集群网络所具有的信息交流方便、获取专业技术人员更加容易、技术快速传播与扩散、由交易成本降低而增进的合作等网络优势，因而本文将其概括为集群网络资本。

把上述两方面的比较综合起来，可以看出，与缺乏个人关系资本或集群网络资本的民营企业绩效相比，存在较强的个人关系资本或集群网络资本环境下的民营企业都有更好的经营业绩。由此可以得出这样一个结论，在既没有集群网络资本又缺乏较强个人关系资本的第一种环境下的企业绩效一般是最差的。

四、两种社会资本优势叠加的不兼容分析

然而，这是否可以从逻辑上推出另外一个判断，那就是，既有较强的个人关系资本又处于集群网络内的企业绩效是最优的？观察我国民营经济发展的现实，我们难以发现大量的民营企业在走向成功中几乎同时具备这两种社会资本，换句话说，个人关系资本与集群网络资本之间是缺乏“兼容性”的。之所以如此，笔者认为，这与我国经济转轨时期社会资本结构中两种资本的配置取向与资源动员的顺序机制有关。

从配置取向上看，拥有较强个人关系资本的企业往往会利用这种优势进入资金门槛较高、市场准入限制较多而盈利空间也较大的行业。这是因为，一方面，进入的资金门槛较低、限制较少的竞争性行业不需要个人关系资本的大量投入；另一方面，个人关系资本需要通过回报加以维护和增值，如果拥有较强的个人关系资本进入到盈利机会十分有限的竞争性行业，那么使用个人关系资本的主体就无法获得相应的回报，进而使得个人关系资本无法积累与增长。我国经济转轨时期的房地产业就属于这种行业。1993 年我国私营经济研究会对当时私营经济的问卷调查结果表明，

房地产建筑业通过“利用各种手段打通关节”方式来购买原料和进货的比例占其购货总量的 25.7%，这在所有行业中是最高的（私营企业以“利用各种手段打通关节”方式购买原料和进货的比例，在工业部门为 17.3%，交通运输业为 24%，商业为 19.3%，饮食业为 8%，服务业为 18.8%，修理业为 14.6%，科技咨询为 18%，其他为 17.2%）。2002 年，《福布斯》公布了我国民营企业的百富名单。在这“百富”中，有 15 位曾是政府官员，26 位曾是国有企业厂长、经理，12 位曾具有海外经商的家族背景与社会关系。这三部分人就是我们通常所说的在经济转轨时期具有较强个人关系资本的人，这三部分人就占了民营企业主“百富”中的 53%。从他们从事的产业来看，47% 是房地产开发商，其中前 10 位中就有 8 人来自房地产；来自建材的占 6%，基础设施的占 9%，制造业的占 25%，传媒、文教的占 7%，农业及其他的占 6% 等。而《福布斯》公布的全球首富的 476 人中，只有 29 人从事房地产业，占 6.1%。之所以在我国有较强个人关系资本的人多数进入了房地产业，是因为自 20 世纪 80 年代特别是 90 年代以来，土地使用权的供给是由政府以“协议出让”的不完全市场化方式配置的，这种配置大约占了全部经营性土地使用权出让的 95% 以上。在这种体制下，拥有较强的个人关系资本的人以“协议出让”的较低价格获取了土地使用权，并利用一级土地市场与开发后房地产市场之间的差价可以获得巨大收益。可见，没有较强的个人关系资本的中小企业是难以进入的。直到 2002 年 7 月 1 日国家开始实施《招标拍卖挂牌出让国有土地使用权规定》后，市场机制引入了土地一级市场，才停止了这种“协议出让”方式。

不具有较强个人关系资本的民营企业大部分只能进入以日常工业用品和小五金产品为主的竞争性行业。这些行业的资金、技术门槛较低，不存在市场准入的限制，因而也决定了进入这些行业的民营企业规模较小。这些企业不对个人关系资本产生过多依赖，但是集群网络资本的存在却支撑了它们的快速发展。浙江、广东等省中小型民营企业的较快发展提供了这方面的例证。在浙江 66 个县（市、区）中，以中小企业聚集的专业化产业区超过 1 亿元的就有 306 个，平均每个产业区的规模达到 8.7 亿元。在这些专业化产业区中，绝大部分是传统的竞争性行业，如纺织、服装、制鞋、打火机、皮革、眼镜、纽扣拉链、家具、小五金等。这些企业雇佣的人数大多数在 30～50 人左右，这些企业主的 80% 以上来自推销员、中小学教师、工人和手工业者。在温州以低压电器和服装制鞋为主的产业区中，生产规模分别居于前16位和前10位的企业主中，几乎没有一位具有政府部门的干部与国有企业的厂长、经理等背景。1998年，广东省超过10亿元社会总产值的建制镇为274个，占全省1551个建制镇的17.67%。这些总产值在10亿元以上乡镇的一个共同特点是，产值的90%以上是靠民营企业创造的，而民营企业基本上是以专业镇为组织依托的，如中山古镇的灯饰之都、小榄的五金制品之乡、黄圃的腊味城、沙溪的服装基地、澄海市澄城的玩具城、南海西樵的纺织之都、大沥的铝型材制品和摩托车之城、盐步的全国内衣会展中心、平洲和里水的制鞋之都、南庄和佛山石湾的陶瓷之乡、张槎的针织城、顺德伦教的木工机械制造中心、乐从的中国家具城、东莞虎门的服装城、石龙和石碣以及清溪等镇的电子产品、厚街的鞋业、茂名市高州和化州的水果、梅州普宁的凉果等。

从资源动员的顺序机制上看，大、中、小型民营企业发展对市场、银行与政府的需要顺序是不同的。在2000年北京举办的一次民营企业座谈会上，小企业的代表普遍认为，企业经营发展首先要琢磨市场，有一定基础后会找银行，到做大了之后再找政府支持。中型企业的代表的看法是，在做项目或企业进一步发展时，首先会想到找银行，以寻求资金支持，其次才会开拓市场。对于一些大型企业来说，则往往是一立项或项目刚上马，首先会寻求政府的支持，在政府的支持下到银行贷款，最后找市场。这些说法尽管未必完全正确，但却反映了不同规模的企业安排政府支持、银行贷款和市场拓展的差异性。

五、两种社会资本的结构转换

接下来是区分第二种与第三种环境对民营企业发展的影响程度。这两种环境的影响程度随着我国体制转轨的深化而呈现出不同的变化趋势。个人关系资本对民营企业成功的影响程度是一个由强变弱的过程。在任何社会中，个人结成的关系网络都存在，但是这种关系对资源配置的影响程度却取决于一个社会的正式与非正式制度安排的结构。如果一个社会缺乏正式的制度安排来配置资源，那么非正式制度安排就会填补这个空当。在由计划体制向市场体制的转型初期，适合计划体制的正式制度规则已经不适应市场体制的要求，但是适应市场经济的制度规范还没有完全建立起来。

在这个新旧制度规则交替过程中，正式制度规则配置资源的支配、控制和约束的能力与范围会收缩，而以关系网络配置资源的非正式制度规则会相应地扩展。如注册审批、获取市场准入的许可、购买原料、搭建销售渠道甚至缴纳税收多少的谈判等，企业经营活动的几乎每个环节都体现着个人关系资本的作用。在这种条件下，拥有较强个人关系资本的民营企业比缺乏这种资本的人具有更高的成功率。比如，当大多数民营企业不允许进入一些盈利较大的诸如金融、保险、批发、电信等具有一定行政垄断的行业时，少数企业可以凭借个人关系通过各种打“擦边球”方式突破这种体制约束，从而获得先进入的收益。随着经济体制转轨的深化，一方面，与市场经济制度相适应的正式制度规则相继出台与实施，使得依赖个人关系资本获取资源与市场机会的盈利空间会逐步减少，进而利用这种关系资本进行交易的数量与方式也降至最低限度；另一方面，限制民营企业进入的体制性与政策性“篱笆”逐步被取消，使得民营企业与其他所有制类型企业享有的市场准入、融资条件等各种待遇逐步趋同，这样民营企业通过个人关系来解决经济活动中的资源动员、纠纷处理等问题的空间就会逐步减少，而通过公开的制度程序解决这些问题的机会则相应地增加。因为在市场经济制度不断完善的条件下，动用与不动用个人关系资本所获得的回报率大致趋同，因此，与其使用个人关系资本后，需要把获得的一部分收益分配给支付了这种个人关系资本的其他人，不如不使用。其结果是，个人关系资本的作用会相应地减弱。这与一些学者（边燕杰、丘海雄，2000）提出的“企业社会资本的作用会随着市场制度不断完善而相应减弱”的观点是相一致的。只是说，这种不断减弱的社会资本实际上指的就是这种个人关系资本，而不是整个社会资本。

集群网络资本对民营企业发展的影响则随着我国市场经济发展而呈现出一种不断增强的趋势，推动力量主要来自以下几个方面：①各地区积极发展民营经济的动机将会借鉴广东、浙江等省依托专业产品区或专业镇推进民营企业发展的成功经验，这将成为重要的扩展力量。目前，我国大多数省市都把民营企业发展作为新一轮经济的增长点。而大量的中小民营企业的竞争劣势不在于规模，而在于孤单（Schmitz，1997）。以专业产品区、专业镇为主的产业集群网络恰恰是形成民营企业的群体力量，共同抵御市场波动与风险，从而克服这种分散、孤单的有效组织方式。浙江、广东等省份在这方面的成功经验又降低了其他省份进行探索的成本。因此，搭建具有集群网络资本的专业化组织平台，促进民营企业的自发性发展与地方政府有组织的引导相结合，已成为许多省份推进民营企业发展的一项主要措施。②随着市场专业化分工的深化，以企业簇群为组织方式的集群网络资本还会不断升值。经过了十几年的迅速发展，广东省大多数专业产品区、专业镇等产业网络已由过去的集群与外部有市场分工联系而集群内企业之间缺少专业化分工联系的阶段，开始进入集群内企业之间围绕产业链条形成纵向分工联系的阶段，这种集群网络内的市场分工深化不仅吸引外部相关产业及资源流入，也会强化企业对集群网络的依赖性，从而降低企业外迁的可能性。广东南海市西樵镇在纺织行业内的分工演化以及中山市古镇 1500 多家企业围绕灯饰制品进行产品链条上的分工情况提供了这方面的例证。③随着电信、汽车、重型机械装备等行业的行政垄断性门槛大幅度削减，具有一定技术与投资实力的民营企业开始相继进入这些产业领域。由于这类产业大部分是产业链条较长的行业，且存在比较明显的资源聚集性配置特征，因此，专业产品区等组织形式开始由传统的竞争性行业向这些产业链条比较长的机械装备工业扩展，这无疑给公共网络资本“增值”提供了新的市场空间。④在专业产品区中，随着有组织的行会、商会等中介机构的兴起，建立在规范价值基础上的广泛信任网络将会逐步地创造出来，进而提升公共网络资本的价值。社会资本理论认为，在资源缺乏流动的封闭社会中，没有行业协会、商会也容易形成有效规范和可强制推行的信任。在资源流动性增强的开放环境下，行业协会、商会就成为建立有效规范、强制推行各种约束因素从而形成可强行的信任的必要组织形式。在广东省基本成型的 58 个专业镇中，基本上都相继组织了行业协会和商会，这给外部资源的融入提供了信任的制度基础。

参考文献

[1] 边燕杰，丘海雄. 企业的社会资本及其功效 [J]. 中国社会科学，2000 (2).

[2] 胡润. 福布斯 2002 中国百富 [M]. 北京：中国商业出版社，2002.

[3] 金祥荣，朱希伟. 专业化产业区的起源与演化 [J]. 经济研究，2002 (8).

[4] 李惠斌，杨雪冬．社会资本与社会发展［M］．北京：社会科学文献出版社，2000.

[5] 李路路．私营企业主的个人背景与企业“成功”［J］．中国社会科学，1997（2）.

[6] 李路路．向市场过渡中的私营企业［J］．社会学研究，1998（6）.

[7] 林南．建构社会资本的网络理论［J］．国外社会科学，2002（4）.

[8] 迈克尔·E. 波特．簇群与新竞争经济学［J］．新华文摘，2000（7）.

[9] 石秀印．中国企业家成功的社会网络基础［J］．管理世界，1998（6）.

[10] 王珺．企业簇群的创新过程研究［J］．管理世界，2002（10）.

[11] 杨惠姝．民企如何走近政府［N］．北京经济报，2000－12－11.

[12] 张厚义，陈光金．走向成熟的中国民营企业家［M］．北京：经济管理出版社，2002.

[13] Bagella M, Becchetti L, Sacchi S. The Positive Link between Geographical Agglomeration and Export Intensity: The Engine of Italian Endogenous Growth [M] //Bagella M, Becchetti L. The Competitive Advantage of Industrial District. Germany: Physica-Verlag Heidelberg, 2000.

[14] Bagella M, Becchetti L. Geographical Agglomeration in R&D Games [M] //Bagella M, Becchetti L. The Competitive Advantage of Industrial District. Germany: Physica-Verlag Heidelberg, 2000.

[15] Fabiani S, Pellegrini G, Romagnano E. Efficiency and Loc Alisation: the Case of Italian Districts [M] //Bagella M, Becchetti L. The Competitive Advantage of Industrial District. Germany: Physica-Verlag Heidelberg, 2000.

[16] Portes A. The Economic Sociology of Immigration: A Conceptual Overview [M] //Portes. The Economic Sociology for Immigration: Essays on Network, Ethnicity and Entrepreneurship. New York: Rusell Sage Foundation, 1995.

[17] Schmitz H, Nadvi K. Clustering and Industrialization: Introduction

[J]. World Development, 1999, 27 (9): 1503 - 1513.
[18] Visser E J. A Comparison of Clustered and Dispersed Firms in the Small-scale Clothing Industry of Lima [J]. World Development, 1999, 27 (9): 1553 - 1579.

(原载《中国工业经济》2003 年第 9 期，与姚海琳、赵祥合著)

第三部分 经济发展理论研究

论制造业的比较国际竞争力

一国的工业化发展水平，不仅表现在制造业产值在国民生产总值（Gross National Product，GNP）或国内生产总值（GDP）中所占比重和工业制成品出口额在出口总额中所占比重两个指标上，而且也体现在这两个指标之间的内在联系上。笔者把这种联系称为制造业的比较国际竞争力，本文拟就此做些理论探讨。

一、模式与含义

制造业的比较国际竞争力，是指制造业的产值比重与其产品的出口比重之比。用公式表示为 $C=\frac{M}{E}$。其中，C 为制造业的比较国际竞争力，M 为制造业产值比重，E 为制成品出口比重。这个指标可以说明一国产业结构与出口结构的变化与联系。①

制造业的产值比重主要受一国的生产能力、技术水平、产业结构、需求结构等因素的制约，而工业制成品的出口份额变化除了受到上述因素的影响外，还受到一国的比较成本和贸易政策的影响。根据 M 与 E 的各自变动与相互组合，制造业的比较国际竞争力可呈现三种状态。①$M>E$ 或 $C>1$ 的状态。这种情况意味着国内市场的需求较大，与其他国家同类产品的生产过程比较，该国还不具有比较优势，因而外销还不如内销有利。②$M=E$ 或 $C=1$ 的状态。这是一种产值比重与出口比重相对称的状态，它表明制造业生产能力的扩大，其产品的标准化水平和国内市场需求的相

① 要使 M 与 E 的比较具有可比性，首先需要界定统计的范围。因为制造业产值比重是按照 GNP 或 GDP 来计算的，在 GNP 或 GDP 中包括非物质生产部门的产值，而工业制成品出口份额则是根据产品出口总额来统计的，这里不包括非物质生产部门的产值。因此，有必要把制造业的产值比重的计算由 GDP 或 GNP 的范围调整到扣除非物质生产部门的总产值范围。这些范围主要包括工业和农业两大部门。由于这里物质生产部门的总产值是以最终产品计算的，所以它也不同于我们所采用的工农业总产值指标。

对饱和程度与在国际市场的不断增强的比较优势形成均衡。③$M<E$ 或 $C<1$ 的状态。这种类型说明，一方面，随着人均收入水平的提高，国内市场对这种产品的需求趋于饱和，对其他产品和劳务需求则不断扩张，从而导致制造业的产值比重相对下降；另一方面，由于这种生产已进入标准化阶段，质量较高而单价较低，在其他较低收入国家对该产品需求不断增长的条件下，该国的这类产品出口具有明显的优势，因而使其出口比重会大于其产值比重。

以上三种状态的变化特点可以引申出经济发展的两层含义。第一，制造业比较国际竞争力的三种状态可以转化为其发展的三个阶段，这种变化是有序的，即由 $C>1$ 变为 $C=1$，再转向 $C<1$ 的过程。其中，$C=1$ 只是一个相对短暂的过渡阶段。第二，这三种状态可以在不同国家同时并存。工业发达国家的制造业比较国际竞争力属于 $C<1$ 的类型，发展中国家基本上属于 $C>1$ 的类型，一些新兴工业国家（地区）则进入 $C=1$ 的时期。一国制造业比较国际竞争力的类型决定了其在国际经济格局中的地位。

制造业比较国际竞争力的类型变化是一国生产力水平和贸易政策两个因素作用的结果。一般来说，生产力水平是制定一国贸易政策的基础。比如，在 $C>1$ 时，一国经常采用贸易保护政策，从而使国内制造业免遭进口品的竞争。随着制造业生产日益成熟，$C=1$ 的阶段出现了，该国的贸易政策就会发生相应的调整，即降低贸易保护程度，减少对进口的限制，促进制成品参与国际竞争。在一定的生产力水平条件下，不同的贸易政策和体制可以加速或阻碍一国比较国际竞争力由一种类型向另一种类型的转变。如在制造业由新兴阶段转向成熟期，若贸易保护政策没有进行相应的及时调整，那么工业制成品的出口份额就不会迅速扩大，由 $C>1$ 向 $C=1$ 或 $C<1$ 的转变就会受到抑制。其结果，$C>1$ 的时期被延长了。当然，在一国制造业处于发展初期，就全面地消除贸易保护也不利于该产业的顺利成长。问题在于如何把握贸易政策的调整时机。

二、经验与资料证明

根据以上分析，笔者考察了20个国家或地区的统计资料，从中发现，一国（地区）制造业的比较国际竞争力的强弱与其生产力水平大体相一致。如表1所示，1965—1985年期间，市场经济工业国的比较国际竞争力基本上属于 C <1 的类型，一些国家的 M 有所缩小，如英国和美国，但它们的 E 仍在增长，而且 M 与 E 平均都在 60% 以上。在亚洲新兴工业化经济中，韩国、中国香港和台湾 1965 年的制造业比较国际竞争力都小于 1，但除香港的 E 指标外，其余的 E 指标都在 60% 以下。1985 年，这些新兴工业化经济不仅 C <1，且 M 与 E 的比重都接近或与市场经济工业国相同。大多数发展中国家的制造业比较国际竞争力都属于大于 1 的类型。但这些国家有一个明显的特点，即 M 与 E 都有所增长，其中 E 的增长快于 M 的增长，使 C 向等于 1 的阶段逼近，一些国家甚至已经从 C >1 转向 C <1 的阶段，如土耳其、菲律宾、巴基斯坦等国。然而，它们与市场经济工业国的差异表现在它们的 M 与 E 都在 60% 以下。可见，由于生产力水平的差异，发达的工业国与发展中国家的制造业比较国际竞争力是明显不同的。

表 1　20 个国家（地区）制造业比较国际竞争力变化

国家（地区）	1965 年			1985 年		
	M（%）	E（%）	C	M（%）	E（%）	C
美国	70.7	65	>1	60.6	75	<1
日本	61.5	91	<1	68.2	98	<1
联邦德国	70.2	88	<1	72.8	89	<1
英国	68.2	82	<1	57.9	67	<1
法国	61.7	70	<1	65.9	75	<1
新加坡	55.6	34	>1	63.2	58	>1
中国香港	57.1	87	<1	75	92	<1
韩国	29.2	59	<1	50.9	91	<1
中国台湾	36.3	46	<1	69.1	93.8	<1
巴西	50	9	>1	56.5	41	>1
墨西哥	46.7	16	>1	52.2	28	>1
阿根廷	55.9	6	>1	55.3	31	>1
希腊	12.8	13	=1	17.4	49	<1
土耳其	27.1	7	>1	46.3	54	<1

续表 1

国家（地区）	1965 年			1985 年		
	M（%）	E（%）	C	M（%）	E（%）	C
泰国	24.1	6	>1	42.6	35	>1
菲律宾	37	6	>1	42.4	54	<1
印尼	11.6	4	>1	23.4	11	>1
斯里兰卡	34.7	1	>1	28.3	27.7	=1
巴基斯坦	23.3	36	<1	37.3	63	<1
印度	21.7	41	<1	31.3	49	<1

资料来源：世界银行《1987 世界发展报告》《台湾统计资料手册》（1987）。

在同样的生产力水平下，两国（地区）的制造业比较国际竞争力的类型也不完全相同。台湾和智利就提供了这方面的不同典型。20 世纪 50 年代，它们都实行了进口替代工业化战略，即为实现工业化而推行了一整套限制进口的贸易保护措施。50 年代后期，进口替代战略在台湾的狭小市场内已发展到其极限，于是开始转向面向岛外市场的出口导向工业化战略。这种战略转变导致一系列贸易体制和政策的调整，比如，降低币值、简化汇率体制、放宽进口限制、鼓励外资流入等，由此为台湾工业制成品的大量出口提供了有利的经济环境。表 2 显示了 20 世纪 60 年代初期台湾由 C >1 转变为 C <1 的过程，这种转变显然是与贸易体制和政策的调整相一致的。

表 2　1950—1985 年台湾与智利的 M 与 E 比较

时　间	台　湾			智　利		
	M（%）	E（%）	C	M（%）	E（%）	C
1950—1954	23.1	9.03	>1	48.1	9.55	>1
1955—1959	28.1	15.52	>1	58.8	8.57	>1
1960—1962	30.3	4.23	<1	53.1	8.41	>1
1963—1965	36.4	44.3	<1	54.8	12.63	>1
1966—1968	38.2	61.7	<1	55.3	10.99	>1

续表2

时间	台湾			智利		
	M（%）	E（%）	C	M（%）	E（%）	C
1969—1970	44.9	76.3	<1	55.9	9.44	>1
1971—1974	59.2	83.3	<1	59.3	8.32	>1
1975—1977	56.3	86.6	<1	58.8	11.38	>1
1978—1981	61.1	91.1	<1	61.3	14.85	>1
1982—1985	66.7	93.4	<1	59.4	13.23	>1

资料来源：《台湾统计资料手册》（1987）、《世界经济年鉴》（1988）、《发展中国家的就业与贸易》第89～90页。

1956年以后，在推行进口替代工业化战略中，智利也遇到类似的困难，其政府也试图转向相对自由的贸易体制，如减少行政对进出口的干预、统一汇率制度、增加对出口的刺激等。但这些调整只是经济稳定计划的一部分，它没有达到相对自由的贸易体制的要求，进口替代的中心位置并未发生动摇。比如，1960—1962年期间，智利进口1美元能够获得10.29比索，出口1美元只能得到8.54比索，内销比外销有利。在以后的贸易体制改革中，智利也曾试图通过降低币值转向相对自由的贸易体制，但由于贬值引起大幅度的通货膨胀，而通货膨胀又使实际汇率升值，不利于出口，导致国际收支更大的赤字，最后只得再回到原有体制中去。由表2可知，自20世纪50年代起，智利的M就接近50%，但E长期徘徊在10%左右。由于缺乏出口对产值增长的带动作用，所以M始终在50%～60%之间波动。这明显地不同于台湾的发展。由于台湾在20世纪60年代初期增强了出口对产值增长的带动力，不仅较早地出现C <1的阶段，而且M也是不断增长的，在70年代中期以后，台湾的M开始超过智利。

上述事实说明，贸易体制的调整和改革有利于加速制造业比较国际竞争力由大于1向小于1的方向转变。

三、我国的实践特点与原因

表3提供了我国1953—1988年制造业比较国标竞争力的资料。由于缺乏按GNP或GDP计算的制造业产值指标，所以表3中的M只能以占工

农业总产值中的制造业产值比重来替代。从表3中，我们可以看出以下几个特点。①我国制造业的比较国际竞争力变化大致经过3个阶段，其中，C>1的时期持续了大约30年的时间，经过1986年和1987年的C接近或等于1的阶段以后，制造业的比较国际竞争力便转向C<1的阶段。②制造业产值比重超过50%的时间是从1958年开始的，而工业制成品出口比重超过50%的时间是1981年，两者间隔的时间是23年。③1953—1988年，E是稳步上升的，M则具有一定的波动性。即从20世纪50年代开始，M逐步上升，到70年代末期，达到65%以上，随后有所回落，80年代中期以后又开始上升。上述特点说明：第一，我国的M变化与E的变动不完全一致，这不仅表现在E变动的长期滞后，而且E的变动轨迹也与M不同；第二，我国较早地确定了制造业在国民经济中的主导地位，但在出口中制造业产品长期不具有比较优势。

表3 我国制造业比较国际竞争力的变化（1953—1988）

时 间	M（%）	E（%）	C
1953	40.8	20.6	>1
1957	49.4	36.4	>1
1965	54.8	48.8	>1
1966	55.8	39.7	>1
1975	62.5	43.6	>1
1976	62.9	45.4	>1
1977	65.1	46.4	>1
1978	65.4	46.5	>1
1979	63.8	46.4	>1
1980	63.4	46.6	>1
1981	61.9	50.4	>1
1982	60.9	52.0	>1
1983	61	53.8	>1
1984	61.2	50.1	>1
1985	61.2	45.8	>1
1986	63.4	56.3	>1
1987	64.9	61.2	>1
1988	65.1	73.4	<1

资料来源：《中国对外经济贸易年鉴》（1988）、《中国统计年鉴》（1989）。

形成上述特点主要有两方面的原因。首先是相对落后的生产力水平的约束。当一国开始生产一种新产品，而其他国家没有这种生产能力时，或者说，即使其他国家能够生产，但其产品的质量和价格都不具有明显优势时，那么这种产品在该国内市场相对饱和后，就会自然地向国外溢出。在其他国家具备基本相同的该产品生产能力时，出口的扩张就需要进行成本和质量两方面的比较。一般来说，产品的成本相同，质量高低就成为竞争的主要因素；若产品质量一定，成本多少决定着其国际竞争力。无论是哪一种情况，这与其他国家没有这种生产能力时的出口相比，该产品的出口要困难一些。发展中国家的工业制成品出口往往由于具有低成本方面的优势，从而能向发达的市场工业国家渗透。随着人均收入水平的提高，发达国家的居民消费发生了较明显的变化，即对产品成本和价格的要求转为对产品的品种和质量的更高要求，这就会使发展中国家制成品出口优势受到削弱，出口变得更加困难。我国是一个发展中国家，面临此大致相同的问题，即国内工业制成品的质量、款式、品种及规格与主要的发达国家市场需求结构之间存在一定的差距，难以采用“剩余出口”的方式来扩大制成品出口份额。这是制约我国工业制成品出口比重长期未占主要份额的一个客观因素。

其次是贸易体制和政策的限制。虽然我国生产力水平相对落后，但扩大制成品出口不是没有可能的。自20世纪60年代初期以来，亚洲几个新兴工业化国家（地区）采取集中优势、选择重点产业、进行局部突破的战略，为发展中国家扩大制成品出口提供了可资借鉴的实践经验。在20世纪50年代末期，我国的制造业产值比重就开始占主要份额，这种转变比韩国和台湾地区确立以制造业产值比重为主的时间还要早一些，这说明我国较早地具备简单工业制成品出口的实力，但是这种可能性并未能充分地转化为现实，主要的制约因素来自传统的贸易体制和政策。具体表现在以下3个方面。

第一，消极的出口经营方式。由于生产力水平的限制，本来我国是不适宜采用“剩余出口”方式的。然而，长期以来，我国的制成品出口恰是以这种“有啥卖啥”为指导方针的，即选择国内既能生产，国外又有需求市场的制成品出口。由于主要国家和地区的需求层次不断提高，一些我国能够生产的制成品却难以找到广阔的国际市场，由此导致我国制成品出口的困难。

第二，对工业制成品较宽的贸易保护政策。从20世纪50年代起，为加速实现工业化，我国也采取了“倾斜”的工业发展战略。一方面，通过高关税和数量管制抑制国外工业消费品和最终产品的流入，同时以高估汇率和低关税鼓励资本货物的进口；另一方面，对工业制成品定价偏高，而对生产工业制成品的各种投入要素及辅助设施的定价偏低，如对农业产品定价偏低、基础设施定价偏低、制定低利率政策、对工业品所需要的进口品投入的定价也偏低等，从而保证工业制成品内销的较大利润率，在这种价格扭曲的条件下，工业制成品出口愈多，势必补贴愈多。

第三，集中的出口管理体制。国际市场价格是经常变化的，若出口企业不能对价格变化及时做出反应，或即使能够做出判断，但国内缺乏生产要素流动的经济环境，这样就不能随价格变化而扩张或紧缩生产规模，其结果是，生产不受出口引导，出口也不以生产为基础，这不仅削弱了出口对产业发展的带动作用，而且割裂了生产与出口的联系。我国传统的集中管理机构实际上是插在生产与出口之间的一个行政组织，它不可能替每个企业及时地对外部价格做出反应，即使它能够以行政手段配置资源，也会因缺乏时效性而丧失一些出口机会。

四、提高我国制造业的比较国际竞争力的建议

我国制造业比较国际竞争力长期处于 $C>1$ 的状态，主要是因为在 M 到50%以上时，都未相应地调整贸易保护政策，从而抑制了 E 的增长，所以一旦进行贸易政策调整和体制改革，E 就会出现迅速的增长。1990年，我国机电产品出口达到110.88亿美元，其出口比重由1985年的6.1%上升为17.9%。[1] 这就是有力的证明，因为它是在1988年的外贸体制改革和1989年大幅度降低币值所造成的有利环境下出现的。然而，加速 E 的扩大，还需要我国贸易政策的进一步调整及经济体制的进一步改革。为此，笔者建议：

（1）组建具有国际竞争力的出口企业集团，努力扩大市场占有率。我们要改革“有啥卖啥”的被动的出口经营方式。我国制造业产品出口份额之所以长期低于其产值比重，主要是因为没有形成强大的出口产业组

---

① 参见《金融时报》1991年2月25日。

织。我国现有的制造业规模相当庞大，但几乎没有一个企业、没有一种主要产品在国际市场上取得垄断性的贸易地位。国内外经验表明，建立强大的出口产业是增加世界市场占有份额的一个基本途径。目前，经过长期发展的我国制造业完全有能力组建这种出口企业集团。应根据我国的条件和国际市场需求，选择几种需求弹性较大、发展前景广阔的产品，集中力量，采取必要的政策，在短期内取得突破，逐步增加国际市场上竞争力较强和市场份额较大的商品，改变我国出口贸易结构与格局。

（2）降低有效保护水平，纠正扭曲的价格，放开外汇市场，形成有效的贸易环境。由于倾斜性的偏重工业化的发展政策，长期以来，我国工业制成品内销盈利率大于外销盈利率。要鼓励制成品外销，必须改变这种状况。一方面，对进口的所有工业品，无论是资本物品、中间产品还是最终产品，按照统一的关税标准纳税，减少对不同工业品采取不同关税所形成的利益差别。另一方面，按照生产成本确定生产工业品所需要的投入要素和辅助设施的价格，使工业制成品盈利率与其他部门大致拉平。在此基础上，判断一种制成品出口是盈还是亏主要取决于外汇市场价格，如果放开外汇市场，使外汇市场价格公开化，那就会提高出口企业盈亏透明度，正常运转的经济环境才能够建立起来。

（3）调整出口贸易的主体，改变外贸部门的职能，理顺贸易管理体制。制成品出口的主体是指发展出口的直接生产者和决策者，它也是经济风险与责任的承担者。长期以来，我国出口贸易实行征购包销的收购制，生产企业被排斥于国际市场之外，处于受外贸部门摆布的被动地位，成为出口贸易的配角。这种主次颠倒的状况阻碍了我国工业制成品出口发展。今后应创造条件，使出口企业逐渐成为出口的主体。

（原载《经济研究》1991 年第 6 期）

“中国制造”：特征、影响与升级

以低成本为国际竞争力的“中国制造”已遇到越来越严峻的挑战，这种挑战主要来自诸如汇率升值、劳动力、土地等成本因素的不断增长。面对这种挑战，许多人提出各种以提高附加值为核心的升级办法，诸如沿着微笑曲线、降低加工比重、增大研发与市场销售的比重、提高自主开发的品牌产品出口份额等。问题在于，在寻求“中国制造”可行的升级方式情况下，是什么因素决定这种生产模式的升级方式呢？在形成这种生产模式的限定下，究竟存在一种升级路径还是多种升级方式？如果有多种升级方式，那么如何选择呢？2004 年 7 月，笔者在《学术研究》发表的《集群制造与创新：在中国走向“世界工厂”中的作用》一文中，论述了集群作为一种有利于降低学习成本的组织方式，在转向创新型生产区域中可能会发挥更大的作用。在现实经济中，我们发现，集群组织的作用还需要与“中国制造”模式有机地结合起来，这需要深层次地认识与理解“中国制造”模式的特征、影响与升级方式，这是讨论相互结合的基本前提。本文试图对这个问题进行讨论。

一、“中国制造”模式的含义

“中国制造”是人们对在世界各地销售的中国生产的产品的一个统称。其实质是通过利用廉价劳动力，以低价格作为竞争力，从而扩大国际市场占有率。“中国制造”是与各国居民对中国生产的各种产品的大量使用与消费分不开的。没有各国居民对大量的、多种多样的中国制品的认识与了解，也就不可能概括出全球知名的“中国制造”。那么，“中国制造”是如何被各国居民所认识与了解的？换言之，它是如何进入国际市场上的？不同的路径对产业升级会有不同的结果。这种结果包括“中国制造”模式的特征与其所产生的影响，从而也会限定产业升级的可选择方式，这就是诺斯（North，1994）所说的路径依赖问题。路径往往是一种模式形成的前提，也是其可能变化的限定条件。换句话说，在给定条件下形成了某一种模式，那么这种模式的变化也会受制于这种路径安排，这就是人们常说的路径锁定。因此，要确定“中国制造”的可行方式，必须要先搞清楚“中国制造”模式进入国际市场的路径安排，这决定着“中国制造”在国际分工体系中的地位与发展空间。换句话说，进入轨道限定着它的运行方式与发展升级的可能性，在此基础上，再选择相应的升级方式。

一般来说，国内企业进入国际市场有两种路径。一是当企业生产的产品在国内市场出现饱和后，为实现规模收益与预防产业周期的过早衰落，企业必然会扩大国际市场。斯密所说的“venture for surplus”就表述了这种行为的含义。在初期，企业对海外市场的扩展通常是通过出口，利用海外代理销售商的服务实现。随后，国际化利益将最终刺激企业建立自己的海外销售商店。在此基础上，再建立海外自己的生产基地等（Mason，1994；Dicken，Tickell & Yeung，1997），这种自内向外、顺序扩展地进入国际市场可以看成是一种自主式路径。二是直接和间接地通过跨国公司的全球化资源配置，把一些地区中的企业纳入国际市场与全球生产网络之中。这是跨国公司通过新建、对本地企业的兼并与购置本地企业产品的贸易方式等，将生产网络中的一部分生产环节转包给某些地区的企业，从而促进这些地区企业进入国际市场。在这些方式中，跨国公司扮演了核心的角色。笔者把这种进入国际市场的方式称为转包式路径。

改革开放以来，我国加快了进入国际市场与全球化生产网络的步伐。虽然这两种路径都发挥了重要的作用，但是，相对来说，转包式路径占有更大的比重。这两种进入国际市场的路径可以通过两种贸易方式加以说明，即一般贸易往往对应自主式路径，而加工贸易往往对应转包式路径。2002—2006年期间，我国加工贸易出口占出口总额的比重从55.3%下降到52.7%。这表明，到目前为止，虽然加工贸易在贸易总额中的比重不断下降，但是我国仍有一半以上的出口贸易方式是加工出口贸易。显然，我国出口贸易占GDP的份额较高与这种加工出口贸易的比重较大是紧密相关的。这也是我国出口贸易结构不同于其他国家的关键所在。特别值得一提的是，占我国加工贸易40%以上的广东省贸易方式具有更加明显的加工贸易特征。2006年，广东省加工贸易进出口额共计3461.2亿美元，占全省进出口总额的65.7%，这意味着广东省加工贸易在进出口总额中的比重接近2/3。与全国一样，广东省加工贸易占全省进出口总额比重也呈下降趋势，其中出口由2002年的78.7%下降至2006年的69%，进口由63.8%降至61.1%，但是这个比重依然高于全国平均水平。这表明，转包式路径成为我国经济开放以来进入国际市场的一个重要途径，特别是成为广东经济国际化的一条主要路径。这是“中国制造”不同于一些国家以自主式路径为主进入国际市场的差异所在。目前，人们对自主式路径下产业升级的认识比较熟悉，因为经济学教科书在这个方面提供了许多有关升级的常识，但是对转包式路径下产业升级并没有充分了解。特别是把适合于自主式路径的升级方式套用到转包式路径上来，这就需要对进入国际市场的转包式路径依赖的特征、影响与可能的升级方式有一个清晰的理解。

二、基本特征

转包式路径下的分包企业往往具有以下四个基本特征。

第一，生产的决策权往往掌握在作为发包方的核心企业，而不是掌握在转包商手里。在转包型国际化路径中，以代工生产为主的企业生产什么、生产多少以及如何生产都要服从于核心企业的安排。换句话说，在核心企业与转包商之间，核心企业往往具有生产方式与技术变革的决策权。通常核心企业的参与可以是提供金融、技术、设计支持以及提供原材料和设备，但是由核心企业根据市场安排确定在哪里投资生产线和加工什么样的产品，即生产方式与产品结构升级的话语权是控制在核心企业手中，而不是转包商手中。简言之，处于这种核心企业与转包商关系之中的企业是缺乏自主独立性的。

第二，基于“中国制造”的转包商处于产业链中低附加值生产部分。据有关部门统计，2005年，我国共出口了177亿件服装，平均价格仅为3.51美元，平均每双鞋的价格不到2.5美元。罗技公司每年向美国出口2000万个“中国制造”的鼠标，这些鼠标在美国售价大约是40美元，中国仅从中获得3美元，且工人工资、电力、交通和其他经常性开支都包括在这3美元之中。在彩电业，国产液晶电视80%的零部件都要靠进口，核心技术要花钱从国外购买，导致国产电视占据了国内市场的70%份额，而80%的利润却被外商赚走了。广东省是我国DVD出口大省，但是每出口一台DVD机仅售39美元，却要向国外公司支付19.7美元的专利使用费，占成本70%的机芯等部件都依赖进口，等等。

第三，作为产业链条的一个环节不具有生产的系统性。每个转包商只承担产品序列中的一个单独环节，这类企业相当于一个生产单元，各个单元被一种类似链条的序列跨国界地联系起来。比如，一个工厂的产出就是下一个工厂的投入，每个转包商只是这种基于地理分布的生产网络中的一个结点，这个结点是由核心企业统一安排和配置的。处于这个结点上的生产活动是缺少产业系统性的。

第四，核心企业的跨区域的地理配置资源与基地是基于获取全球化收益角度出发的，而不是基于本地化的产业结构优势考虑的。当然，如果跨国企业的地理嵌入与本地化的产业结构优势能够有效地结合起来，那可能会形成双赢。但是，在现实经济中，这种本地化产业优势与跨国企业的地理嵌入之间的结合可能是一种偶然。在大多数情况下，两者之间并不一致，也不可能一致。特别是在跨国企业以资产成本最低为导向的全球化资源配置中，只要每个地区建立的生产基地能使成本最低，那么跨国公司就会向这里投资，它们并不关注这种投入对本地化产业结构所产生的拉动影响。所以，这种转包型企业也具有较弱的嵌入性。换句话说，转包式路径下形成的产业往往是一种依赖型生产结构。

三、经济影响

对于聚集大量转包企业的地区来说，对转包式路径的依赖往往会带来微观与宏观两个方面的经济影响。

从微观视角看，一方面，转包式路径可以使许多中小企业尽快地进入国际市场。许多国家的中小企业在进入国际市场的过程中因受到信息、技术与规模能力的限制而成为十分困难甚至不可能的一件事。而通过品牌代工，可以使其突破这种限制，比较顺利地进入一些特殊市场。英国经济学家迪肯（Dicken，2007）在《全球性转变》一书中详细论述了来自转包收益的几个方面的内容，比如，通过品牌代工，可以进入特殊市场，否则小企业的进入是根本不可能的；可以保证订单的连续性，特别是在一些条件下，往往可以延续很长的时间；可以获得以设备和技术方式的资本注入，诸如核心企业提供部分或全部的材料和零部件、详细设计或专业化、金融或借贷资本、运输条件、技术和市场渠道的安排等。广东省的外向发展就是许多企业从为海外企业代工生产起步的。目前一些具有知名度的较大企业，诸如 TCL、华为、中兴、康佳、美的、格兰仕电器、格力等也都是从开展加工贸易业务做起的。显然，这已成为中小企业家开始进入生产经营的重要渠道之一。如果没有这种大量的转包性订单，那么广东经济的快速发展也会大打折扣。

另一方面，这种转包式路径也存在风险。一是承担分包任务的中小企业往往被认为是既可扩张也可牺牲的。在经济景气的时候，中小企业可能获得大量订单，从而可以扩大经济规模；在经济不景气的时候，许多中小企业得不到订单，就只能缩减规模甚至关闭。这样，转包企业的数量与规模变动就大大降低了核心企业应对外部市场的风险。二是转包企业作为产业链条中的一个环节，其转向新产品与新市场的自由度是十分有限的，特别是在跨国企业对地理分布中的每个企业确定更细的产品专业化，这种局限性就变得更大。概括地说，权衡转包式路径下的生产收益与风险，由核心企业把这些转包企业带入国际市场网络是最大的好处；其风险在于，在进入国际市场网络初期往往处于产业分工阶梯中的最低端，不仅收益低、谈判能力差，且往往受制于人。

从宏观视角看，基于转包式路径的“中国制造”会引起国内产业结构的重新分布。跨国企业对外投资行为会产生两个方面的结构性影响，一方面是对输出国产业结构的影响，另一方面是对东道国产业结构的影响。就前一个方面的影响来说，如果跨国公司在全球性的生产投资中主要以制造业为主，而且它们的制造业在输出国产出中占有举足轻重的地位，那么它们对外投资往往会降低输出国的制造业在 GDP 中的份额。事实上，一些发达国家自 20 世纪 70 年代以来，第三产业产值比重与就业比重持续上升到占 GDP 总量的 70% 以上，这与这些国家大量的制造业通过跨国公司向土地与劳动力成本较低的发展中国家进行持续性地转移是分不开的。从后一个方面的经济影响看，如果引入的跨国公司大量地投入在东道国的制造业上，且这些工业制品的市场主要不在作为生产基地的东道国，那么东道国往往会强化第二产业占 GDP 的比重，从而抑制第三产业占 GDP 的比重。因为跨国公司对东道国的投资大量集中在第二产业上，且这类投资在东道国总投资中占有重要份额，这会直接提高第二产业对 GDP 的贡献率。同时，跨国公司受到转移定价的驱使和东道国各种市场准入的制约，往往形成了采购与销售的“两头在外”运作方式。其结果是，这类企业对东道国的市场销售渠道与网络就缺乏需求。这样，物流配送、批发零售、国内运输等方面的生产性服务需求偏低，也就难以形成东道国第三产业的较快发展。“中国制造”在广东的一些实践表明，加工制造与接单生产的比重偏大的地区，第三产业占当地地方生产总值的比重也偏低一些。20 世纪 90 年代以来，同等收入水平下中国产业结构往往偏离钱纳里等人提出的一般发展模式，其中第二产业持续偏高近 10 个百分点左右，而第三产业偏低近 10 个百分点。笔者认为，这种结构性偏差不能说不与这种转包式路径的“中国制造”相关。

四、升级方式

当不断提高的“中国制造”生产成本因影响到国际竞争力而寻找升级方式时，我们不得不考虑在什么样的路径依赖限定下讨论与选择这种升级方式，离开了这种转包式路径的限定，升级方式的选择就变得不现实或对选择了某一种方式的实施成本非常高。到目前为止，人们对基于转包式路径的“中国制造”升级往往集中在以下三种方式上。

一是另起炉灶、自建体系。这是指加工贸易的企业在贴牌生产的订单因成本上升而有所下降之前，就开始撤出来，专门构建自己的生产、经营以及研发体系。在以订单方式进行贴牌生产中，转包企业往往只关注生产环节的一个部分，诸如一个配件或零部件生产等，而不需要关注整个产业链条上的所有环节配套以及相应的技术设备、原材料供应等问题，也不需要更多地考虑与研发和市场营销相关的诸如研发、品牌、市场网络建设等问题。对于转包型企业来说，这些生产活动都是靠着核心企业来解决的。如果因成本升高而使这种加工贸易大幅度下降，那么一些曾从事这种业务的企业就会从这种依赖核心企业的关系转移到自我创建这种生产与经营体系上来。这种转变不仅需要为延长产业链条而大幅度地增加投资，也会因市场结构的变化而要有一定的市场经验，以及因独立设计而需要有相应的技术积累，此外，这种生产体系与品牌的构建还涉及许多不确定的风险。显然，这不是许多中小企业所能为的，即使一些较大型企业也因路径锁定而难以转入自己的生产与经营体系构建以及品牌建设上来。广东省一些地区的企业曾试图为减少这种依赖性而由加工贸易转为自主开发品牌，然而，难以承受的市场开发成本以及经营风险又使相当一部分企业转回到原来的贴牌生产方式上来。这表明，自主型国际化路径在品牌建设中的成本往往要比转包型国际化路径模式低得多，作为一种水到渠成的过程，它并不需要发生路径转换。而转包型国际化路径模式则有所不同，它需要从一种生产体系向另一种生产体系转变。比如，一部分企业要从国际化分包网络中退出来，而重新由自己铺设进入国际市场的网络与基地，显然，这种路径转换的成本相对要高很多。广东是我国加工贸易的大省，由贴牌生产向自主品牌建设的升级愿望比其他省份更迫切，成本也比其他省份更高一些。

二是"明修栈道、暗度陈仓"。这是指一些加工企业在进行接单和贴牌生产的同时，也利用这种市场网络来铺设自己的市场网络，营销自己的品牌产品。比如，上述提及的广东省一些大企业大多数是通过引进、消化、吸收和创新等步骤，从中小企业逐步走向了具有自主知识产权、具有国际竞争力的企业集团。显然，没有加工贸易和贴牌生产，就难以在初创时期获得必要的资本、相应的技术与设备供应、市场渠道支持等，这些因素对于企业成长是必不可少的。这是广东省与其他省份之间形成经济发展差异的关键所在。而没有自己的自主开发与市场网络建设，企业就难以从对外依赖转变为自强。这也就是一些大企业之所以能从加工贸易的众多中小企业中脱颖而出的根本原因。当然，形成这种升级路径的企业可能与自身的规模能力相关，也与国内市场的需求结构相关。一方面，能够"暗度陈仓"的企业往往都具有一定的生产规模与技术能力，大部分中小企业往往不具有这方面的实力，因而难以实现既要贴牌生产又要创立自有品牌生产与营销体系的双重目标。另一方面，当为国际市场的大客户进行贴牌生产的同时，也为国内市场生产类似的但有自己品牌的产品。如果国内市场对这类产品已经接近饱和，那么这种"暗度陈仓"的方式就会受到限制。

三是强化能力、顺势而上。这种升级道路指的是转包型企业通过提高技术专业能力，不断地获得较高附加值的订单，在保持加工贸易所具有的进入国际市场网络优势的同时，也能够沿着国际分工的阶梯由低附加值环节向较高的附加值环节攀登。这种升级道路并不发生路径转换，只是在原有的国际化生产分包网络中，由低水平层级向高水平层级转变，从而在国际化分工合作网络中不断提高附加值。比如，从 OEM（贴牌生产）到 ODM（委托设计生产）等，可以看成是沿着产业链不断提高附加值的一种层次提升。目前，广东省从事的加工贸易的重心是在产业链中较低的附加值环节，这个环节具有生产标准化、工艺与技能简单、较强替代性等生产特点。比如，在同样价格下，某一个企业不愿意承担的某一项业务可能会有许多企业抢着干，这就难以形成转包商的讨价还价能力。要想与核心企业形成讨价还价能力，那就需要使转包企业在产品配件、零部件或产品与设计质量上具有不可替代性。换言之，只有它能够生产基于某种质量与专用性的产品，而其他企业则达不到预期的生产效果。事实上，日本在20世纪50—80年代期间形成的企业分包网络提供了支持性例证。在大量的转包企业激烈竞争中，一些中小企业凭借自己的技术能力，与大企业形成一种稳定的功能联系，这是建立在转包企业的专业技能与设备专业化职能基础上的，而远非是单纯地寻找低成本的转包商。可见，这种升级方式也不需要发生路径转换，只是在原有的国际化生产网络中，不断提高“人无我有”的专用性生产能力。只有获得一些更为复杂的生产环节与产品订单，才可能从对核心企业的依赖转变为互动。当然，这主要取决于本地化劳动力知识与技能的积累，这使转变成为可能。目前，相当一部分国内企业对产品市场上的过度竞争反应是转向开发和生产另外一种产品。这些企业集中在进入市场限制较低、技术成熟的领域。一旦因竞争而使得成本压力变得十分敏感，那么企业主要不是花费时间和投入去开发具有知识产权的新技术，而是进入一个新的缺少市场进入限制的行业。这种产品基本上是标准化的产品，如电视机、个人电脑、冰箱等，因此，创新变成了一种附属性的活动，企业更愿意从一种成熟的市场转向另外一个成熟的产品市场，而不愿意在一个成熟的产品上持续进行创新。

五、比较与选择

比较上述三种升级方式，第一种方式强调了自主创建品牌产品的重要性，但是以牺牲低成本进入国际市场网络为代价。换句话说，这种方式的重点在于路径转换，即从原有的由核心企业构建的国际生产网络退出来，然后通过构筑自主的生产体系，进入自己铺设的国际市场网络之中。显然，与转包型路径相比，进入国际市场的自主型路径的成本要高得多，特别是对于发展中国家的企业来说更是如此。第二种方式是在从事分包业务的同时，能够策略地利用分包业务提供的技术与设备，以另一个产品品牌为另一个市场或同一个市场生产相类似的产品。随着自主业务的扩大，逐步收缩了转包业务，从而逐步成为有自主品牌与自主开发新产品的企业。这就是说，在国际市场网络中，企业逐步从接受订单到主动销售自己的产品。当然，这种替代取决于企业实力、产业特征与市场结构等因素。所以，在广东省从事加工贸易的上万家企业中，脱颖而出的企业也不过几十家。第三种方式是在原有的国际市场网络中，逐步由产业链中的边缘位置向核心的生产位置转变。这种方式并不完全强调自主品牌建设，只是注重附加值的提升与在与核心企业关系中的谈判能力增强过程，能够对承诺的复杂产品保证高质量与及时供应是形成基于专业化功能联系的关键，而形成这个基础的关键在于劳动力的知识与技能的积累。显然，第二种和第三种方式都可看成是不需要路径转换也可升级的方式。只是这两种方式相比，第三种方式比第二种方式更适合于中小企业。综上所述，在重视自主创新的现阶段，转包企业为强调自主创新而全面退出由核心企业带入的国际生产与市场网络并不是明智之举。与此同时，对转包企业因保持国际化联系优势而难以沿着国际分工阶梯向上攀登的看法也是片面的。因此，“中国制造”的模式需要在国际化联系优势的前提下探索以提高附加值为主的升级道路，第二种与第三种方式提供了在国际化生产网络中由边缘向核心转变的经验。

参考文献

[1] 彼得·迪肯. 全球性转变：重塑21世纪的全球经济地图［M］. 北京：商务印书馆，2007.

[2] 道格纳斯.C. 诺思. 经济史中的结构与变迁［M］. 上海：上海三联书店，上海人民出版社，1994.

[3] 王珺. 集群制造与创新：在中国走向“世界工厂”中的作用［J］. 学术研究，2004（7）：20－24.

[4] Dicken P, Tickell A, Yeung H. Putting Japanese Investment in Europe in its Place［J］. Area, 1997, 29：200－212.

[5] Mason M. Historical Perspectives on Japanese Direct Investment in Europe［M］// Mason M, Encarnation D. Does Ownership Matter? Japanese Multinationals in Europe. Oxford：Clarendon Press, 1994.

（原载《学术研究》2007年第12期，该文被《新华文摘》2008年第7期全文转载）

增长取向的适应性调整：对地方政府行为演变的一种理论解释

在市场化改革与发展中，地方政府由生产活动的直接组织者转向公共产品的提供者已作为市场化改革的目标之一为人们所接受。然而，人们对这种角色转换背后的行为过程的认识却不十分清楚，改革以来地方政府转变职能的实际效果与市场发展的客观需要不适应反映了这一点①。虽然这与人们对政府职能转变的希望较高有关，但是也反映了这个方面的理论解释力的薄弱。现有的研究主要集中于界定地方政府应该做什么和不应该做什么的行为规范上，而对于地方政府在转轨时期的行为调整过程则缺乏有说服力的实证研究。本文从改革以来的制度变化入手，运用制度与行为的分析框架，把20年来地方政府行为演变概括为建立在评价与激励制度基础上、以增长为取向的适应性调整的过程。随着经济条件与社会需求结构的变化，整个社会需要重新构建对地方政府行为业绩的评价与激励机制，这将使未来的地方政府行为取向做出适应性调整。

一、制度变革与行为特征

诺斯（North，1993）认为，制度是经济行为变化的决定因素。市场化改革以来，随着行政性分权的推进，激励制度的变革促使地方政府的行为取向发生了变化。首先，通过把农村经济改革比较成功的联产承包责任制方式引入到中央与地方之间的分配关系中，创造了中央对地方政府的高能激励。在传统的计划体制下，地方政府无论产出多少都要全额上缴，因此地方政府缺少推动发展的经济诱因。在财政包干体制下，地方政府作为

① 吴佩伦等人对20世纪80—90年代中期我国政府职能转换的评价是，“政府职能转换的进展是初步的，也是十分缓慢的，不适应市场经济发展的需要”。参见中国改革与发展报告专家组编著：《中国的道路：1978—1994年中国改革与发展报告》，中国财政经济出版社1995年版，第200页。

代理人通过分享剩余收益补偿它的努力（Moe，1984；Barzel，1989），产出越多，地方政府自留的剩余收益也越多，这成为地方政府尽可能增大产出的基本动力。财政包干制度的推行意味着中央对地方的管理制度由规则管理转向了目标管理。在实施目标管理中，容易测量的、可观察的财政收入、经济增长率等几个重要指标成为对地方政府业绩评价的关键（Naughton，2000）。只是随着市场化改革的推进，中央对地方政府的目标管理由以下达的计划指标为依据考核实际执行结果的评价体系转变为市场业绩的相对评价体系。例如，上级部门不再对基层政府下达各项经济计划指标，而是先选择几个关键性的指标，诸如GDP、固定资产投资、税收、出口、利用外资等，然后用这些指标的每年实际完成情况，按照高低顺序对各地区进行排列，并对排列结果加以公布。如果一个地区排位向前移动了，就意味着经济业绩得到了改善；相反，一个地区的排位后移了，就意味着业绩下降。

这种制度变化促使地方政府把本地区经济增长最大化作为基本的行为导向。这是因为，一方面，本地区最大化的经济增长是衡量行为业绩的最具有显示度的指标。在以经济建设为中心的社会发展中，把本地区经济搞上去就是地方政府的最大业绩。而经济搞上去的直接标志就是每年本地区GDP、财政收入、出口、利用外资等经济指标的快速增长。另一方面，以增长为取向也是地方政府主要领导人对制度激励做出的有效反应。这种分配制度与评价业绩体制的改变不仅对地方政府增加收入产生了巨大的激励作用[①]，而且对地方主要领导者的晋升与提拔也产生着重要的影响（郑永年、吴国光，1994）。即使业绩良好的地区官员并不一定马上得到提拔，较快的经济增长也有利于地方政府的多方面利益的实现（Edin，2000）。由于这种强激励，地方政府不仅仅是行政服务与公共产品的提供者，也成为类似于公司组织的经济行为主体（Oi，1992）。这集中体现在，地方政府因应业绩导向的考核与评价，总是把经济增长放在优先选择的安排上，而其他的属于地方政府职能范围的但缺乏相应的指标评价体系，或缺少有效激励的公共服务项目，只能处于次要位置。

在经济转轨的不确定性环境下，适应性调整成为地方政府促进增长的

① 钱颖一：《中困市场化改革的制度基础》，见胡鞍钢主编《中国走向》，浙江人民出版社2000年版，第171页。

另一个行为特征。转轨时期的不确定环境意味着在由封闭走向开放、由计划体制走向市场体制、由二元结构走向一体化进程中的市场机会、要素结构与产业组织的变化以及相应的制度规则调整与重建。地方政府作为公共行政组织，受到法理权力体系固有的影响，对制度规则的依赖程度要比企业组织紧密得多，这使得地方政府把制度规则作为行为反应的基本准则（Cooper，1975；Scott，1995）。然而，在缺乏一套可遵从的制度规则的转轨时期，地方政府担负了企业家式创新者的角色（Oi，1996）。而这种创新的主要目标是使组织规则适应内外部不断变化的环境（Banard，1938；Hayek，1945；Williamson，1996），因此，适应性调整成为地方政府增长取向在不确定性环境下得以实现的一种有效策略。

具体来说，地方政府的适应性调整包含3个方面的含义。

一是适时地调整经济增长目标。在各地方政府制订的发展战略目标中，由于受到依据市场业绩进行相对评价的指标压力，增长率指标的制订往往既不能低于过去，也不能低于与自己的经济实力大致相同的竞争对手。在实施过程中，既考虑不确定环境所能实现的程度，也参照与自己经济实力差不多的其他地区增长业绩，这使得地方政府总是对发展战略中所设定的增长目标进行调整。以广东省为例，在21个地级市实施“九五”经济发展战略计划中，有12个地级市对5年中每一年度的计划指标都进行了相应的调整，有4个地级市对其中4年的每一年计划指标做了相应修订，还有5个地级市对其中3年的每年计划目标进行了重新制定。显然，适应性的目标调整已经成为一种十分普遍的行为。

二是适时地调整增长途径。在传统的计划体制下，政府扮演了社会生产活动的决策者角色。20世纪80年代中期以来实施的所有权与经营权分离，使地方政府把生产经营权转给了企业，而自己利用所有权大量地投资经营性项目，并采取公司化运作方式，对所投资的项目进行经营与管理，从而保证本地区经济的快速增长。20世纪90年代后期，当政府投资的大量经营性项目受到体制与宏观经济环境制约而陷入经营困境的情况下，地方政府开始收缩投资战线，调整投资重点，把主要的投资领域转向公共产品与服务，这既可以实现地方政府的职能转变，又能拉动本地区经济增长（吴敬琏等，1998）。而在转向公共产品的投资中，受到追求增长业绩最大化的利益驱动，各地方政府偏重于对增长产生直接效应的交通、道路、通讯、能源等生产性基础设施项目，而对供水、绿地、垃圾处理等生活性公共设施投资不足，这种不平衡又成为下一轮调整的主要内容（王战，2003）。

三是适时地调整地方政府的职能边界。区域试验被认为是中国经济体制转轨的一个基本特征（林毅夫等，1994）。但是，在授权进行率先试验的地区中，没有一个地区的地方政府职能是一步转变到位的。从安徽的农村联产承包责任制到四川的厂长、经理承包制，再到广东顺德的产权制度改革等都说明了这一点。这表明，在缺少可遵从的制度规则条件下，一些通过授权率先进行变革试验的地方政府“在采取行动之前，往往会做一番仔细评估。首先，他们要知道上级部门及同伴对一项政策及实施方法的态度；其次，他们要关心一些内外力量对这些政策及实施方法的接受程度，这些力量对他们的职业生涯、经济福利以及组织本身的福利都有重要影响；再次，他们要调查清楚有什么东西会阻挡他们的雄心，包括制定与实施政策的愿望等”①。因此，受到不确定性制度环境的影响，一个地区的率先试验也只是比其他地区“先走一步”，而不会走得太远。

20多年来地方政府的行为调整经历了从经营企业到经营城市（社区）再到经营园区的3个阶段。本文以这3个阶段演化的内在逻辑为实例，来论述制度调整与地方政府行为取向以及策略之间的互动过程。

二、经营企业的行为与调整

自以财政包干为发端的行政性分权制度推行以来，增加财政收入成为地方政府谋求经济增长最大化的基本目标，而这个目标的实现取决于大批企业的成长。在市场化改革初期，全社会范围内95%以上的企业都是由各级政府投资与经营的国有与集体企业，非公有经济受到法律、行政制度、政策等方面的诸多限制，在国民经济中处于无足轻重的地位，这使得地方政府把发展企业的重点仍然放在国有及集体所有的企业身上，直接介入企业的投资、生产经营与管理自然成为地方政府促进企业发展的主要行为。许多学者（Walder，1997；Oi，1996）都大量地论述了这个时期地方

① 约瑟夫·拉巴隆巴拉（Joseph Lapalombara）：《组织中的权力与政治：公司组织比较》，见迈诺尔夫·迪尔克斯（Meinolf Dierkes）等主编：《组织学习与知识创新》，上海人民出版社2001年版，第435页。

政府直接介入企业活动的各种表现，如直接从银行为企业筹措资金或提供贷款担保、安排劳动力、任免企业领导人、征用土地、争取短缺资源、申请各种进出口贸易许可证及外汇额度的批文等。

这种地方政府直接经营企业行为不仅源于以公有制为主的制度基础，而且卖方市场环境决定了这种行为的有效性。在卖方市场环境中，只要能够找到投资，无论上什么项目，生产什么档次的产品都会找到销路。在地方政府比企业更有能力获得各种短缺性资源的体制下，地方政府与其把自己手里的各项企业经营管理权限下放给企业，不如自己充当市场经济活动的主角，而且地方政府扮演主角的行为绩效也是比较明显的。林青松、伯德（1989）等人对我国乡镇政府与乡镇企业快速成长的研究，Kang Chen、Jeferson 和 Singh（1992）等人对改革以来中国国有企业全要素生产率有所改善的研究，以及王珺（1999）对省、地（市）、县等地方政府所属的国有企业绩效高于中央所属的国有企业绩效的观点，都印证了这一点。

尽管地方政府充当经济活动主角的行为后果以及对建立市场制度的阻碍作用早已被一些学者所认识[①]。但是，在卖方市场环境下，这种行为给地方政府带来的快速增长、财政收入增加等方面的收益大于其付出的代价，因此地方政府并没有产生较强的调整这种行为的需求。在整个 20 世纪 80 年代乃至 90 年代中期，几乎没有一个地方政府针对这些问题率先全面地推进以产权制度改革为核心的市场化改革的事实就是例证。

引起地方政府对直接介入企业生产经营活动的行为进行调整的根本原因是卖方市场向买方市场的转变。随着买方市场的来临，许多由各级政府投资的国有及集体企业开始出现持续性的经营亏损。在出现亏损初期，地方政府还试图采取各种措施帮助其渡过难关。比如，增加政府的财政补贴和直接出面说服银行不断贷款给其所属企业以及提供各种扶植性政策[②]。然而，当这些措施不仅没有从根本上解决企业持续性亏损问题，反而给地

① 董辅礽在 1979 年就提出了国家与企业的财产关系是经济体制改革的关键，参见其《关于我国社会主义所有制形式问题》一文，见董辅礽著：《经济体制改革研究》，经济科学出版社 1995 年版。蒋一苇也在 1979 年提出，“改革的根本任务是确定企业的位置”，参见其《企业本位论刍议》一文，见蒋一苇等著：《股份制的理论与实践》，中国人民大学出版社 1988 年版。

② 这里所说的扶植性政策主要指诸如降低使用土地费用，帮助筹集资金，与科研院所主动沟通，出面协调资金周转困难，组织各种项目论证会和产品展销会，提高企业知名度等。

方政府带来了巨大的财政负担，使地方政府“甩包袱”动机应运而生。特别是在金融秩序的规范化和银行部门实行垂直性管理体制以来，靠地方政府出面，通过与当地的银行和金融机构协调，来解决企业负债和资金周转困难的方式已经变得不适用。在这种情况下，少数地区，如广东顺德、山东诸城等地区率先推进了以界定政府与企业之间产权关系为核心的改革试验，随后全国许多地区在模仿与改良基础上，也迅速地开展了这方面的改革。

三、经营城市（社区）的行为与调整

20 世纪 90 年代中期以来，虽然地方政府不能直接介入企业生产经营活动，但是以增长为取向的制度激励并未改变，这促使地方政府寻找新的增长途径与资源。而大规模的基础设施建设投资成为地方政府推进增长的主要途径与增长来源。一方面，随着买方市场的来临，经济增长来自消费的拉动力减弱①，进而对投资拉动的需求开始上升。特别是日常工业品、耐用消费品等竞争性工业的快速成长对城镇交通、能源及公路等基础设施项目产生了极大的市场需求，使基础设施改善成为地方政府投资重点。另一方面，城镇基础设施与公共环境是公共产品，地方政府充当这种公共产品的计划者与投资者符合市场化改革对地方政府职能定位的要求。因此，这种改革与发展的客观要求推动了地方政府行为向公共设施建设的转变。

基础设施的全面建设需要大量的资本投入。在公共财政不足以支撑巨大的基础设施投资需求条件下，经营城镇就成为地方政府动员社会资本推进公共设施建设的创新性制度安排。经营城镇指的是把公共设施开发所提升的城镇价值作为主要资源，通过转让升值的城镇资源，吸引非政府的资本参与公共设施的开发与建设，从而实现以城兴城、滚动发展的良性循环。在城镇资源中，土地是最主要的经营资源，而城镇土地资源是通过公共设施的建设与开发得到增值的。这种增值的城镇资源可以通过两种方式

---

① 2002 年，我国消费率为 58.2%，比“六五”时期的 66.1% 低 7.9 个百分点，为改革开放以来的历史最低水平，而世界平均消费率约在 80% 左右。发展经济学家钱纳里等人的一项实证研究表明：在人均国内生产总值为 1000 美元时，世界各国居民消费率一般为 61%。2002 年，我国人均 GDP 已接近 1000 美元，但我国居民消费率却仅为 48%，比国际平均水平低 13 个百分点。

转让。一种是事后转让。地方政府以土地使用权作为抵押，获取第一笔基建贷款后，对规划用地先行投资，改善公共设施环境。然后，将公共设施开发所带来的升值的土地经营权进行招标、拍卖，吸引社会资金参与公共设施环境的滚动式开发。率先实施经营城市的大连、上海等城市主要采用了这种方式。20 世纪 90 年代后期，大连市通过土地使用权的抵押从银行获得新增建设投资 268 亿元。在公共设施环境得到改善后，再实施专营权有偿转让，进而弥补了后续的建设资金。上海市在 1991—2001 年的 10 年间，通过土地批租共筹集超过 1000 亿元的资金，把这笔资金用于新城区开发与旧城区改造，又带动了数倍的社会资金投入①。另一种是事先转让。在城镇规划指导下，地方政府把公共设施改善后土地经营权的升值预期作为专营权，吸引社会资金参股进行公共设施的建设与开发。这是一种以未来地价升值的商业机会换取现期的公共设施建设资金的做法。浙江与广东的一些城市公共设施建设更多地采用了这种做法。“九五”期间，浙江省用这种方式动员了 390 亿元的民间与境外资金用于城镇建设，这笔资金占整个城镇建设资金总量 528 亿元的 74%。广东东莞市用于城镇建设的资金达到了 254 亿元，其中以这种方式动员的社会资金接近了 140 亿元，占城镇建设总量的 55%，使政府投入与社会资金投入的比例为 1：1.24。在广州上百亿元的环城路建设中，将近 1/3 的投资是以这种方式吸纳的社会资金。当然，无论哪一种转让方式，都有利于把社会资本引入基础设施建设项目，这不仅弥补公共财政资金之不足，也对降低公共产品的供应垄断、改进效率具有重要意义（世界银行，2003）。

这种以城镇建设为中心的经营机制在一些市场经济较发达的省市被率先采用后，全国各地的城镇政府也纷纷效仿。随着经营城镇在全国各城镇的普遍推广，以城镇建设和房地产投资为中心的投资迅速地增长。统计数据显示，1998—2002 年，全国的全社会固定资产投资每年增长 11.3%。其中，基建投资与房地产投资分别增长了 11.4% 和 21.1%，两个项目投资总量占全社会固定资产投资的比重也由 54.7% 上升到 58.5%，使国内生产总值对固定资产投资变动的弹性系数由 1998 年的 0.38 上升至 2002

① 王战主编：《WTO 元年与上海发展思路创新：2002 至 2003 年上海发展报告》，上海财经大学出版社 2003 年版，第 92 页。

年的0.46[1]。而基建投资主要集中在城市规模扩展与基础设施环境的改善上，从而加速了城市化进程。2002年，城市（不包括辖县）实现国内生产总值比上年增长了13%，高出全国国内生产总值的增长速度5个百分点，占全国国内生产总值的63%，比上年提高了3.2个百分点。城市实现财政收入增长22%。随着城市增长能力的增强，我国城市化水平从1990年的19.0%提高到了2002年的37.3%[2]。

然而，经营城镇的关键在于土地经营权的转让，而这种转让又取决于预期的商业机会。如果预期的商业机会多，升值机会较高的地价可以吸引社会资金进入。一些处于交通枢纽的大城市，如上海、广州、大连、杭州等因本身的商业机会较多且资源聚集效应明显而有效地实现了较高地价的有效转让。如果预期的商业机会有限，那么即使地价较低，也难以吸引社会资金进入。一些地理位置偏僻的城市以及中小城镇在通过土地使用权的有偿转让获取社会资金方面就受到了预期商业机会有限的制约，20世纪90年代中期进入大规模基础设施建设的珠海市就是这样的例子。虽然珠海市政府以自己掌握的土地为抵押，获得了大笔公共设施建设资金，但是由于缺少商业机会，许多企业买了地、设了厂，最后还是搬走了，其结果是已改善的投资环境利用率不足。对于许多缺少商业机会的中小城镇政府来说，不推进公共设施的建设，经济增长率会受到影响。要推进公共设施建设，只能依赖政府财政投资以及银行贷款，而银行贷款又转化为对地方政府的财政压力，这使得许多中小城镇政府不能像大城市一样全面推进基础设施建设，而是将投资重点从整个经济缩小到一个局部范围，园区开发就成为这些地区率先突破建设能力与商业机会有限的新途径。

四、经营园区的行为与调整

经营园区指的是在城镇规划的基础上，通过对划定的地区提供土地租金、管理收费等方面的优惠政策和供应完备的基础设施、引入投资咨询、工商登记、技术服务等各种中介服务机构以及采用公司化运作机制，吸引和培植企业的聚集化发展。与经营城镇相同的是，园区基础设施环境作为

① 全国的全社会固定资产投资的数据来自相关各年度的《中国统计年鉴》。

② 上述指标数据来自历年的《中国城市统计年鉴》。

公共产品的一部分，不仅需要由地方政府提供，而且地方政府对园区建设的配套开发符合投资推动增长的战略需要。同时，在此基础上，将园区经营权委托给园区管理公司或大企业的公司化运作方式也适应了市场化的改革要求。

然而，与经营城镇相比，经营园区还有许多不同之处。首先，园区开发所需要的投资规模要小得多。整个城镇环境的改善不仅需要对旧城区的大范围拆迁与全面改造，也需要拓展新的城区范围。而一般设立在地价较低的城郊接合部的园区不仅面积要小得多，而且单一的生产功能不需要配置与生活环境相关的基础设施项目。所以，开发园区与中小城市的有限投资能力相适应。其次，园区适合以增量带动存量的空间结构调整需要。增加新项目、投入新资源是经济增长的一个重要途径，而新项目和新产业的配置需要有大量的发展空间。在城镇已有的空间被传统产业填满的条件下，与其将传统产业挪出去，腾出空间来发展新项目，不如开辟新的空间，来发展新的项目。这既可以节省传统产业迁移所支付的大量调整成本，也可以避免传统产业迁出后新项目尚未成长起来所带来的增长震荡，还可以通过传统产业向已设立的园区转移，进而保证城镇的功能规划得以实现。最后，设立园区也成为地方政府直接参与地区竞争的一种有效手段。随着市场制度的完善和交易费用的降低，生产要素的跨地区流动日益增多。由于生产要素流动对本地财政收入与经济增长都产生着重要影响，于是各地都把实施优惠政策作为招商与保商的重要手段。对于地方政府来说，与其在整个城镇范围内实施优惠政策，不如设立一个实施优惠政策的园区更为有利。20 世纪 90 年代后期，珠江三角洲等地的一些企业向长江三角洲地区的园区流动，从而促使珠江三角洲等地各级政府纷纷设立以优惠政策为主的各种产业园区的事实说明了这一点。

在增长压力与有限财力约束的条件下，地方政府开始大举兴办各种类型的园区，如以 IT、软件、生物、医药为主的高新技术园区；以服装、陶瓷、家具、农产品加工为主的传统产业园区；以台商、外资、民营、留学生等投资来源界定的园区等。据国土资源部调查统计，目前我国各类园区与开发区已达 5658 个，其中经国务院批准的只有 232 家，省级批准的有 1019 家，各类开发区规划面积共为 3.6 万平方公里，超过了城镇建设用地总量。

随着园区数量的迅速增加，园区之间争抢投资项目的过度竞争凸显了出来。在全国的园区数量有限的条件下，每个园区都可以从市场上引入足够数量的、符合园区定位的投资项目，致使园区内土地资源闲置较少，园区经营收益也较高。例如，天津、广州、苏州等经国务院于20世纪80—90年代初期审批的43个技术开发区和工业园区平均每平方公里的工业产值在50亿～80亿元左右。近年来，园区数量的迅速增加使每个园区难以吸收到适合园区定位的、充足的投资项目，这必然造成园区土地资源的闲置与园区经营效益下降。一项研究表明，2001年我国经营较好的园区每平方公里的工业产值约在1亿～10亿元之间。如上海等地开发区每平方公里的平均产出额为15亿元，区县和乡镇政府兴办的园区产出额不到1亿元①。目前，土地利用率达不到50%的园区占了我国园区总量的接近40%。园区土地资源的闲置迫使地方政府采取两种过度竞争的手段。一是降低园区进入的技术门槛。一些高新技术产业园区在无法有效地吸纳诸如新材料、电子信息、生物医药等新项目的条件下，就把一些低附加值的传统产业项目吸引进来，造成了园区规划对产业发展的定位与已引入的产业不一致的结果。二是加大园区的政策优惠力度。比如，一些城市园区开发每亩地的成本（包括拆迁费用）约为30万元左右，而工业用地报价却在1.5万～5万元。在税收方面，虽然国家税务总局明确规定，地方政府不得擅自决定税收的减免，但是一些地方政府与企业私下达成协议，以奖励方式变相地将地税返还给企业，实行10年减免的政策等。甚至个别地方政府对引入的项目贷款进行贴息1%～2%，并按照项目投资规模给予15%的资金配套，这部分投资不算是资本金，不参与分红、不收利息，也不干预经营，如果项目失败，也不求补偿等。其结果是，园区的兴办大大地加剧了地方政府的财政负担。许多地方政府截留或延缓支付对农民的征地补偿费用就是这种财政压力的结果。

虽然兴办与经营园区有利于城镇规划的实现与产业聚集化发展，但是在“县县建园、镇镇设区”的重复建设中，园区的优势无法显示出来。目前，从中央到地方的各级政府开始对园区进行清理与撤并，提高园区的设立标准，这使得依靠设立与经营园区来推动地方增长的行为又遇到了挑战。

---

① 王战主编：《WTO元年与上海发展思路创新：2002至2003年上海发展报告》，上海财经大学出版社2003年版，第125页。

五、结论性评述：未来调整的趋势展望

概括20多年来地方政府经营企业、经营城镇与经营园区的3个阶段，增长取向的适应性调整构成其行为演变的一条主线。其中，追求本地区GDP的快速增长是这种行为取向的直接表现，业绩评价与激励机制是这种行为取向得以持续的制度基础。在未来的发展中，以增长为取向的适应性调整行为是否还会持续下去？无疑，面对不断变化的环境，地方政府的适应性调整作为一种策略并不会改变，但是增长取向将会发生以协调发展为取向的调整。这种调整主要是由对地方政府行为绩效的评价机制的改变所引起的。未来对地方政府行为绩效的评价机制将会发生3个方面的变化。

第一，评价地方政府行为业绩的指标体系将由以GDP、人均GDP等反映经济增长的指标为主，向经济、社会、环境与生态等协调发展的综合指标体系扩展。在经历了20多年的高速增长和人均收入翻两番之后，人们开始把市场秩序、公共教育、环境保护、社会福利、医疗保健、垃圾处理等公共产品与服务作为生活质量整体改善的一个重要方面，这要求地方政府将工作重心由致力于整个地区的经济增长变为协调发展上来。评价指标体系的重构与扩展不仅反映了社会需求结构的变化，也成为引导地方政府行为调整的“指挥棒”。目前，一些地区开始尝试引入联合国开发计划署提出的，由平均寿命、平均受教育年限、人均GDP等3个指标构成的人文发展指数作为衡量地方政府行为业绩的主要指标。还有一些地区鉴于这种人文发展指标没有包含自然资源因素，而用世界银行（1992）提出的“绿色GDP”作为评价协调发展的核心指标等。目前，虽然在全国范围内尚未有一个统一的反映协调发展的指标体系，但是这种探索表明了评价地方政府业绩的政策取向已开始发生变化。

第二，评价地方政府政绩的主体将由上级部门为主转向上级部门、中介机构与公众共同评价转变。这种转变不仅仅是增加了评价主体，而是改变了评价机制。在由上级部门作为地方政府行为绩效的评价主体时，受到时间、精力以及信息不对称的约束，上级部门不可能对每个基层组织在经过事无巨细地调查后做出评价，只能以统计指标、上报材料以及走马观花式的考察等有限的信息做出评价。下级部门为适应上级部门的这种评价机

制，披露有利于自己的信息，而隐匿不利的信息，“数字出官”和“形象工程”等就是这种评价机制的结果。改变这种评价的有效方式是引入中介组织与公众的评价。中介机构的非营利性和专业性使其在反映公众评价方面具有不可替代的独特优势。奥斯特罗姆（Ostrom，1999）认为，居民对公共产品属性的评价是很准确的。中介机构通过了解公众对地方政府提供公共产品的满意程度对地方政府行为产生了重要的影响，使地方政府不仅关注上级部门的偏好，也要考虑公众的需求。事实上，由权威性的学术机构对地方政府行为绩效的评价已成为世界上许多国家的普遍做法[①]。近年来，我国一些学术机构和中介机构也开始对地方政府的公共政策及创新行为进行评价[②]。随着这种评价方式在全国范围内扩大以及以这种方式全面评价地方政府行为绩效的展开，考虑公众的发展需求在评价地方政府业绩中将发挥越来越重要的作用。

第三，评价范围由决策结果扩展到决策过程。公共选择理论提出了政府决策往往因受到利益集团的影响而可能偏离社会需求的看法。而治理这种偏离性的办法是增加透明度与广泛的公众参与决策过程。因此，对地方政府业绩的评价不仅可以通过人们对公共政策实施结果的反应加以体现，而且可以通过公众参与制定政策的过程反映出来。公众参与决策过程既是对“长官意志”的一种约束，也是对其制定一些有利于本身利益团体而偏离公众需要的政策的一种制衡，因而作为改善地方政府治理结构的一个有效途径，被列入对地方政府业绩的评价范围。当然，公众参与决策过程与评价决策后果都要求增加政务信息的透明度。目前，各地政府开始加大政务信息公开化程度的尝试，如上海市已将政务公开由基层单位到市、区等政府部门的延伸，由执法部门到经济管理部门的扩展等；湖北省长沙市的4级联动政务公开制度；贵阳市的人民代表大会旁听制度；江苏省沭阳县首创的干部任前公示等。在增加信息透明度基础上，一些地方政府也开始探讨政府与居民之间对话与沟通的方式与渠道，如四川省平昌县的公开

---

① 例如，哈佛大学肯尼迪政府学院每年组织若干政治学与行政学专家，对美国各级政府的活动进行独立的研究与评估。阿根廷、巴西、菲律宾等也是如此。香港是在一些大学设立电话调查中心，调查公众对突发事件以及领导人威信等方面做出的反应。

② 中共中央编译局比较政治与经济研究中心和中央党校比较政治研究中心于2000年开始组织发起对“地方政府创新奖励”进行评选。广州市社情民意调查中心每年对出台的一些重大政策以及发展业绩通过电话访谈等方式听取公众的反应等。

评税制度，广州市对公共服务项目价格调整的听证制度以及广东省省长与专家、企业家的定期对话制度等。虽然处于尝试阶段的做法还不十分完善，但是它反映了评价机制调整的方向与趋势，沿着这个导向来设计对地方政府行为业绩的评价体系，公开性与参与性必然成为显示决策过程的重要质量指标。

因此，面对正在发生变化的评价机制，作为直接反应的行为取向也将会做出相应的调整，那就是地方政府通过适应性调整逐步确立协调发展的取向以适应业绩评价机制的变化。至于什么时候能够实现这种行为取向的转换，这主要取决于这种评价机制开始有效运作的时间。

参考文献

[1] Edin M. 基层干部的政治激励机制：中国地方政府发展经济的动力［J］. 香港社会科学学报，2000（17）.

[2] Naughton B. 中国：在促进人类发展中的政府作用［M］//胡鞍钢，王绍光. 政府与市场. 北京：中国计划出版社，2000.

[3] 奥斯特罗姆，等. 制度激励与可持续发展［M］. 上海：上海三联书店，2000.

[4] 道格拉斯·诺斯. 制度、制度变迁与经济绩效［M］. 刘守英，译. 上海：上海三联出版社，1993.

[5] 华尔德. 中国产权改革的非私有化道路［M］//甘阳，崔之元. 中国改革的政治经济学. 香港：牛津大学出版社，1997.

[6] 林青松，伯德. 中国农村工业：结构、发展与改革［M］. 北京：经济科学出版社，1989.

[7] 林毅夫，蔡昉，李周. 中国的奇迹：发展战略与经济改革［M］. 上海：上海三联书店，上海人民出版社，1994.

[8] 世界银行. 2003 年世界发展报告：变革世界中的可持续发展——改进制度、增长模式与生活质量［M］. 北京：中国财政经济出版社，2003.

[9] 王珺. 我国政企关系演变的实证逻辑［J］. 经济研究，1999（11）.

[10] 王战. WTO 元年与上海发展思路创新：2002 至 2003 年上海发展报告［M］. 上海：上海财经大学出版社，2003.

[11] 吴敬琏，等. 国有经济的战略性改组［M］. 北京：中国发展出版社，1998.
[12] 郑永年，吴国光. 论中央与地方关系：中国制度转型中的一个轴心问题［J］. 当代中国研究，1994（6）.
[13] Banard C I. The Functions of the Executive Cambridge［M］. M. A.：Harvard University Press，1938.
[14] Barzel Y. Economic Analysis of Property Rights［M］. New York：Cambridge University Press，1989.
[15] Chen K，Jefferson G H，Singh I. Lessons from China's Economic Reform［J］. Journal of Comparative Economics，1992，16（2）：201－225.
[16] Cooper J. Strengthening the Congress：An Organizational Analysis［J］. Harvard Journal of Legislation，1975，12：307－368.
[17] Hayek F A. The Use of Knowledge in Society［J］. American Economic Review，1945，35：519－530.
[18] Moe T M. The New Economics of Organization［J］. American Journal of Political Science，1984，28（4）：739－777.
[19] Oi J. Fiscal Reform and the Economic Foundations of Local State Corporation［J］. World Policies，1992，45（1）：99－126.
[20] Oi J. The Role of the Local State in China's Transitional Economy［M］//Walder A. China's Transitional Economy. New York：Oxford University Press，1996：170－187.
[21] Scott R W. Institutions and Organizations［M］. C. A.：Sage Publications，2001.
[22] Williamson O E. Strategy Research：Governance and Competence Perspectives［J］. Strategic Management Journal，1999，20（12）：1087－1108.

（原载《管理世界》2004 年第 8 期）

广东和江浙地区外来工工资的比较研究
——来自关系约束模型的解释

一、引言

近年来，我国流动人口及劳动力的流向出现了明显的变化，即流入广东特别是珠江三角洲地区（简称为“珠三角”）的人口及劳动力增长缓慢下来，而流入长江三角洲地区（简称为“长三角”）的人口及劳动力持续加速增长。据不完全统计，2005 年上半年以来，流入珠江三角洲地区的劳动力大约比前一年下降了近 20%，近 30% 的企业因“招工难”而开工不足。同期，流入长江三角洲地区的劳动力却增长了近两成①。除了长江三角洲地区经济快速发展所引起的就业机会较大增长之外，两地之间的工资水平差异是形成劳动力流向改变的重要原因。2002 年，浙江省外来工集中的乡镇企业年收入水平大多数在 10000 元以上，而广东省的珠江三角洲地区乡镇企业外来工年平均工资大约为 7000 多元，两者相差近 3000 元②。而 2005 年 7 月公布的劳动保障部课题组关于农民工情况的研究报告则显示，珠江三角洲地区农民工月平均工资绝大多数在 600 元左右；长江三角洲地区略高一些，大约在 650 ～ 750 元。东莞市农民工每月 500 元的收入相当普遍。即便经过 2004 年的“民工荒”，部分珠三角的企业调整了外来工工资之后，据 2005 年 6—8 月期间进行的调查结果③显示，长三角的月平均工资高出珠三角 265.66 元，并且珠三角的企业工作时间较长（9.86 小时），长三角较短（9.01 小时）。

---

① 引自梁健中、熊剑峰：《人文气息吸引民工流向长三角》，http//www.ycwb.com/gb/content/2005 -03/04/content_ 858876.htm。

② 这里引用的是乡镇企业的工资，根据《浙江统计年鉴（2003）》中《浙江省各市乡镇企业基本情况统计》和《深圳市统计年鉴（2003）》之《深圳市 2002 年镇、村企业从业人员和工资总额统计》。

③ 中山大学课题组：《珠江三角洲与长江三角洲农民工比较研究调查报告》。

问题在于，这种工资水平差异并不是由两地经济发展水平之间的差距以及产业结构与层次上的差异引起的。本文主要以广东省与江苏、浙江两省作为考察对象，并把江苏、浙江作为代表长江三角洲地区的同一类型，以此与广东省进行比较。比如，两地的经济水平是处于同一发展阶段。2004 年，广东、江苏与浙江的人均 GDP 分别为 19707 元、20705 元和 23942 元。2000 年以来，3 省人均 GDP 一直位居全国各省前 3 名（京、津、沪直辖市除外）。同时，两地之间的产业结构与层次也具有明显的同构性。比如，在三大产业产值结构中的第二及第三产业各自所占 GDP 的份额、工业产值结构中的轻重工业比例、资本密集型产业与劳动力密集型产业的比例、高新技术产业对工业总产值的贡献份额等都没有显著的差别。值得进一步指出的是，外来工在两地的就业岗位也具有明显的相似性，即他们从事的就业岗位主要分布在以简单的流水线作业为主的轻纺、电子等劳动力密集型加工工业部门、建筑业、餐饮业、社会服务业等（周大鸣，2000；姚先国、赖普清，2004）。此外，两地也都不存在限制外来工在本地就业以及本地劳动力与外来劳动力之间同工不同酬等方面的制度性歧视。这就提出了一个问题，在两地经济发展水平、产业结构与层次以及制度环境大致相同的条件下，为什么外来劳动力的工资水平会出现这么大的差异？

本文引入关系网络约束这个因素，从不同的关系网络对企业、地方政府的经济行为产生不同影响的角度，讨论广东与江浙地区工资水平差异问题。本文的研究表明，在劳资合约谈判中，由于现阶段的外来工缺乏有组织的谈判能力，所以其工资水平主要取决于具有强势地位的企业支付行为以及地方政府制定的最低工资标准。受到不同的关系网络影响，两地的地方政府与企业对员工利益分配的经济行为也会存在差异。其中，本地员工所占劳动力总量比重较大的地区，关系网络约束力就强一些，当地员工工资水平也相对高一些；相反，外来劳动力所占的就业总量比重较大的地区，关系网络约束力就弱一些，当地的工资水平也相对低一些。受同工同酬的制度影响，进入工资较高地区的外来工工资收入也就比进入工资水平较低地区的外来工所获得的工资要高一些。因此，工资水平差异是不同社会关系网络对两地的企业与地方政府经济行为产生不同影响的函数。基于这种分析，本文提出了企业与地方政府行为的效用最大化的关系约束模型。

本文分为5部分，作为引言的第一部分，提出了本文要解释的问题、研究方法以及基本观点。第二部分简要地回顾与评述了关于经济学与社会学在社会关系网络与经济行为方面的主要观点，在此基础上提出了本文的研究领域与视角。第三部分试图构建一个社会关系网络对企业与地方政府的效用最大化约束的理论模型。第四部分是通过比较分析广东与江浙地区之间在外来人口、劳动力以及企业的来源结构上的差异、地方政府与企业在对待员工工资上的行为差异之间的相关联系，进而验证这个理论假说。第五部分是本文的结论。

二、文献简述与研究视角

在经济学关于工资决定的文献中，劳资双方的谈判能力被认为是在给定劳动力市场供求与边际生产率条件下决定工资水平的一个重要因素(Nickell & Wadhwani，1990)。按照这种解释，双方从各自效用最大化的假设出发，通过讨价还价来实现各自的预期利益。由于每一方谈判能力的大小主要取决于组织化的规模与程度，诸如工会力量与雇主联盟的强弱等，因而不同的组织化程度会导致不同的博弈结果。然而，在给定双方组织化程度的条件下，不同的社会关系网络对经济主体的行为差异化影响被认为是解释不同地区工资水平差异的一个重要因素（Akerlof，1987）。

许多经济学家在分析社会问题中都意识到社会关系网络对经济行为产生的重要影响。比如，G. 贝克尔（Becker，1974）在讨论关系和家庭问题时提出，在每个人所处的特定社会关系网络中，不仅仅是“我为我的福利打算，你为你的福利打算”的事情，其中还包括了“我”在为自己的福利打算的同时，还要考虑“你”的福利的问题。因此，他试图用相互依赖的效用函数将个人与社会关系之间相互影响的观点纳入经济理论中去。威廉姆森（Williamson，1985）在研究交易费用经济学理论中也强调了社会网络对组织治理的不同意义。他试图把社会网络作为一种不同的资源依赖纳入资产专用性范畴中，并指出社会关系对“交易双方的行为与过程”的影响。阿克洛夫（Akerlof，1987）在其“赠品交换”模型中，用工人们关心他们同事的群体行为解释了失业的原因，并分析了社会关系对利益最大化的约束问题。他指出，当把效用最大化的行为假设放在特定环境中，他们就不一定会以自己利益最大化的方式行事。虽然他们很可能愿意最大化自己的利益，但是受到环境的约束，他们也可能不那么做。然而，由于这些初步的想法还没有纳入理性选择模型之中，因而影响了这种看法的理论解释力。

社会学在分析社会关系网络和社会结构对经济行为的影响方面已形成了更具解释力的理论体系。社会关系网络指的是社会关系网络中人与人之间相互交往时的行为规范以及其对行为主体的约束所导致的行为可预期和信任（Pierre，1986；Coleman，1992；Putnam，1993）。格兰诺维特（Granovetter，1985）的“嵌入”理论集中地概括了社会关系结构对经济行为的影响。按照他的看法，人本身的行为是嵌入在社会关系结构之中的，因而“生产、消费和分配中所发生的事情都受到嵌入在社会关系的人的极大影响”[①]。由于处于不同的社会关系网络中的个人在获得不同的社会资源的同时，也受到相应的制约，因此每个人所处的社会关系网络不同，他们之间的经济行为也会有差异。沿着这种分析框架，许多社会学家从不同角度做了大量实证研究，进而验证这种不同的关系网络对经济行为的差异化影响。比如，每个人的关系网络不同，因而在寻职、升迁与获取发展机会等方面存在差异（林南、边燕杰，2002）；华人企业在法律对交易可靠性缺乏充足支持的条件下，如何利用社会关系网络以获得更快发展的重要性（Redding，1990）；以及在一个地区内，本地人与外来人拥有的社会关系网络不同，因而在职业分布上形成了明显差别（周大鸣，2000）。虽然这种理论更贴近现实中的一般常识，但是社会学的研究是把社会关系作为一种复杂的特定环境与资源，每个人面临的特定环境不同，从不同的社会关系中获取的资源也就不同。社会学的研究没有将社会关系作为一项影响效用和行为选择的变量引入效用函数中，本文以我国现阶段经济发展水平相同的不同地区外来工工资水平差异为研究对象，试图将人们对社会效用的追求引入效用函数，来观察社会关系网络对企业与地方政府行为选择的影响，从而解释不同地区工资水平差异的形成机制。

本文没有从基于不同关系网络资源不同而导致的个人工资水平不同的传统视角进行分析，而是选择了不同的社会关系网络下企业与地方政府行

① “格拉诺维特”（Mark Granovetter），见理查德·斯威德伯格（Richard Swedberg）著：《经济学与社会学——研究范围与重新界定：与经济学家和社会学家的对话》，安佳译，商务印书馆2003年版，第142～143页。

为不同的角度来讨论工资水平差异化问题。之所以选择这个视角，是因为：第一，在我国经济体制转轨中，与保障劳动力工资相关的各种正式制度规则是一个有待完善的过程，这使企业和地方政府都有较大的行为空间来自主决定工资标准。第二，在给定劳动力市场供求和劳动力边际生产率条件下，虽然工资水平是地方政府、企业与员工之间相互博弈的结果，但是在外来劳动力组织化谈判能力有限的条件下，企业往往具有支配性的强势地位。第三，地方政府作为一个利益主体，往往会根据本地区税收最大化来确定、调整本地区的最低工资标准。在强制性正式制度约束有限的条件下，关系网络约束影响着地方政府的经济行为。由于从这个角度研究，社会关系网络对企业与地方政府的行为约束就能够更好地加以观察，因而把社会关系网络因素放入企业与地方政府的效用函数之中就成为可能。基于这种分析，本文试图从这个角度讨论不同关系网络下，企业与地方政府的不同行为选择对外来劳动力工资水平的影响。

三、基于关系网络的行为约束模型

为了简化分析，假设存在 n 个相同的企业。企业利润 $\pi = R - C$，其中 R 代表企业的总收益，C 代表总成本。假设企业除了劳动力工资之外没有其他成本，且企业在生产能力有限的条件下，单个企业在给定市场价格 P 下，能够卖掉它所能生产的一切产品。假设投入产出函数 $Q(L) = L$，只取决于劳动力投入，且投入产出在企业生产能力范围内（用最大就业人数 L 来表示生产能力）。在 $w \geqslant S$ 条件下，企业能够找到所需的所有员工 L，否则一个也不能招到。S 是保留工资，可以理解为使外来工尤其是从农村转移出来的农民工在城市生存的最低水平工资。一般情况下 $w_m \geqslant S$。我们先看企业的最优化问题。w 表示企业支付给员工的工资水平，iw_m 是地方政府规定企业必须支付的最低工资，为前定变量，假定 $w \geqslant w_m$。

本文假设员工、企业主和政府（官员）的效用函数对于金钱均为拟线性的，即对于消费向量 $X = [m, x_2, x_3, \cdots, x_k]'$来说，

$$U(X) = m + h(x_2, x_3, \cdots, x_k) \tag{1}$$

其中 m 是金钱的数量——对员工来说是工资，对企业来说是利润，对政府来说是税收，$h(x_2, x_3, \cdots, x_k)$ 代表个体消费的其他所有商品给他带来的效用。本文将他人效用当成一种消费品，而且是除了金钱之外

唯一的消费品，因为其他商品都可以用金钱交换。这是因为，由于儒家文化的影响，中国是伦理本位的社会，强调对他人的义务，而非个人的权利，因此同情心和以家庭为核心的伦理道德所产生的义务责任感（梁漱溟，1949）使得其他人的处境会影响一个人的效用，因此要考虑社会人际的效用，而社会人际的效用受到关系网络中其他人的效用的影响。同时这种“消费”是有选择性的，即一个人的效用只受与自己有紧密社会联系的其他人的效用影响——或关系网络的影响，而不是谁的效用都能“消费”的①。大量研究表示，华人与关系网络内的人和不在关系网络内的人的交往模式是不同的，一方面，华人在关系网络内是高度集体主义的，在相同的关系网络内的人是强烈地联结在一起的；另一方面，对不同关系网络中的人，甚至面对的是自己的同胞，华人是极端自私、无动于衷和不愿帮助的（Hui & Graen，1997；Baker，1979）。中国是以家族为核心组成的同心圆社会，最核心、紧密的是个人，外面一圈最紧密的是家庭，再外面一圈是朋友、亲戚，最外面的、也是最松散的是和社会的联系（费孝通，1948）。因此，如果用 1，2，…，j 代表对其有影响的其他人，用 Y_1，Y_2，…，Y_j 代表各自的消费向量，h（g）就变成了 h（u_1（Y_1），u_2（Y_2），L，u_j（Y_j））。我们简化假定一个人拥有的关系网内每个人对其的影响是独立和相同的。由于华人社会企业组织以家族企业为主，即一个企业往往成为一个家族获取财富的途径（*Redding*，1990），加上某企业主对于其他企业的员工是没有控制力的，不妨假设企业主的效用仅与自己企业内的员工有关系。那么，如果用 α（$\alpha \in [0, 1]$）代表关系网络内的员工的比重，L 为企业员工的总数。那么企业主的效用函数如下面（2）式所示。

$$U_F(x) = m + \alpha L h(u(Y)) \tag{2}$$

U_F 代表企业（Firm）的效用函数，u（Y）代表他人的效用，Y 是他人的消费向量，且 $h' > 0$，$h'' < 0$②。假设员工的效用仅取决于工资，用 U_E（w）代表员工（Employee）的效用函数，那么 U_E（w）$= w$，h（U_E

---

① 中国社会往往根据亲疏远近来决定是否同情、关爱。比如，熟人朋友之间彬彬有礼、互相谦让，困难时鼎力相助，但是对于陌生人往往比较冷漠，缺乏互助友爱和同情心。

② h'、h''表示函数 h（u）对于 u 的一阶偏导和二阶偏导，后面函数的偏导类似，不再做特殊说明。

$(w)) = h(w)$。因此，企业的决策就可以写成：

$$\begin{aligned} &\underset{x}{\text{Max}} U_F = (P - w)L + \alpha L h(w) \\ &s.t\ w \geqslant w_m \end{aligned} \tag{3}$$

即企业主的效用取决于两个方面：一方面是传统的利润，另一方面是社会人际的效用。这里用 α 代表企业主的关系网络约束。

由于 $U_F^n = ah^n < 0$，故 U_f 为凹函数，因此，一阶条件即为全局最优解的充分条件。（3）式一阶条件为：

$$h'(w)\Big|_{w=w^*} = \frac{1}{\alpha} \tag{4}$$

我们分3种情况来讨论：

（1）$w^* > w_m$，即以上问题存在内点解。此时企业的最优解为 $w_{opt} = w^8$，而且我们可以看出企业主支付的最优工资仅与企业的生产能力 L、关系网络的约束 α 和效用函数的形式相关，与最低工资无关，且我们得到：

命题1：当 $w^* > w_m$ 时，企业主的最优工资 $w_{opt} = w^*$。员工的工资水平与关系网络约束成正比，即 α 越大，w_{opt}越大，员工的工资越高。

证明：假设两个社会1和2的关系网络的约束分别为 α_1 和 α_2，且 $\alpha_1 > \alpha_2$，可知对相同的企业在不同的社会最优支付为：

$$h'_1\Big|_{w_1=w_1^*} = \frac{1}{\alpha_1} < h'_2\Big|_{w_2=w_2^*} = \frac{1}{\alpha_2} \tag{5}$$

从前面假设 $h''(w) < 0$ 可知 $h'(w)$ 是递减函数，故 $w_1^* > w_2^*$，即较大的 α 对应较大的企业最优支付工资。

（2）$w^* \leqslant w_m$，但是不亏本，即 $w_m \leqslant P$ 时，以上问题存在边界解时，易知 w_m 为最优解，即政府制定的最低工资标准成了工人所获得的实际工资水平 $w_{opt} = w_m$，我们得到：

命题2：如果 $w^* \leqslant w_m \leqslant P$，政府规定的最低工资大于或等于 w^*，那么不论关系网络约束如何，员工只能获得最低工资。

（3）如果 $w_m \geqslant P$，那么企业将关闭或者搬走，毕竟人情不能当饭吃，这种情况本文暂不做分析，即后面的分析都是基于 $w_m \leqslant p$ 的假定，对于 n 也是内生的情况，将另撰文探讨。

下面我们分析政府的行为。

假定地方政府的税率 T 是外生的，如由中央政府决定。U_G 是政府的效用函数。假设存在 n 个相同的企业，给定企业的最优选择 w_{opt}，政府官员的效用取决于企业缴纳的税收和社会人际的效用，β 是政府官员的关系网络内的人的比重，代表政府官员受其关系网络的影响程度。假定政府官员的社会效用与企业主无关，只与全部劳动者 nL 有关，因此政府官员决定 w_m 使自身效用最大化：

$$\underset{w_m}{Max.}\ U_G = T \times n(P - w_{opt}) \times L + \beta \times n \times L \times h(w_{opt}) \qquad (6)$$

由于物价上涨，生活成本总是上升，故最低工资一般不能往低调。因此，地方政府的决策包含保持现状还是调高最低工资标准，以及调高多少的问题。假设当前的最低工资为 w_m，我们先讨论调不调高。和企业决策对应，地方政府的行为也分两种情况讨论。

（1）$w^* > w_m$ 时，$w_{opt} = w^*$。因此，地方政府调高 w_m 到 w^* 并不会对 π、$h(w_{opt})$ 有任何影响，因此，调高 w_m 时政府的总效用不变。但当社会关注员工工资问题，在提高最低工资能够表示政府在积极作为、关心民生而对政府总效用并没有影响①时，政府有激励提高最低工资到 $w'_m = w^*$。而由命题1又可知当关系约束越大时（α 越大），w^* 越大，故可知最低工资也会提得越高。可得：

命题3：当 $w^* > w_m$ 时，地方政府愿意并积极提高最低工资标准，且最低工资标准的上限为 w^*，且关系约束越大，w^* 越高，最低工资也可以提得越高。

（2）当 $w^* \leqslant w_m$ 时，$w_{opt} = w^*$。当最优化问题（6）变成为：

$$\underset{w_m}{Max.}\ U_G = T \times n(P - w_m) \times L + \beta \times n \times L \times h(w_m) \qquad (7)$$

此时，若提高最低工资标准会减少税收，却能提高官员的社会效用，因此，存在两种效用的权衡。这里也有两种情况：

第一种，如果 $n\beta h'(w)\Big|_{w=w_m} > nT$，即官员提高最低工资标准带来的边际社会效用高于边际税收的减少，那么地方政府官员就有激励提高最低工资标准。

第二种，$n\beta h'(w)\Big|_{w=w_m} \leqslant nT$，即官员提高最低工资标准带来的边际社会效用小于或等于边际税收的减少，那么地方政府官员就不愿意提高最低工资标准。

---

① 当然政府出台调整最低工资政策或法令也是需要一定成本的，但此成本可忽略不计。

可知，β 越大，地方政府官员提高最低工资标准的激励——边际社会效用的增加也越大，越有可能大于边际税收的减少量，越有可能提高最低工资标准，反之则越小。得到：

命题4：当 $w^* \leqslant w_m \leqslant P$ 时，政府官员的社会关系约束越强（β 越大），官员越有可能提高最低工资的标准。

在政府有激励提高最低工资标准时，因为 $w^* \leqslant w_m \leqslant w'_m$，提高后的最低工资标准 w'_m 肯定大于企业的一阶条件的工资 w^*。故地方政府会一直提高最低工资标准到 $\beta h'(w)\Big|_{w=w_m} = T$。用 w_m^* 代表满足 $h'(w) = T/\beta$ 的最低工资，那么地方政府提高的最优幅度为：$w_m^* - w_m$。又因为 $h'' < 0$，故 β 越大，w_m^* 越大，地方政府官员提高幅度也越大或调整最低工资标准的空间也越大。证明与前面 α 和 w_{opt} 的证明类似，不另证明。

命题5：当 $w^* \leqslant w_m \leqslant P$ 时，且地方政府有激励提高最低工资标准时，提高的幅度与政府官员的关系网络约束 β 的大小成正比。

综合企业和政府的决策，我们可以得到：α 越大，w^* 越大，其他条件相同，越有可能 $w^* \geqslant w_m$。当 α 足够大，使得 $w^* \geqslant w_m$ 时，α 越大，员工获得的工资越高，同时政府越有激励调高最低工资到 w^*。α 越小，w^* 越小，其他条件相同，越有可能 $w^* \leqslant w_m$，政府调高最低工资的意愿将取决于政府所受关系约束 β 的大小，β 越大，越有可能提高最低工资，而且调高最低工资的幅度也越大。

四、数据分析与验证

（一）类型划分

本文选择了广东与江苏、浙江3个省份的外来人口和外来劳动力占总人口和总劳动力的不同比重以及境外企业数占各省企业总量的比重，来验证不同的关系网络对经济行为的不同影响。

首先，表1显示，自2000年以来，广东省全部外来人口占总人口的比重为29.28%，比江苏、浙江合计的外来人口占总人口的比重14.61%高出了1倍。如果观察外来人口的3个来源结构，我们会发现人口流动结构的明显差异。广东外来人口主要是来自其他县市（6.93%）和外省

(17.43%)，而江浙地区则大部分是在本县（市）内流动。在本县（市）内不同乡镇的人口流动占总人口的比重广东省低于江浙合计。在跨县（市）的人口流动数量占总人口的比重中，广东省比江浙外来人口合计占两省人口总量的比重高出3个百分点以上。而跨省的外来人口占总人口的比重，广东省比江浙的平均水平高出12个百分点。

表1　外来人口所占总人口的比重①

地区	本县（市、区）内外来人口占总人口比重（%）	跨县（市）外来人口占总人口比重（%）	跨省外来人口占总人口比重（%）	全部外来人口占总人口比重（%）
江苏	5.50	3.32	3.41	12.23
浙江	6.78	3.71	7.89	18.38
广东	4.92	6.93	17.43	29.28
江浙合计	6.00	3.47	5.14	14.61

资料来源：根据《中国人口统计年鉴（2002）》之《中国2000年各地区分性别的外来人口户口登记地状况统计》和《中国统计摘要（2001）》之《中国2000年各地区年底总人口统计》计算而得。

其次，进一步观察外来劳动力占总劳动力的比重指标，这种差别更加显著。从表2可以看出，广东省全部外来劳动力占从业人员总量的比重达到51.78%，比江浙两省的平均水平22.34%高出近30个百分点。这种差别主要体现在省内不同市县的劳动力流动比重和跨省之间的外来劳动力比重上，在江浙两省，这两类劳动者比重仅为13.17%，而广东省的这两类劳动力占从业人员总量的比重却达到了43.08%，两者相差了近30个百分点。

① 本县（市、区）内外来人口指的是居住在当地，但户籍在本县（市）或市（区）其他乡镇或街道的人口；跨县（市）外来人口指的是居住在当地，但户籍在本省其他县（市）或市（区）其他乡镇或街道的人口；跨省外来人口指的是居住在当地，但户籍不在本省的人口。

表2　江苏、浙江和广东三省外来劳动力的比重

地区	本县（市、区）内外来劳动力占总从业人员比重（%）	跨县（市）外来劳动力占总从业人员比重（%）	跨省外来劳动力占总从业人员比重（%）	全部外来劳动力占总从业人员比重（%）
江苏	9.08	5.48	5.63	20.20
浙江	9.28	5.08	10.79	25.16
广东	8.70	12.25	30.82	51.78
江浙合计	9.17	5.31	7.86	22.34

注：根据第5次人口普查结果，跨省流动人口中，因务工、经商、工作调动、分配录用等原因流动的人口占全部跨省流动人口的79%。参见《中国人口统计年鉴（2002）》中《我国跨省流动人口的主要特点》。而珠三角的外来人口因工作原因流动的比重可能更大。本县（市、区）内外来劳动力指的是居住在当地，但户籍在本县（市）或市（区）其他乡镇或街道的人口总数乘以79%；跨县、市外来劳动力指的是居住在当地，但户籍在本省其他县（市）或市（区）其他乡镇或街道的人口总数乘以79%；跨省外来劳动力指的是居住在当地，但户籍不在本省的人口乘以79%。

资料来源：根据《中国人口统计年鉴（2002）》之《中国2000年各地区分性别的外来人口户口登记地状况统计》和《中国统计年鉴（2001）》之《各地区按三次产业分的年底从业人员数》计算而得。

最后，我们再来看广东与江浙两省企业的性质和来源结构。外来企业数量占本地企业总数的比重是反映这种结构的基本指标。受到数据限制，境内外省市的企业数量没有包括在内，同时规模以下非国有企业的数量也没有作为各地企业总数的一部分。这里用境外企业数量占规模以上企业总数的比重作为替代性指标，我们认为，这个指标在一定程度上也可以反映一个地区的企业与本地社会关系网络的密切程度。由表3可知，广东省境外企业数量占全部国有及规模以上工业企业[①]总数的比重达到了42.72%，而江浙两省合计的这个指标为16.05%。

① 全部国有及规模以上非国有工业企业是指全部国有工业企业及年产品销售收入在500万元以上的非国有工业企业。

表3　江苏、浙江和广东的境外企业数量与比重

地区	全部国有及规模以上非国有企业数（个）	外商投资企业数（个）	港澳台商投资企业数（个）	外商和港澳台投资企业数	外商投资企业所占比重（%）	港澳台商投资企业所占比重（%）	外商和港澳台投资合计所占比重（%）
江苏	18309	1644	1516	3160	8.98	8.28	17.26
浙江	14575	936	1181	2117	6.42	8.10	14.52
广东	19695	1682	6731	8413	8.54	34.18	42.72
江浙合计	32884	2580	2697	5277	7.85	8.20	16.05

资料来源:《中国统计年鉴（2001)》之《中国2000年各地区全部国有及规模以上非国有工业企业单位数和工业总产值统计》。

总之，基于广东省与江浙两省在上述3个方面的数据差异，本文把广东省看成是弱关系约束的地区，江、浙两省为强关系约束的地区。

（二）行为比较

为了比较不同关系网络下的企业与地方政府对待员工工资收入的行为差异，确定可观察的行为指标是十分必要的。关于两地的工资差距，本文引言中已经列举了大量的数据。关键还要考察企业其他的行为，以验证在不同关系网络下企业所受到的约束不同是否影响其行为。因此，本文使用各地区发生劳动争议与纠纷的数量作为衡量企业机会主义行为的指标，并把各省的纠纷数量放在企业数量的基础上加以考察。通过比较，可以发现企业机会主义行为在不同关系网络地区之间的差别，详细和系统的计量分析请参见拙文（郑筱婷、王珺，2006)。对于政府我们直接用最低工资的制定的高低、调整最低工资的频率以及调整最低工资的幅度或增长率作为行为的指标。下面对以上指标的比较均验证了第三部分理论模型所提出的假设与命题。

1. 机会主义行为的比较

2000年，广东省从业人员总数为江、浙两省之和的61.69%，国有和规模以上企业数为江、浙两省之和的59.89%。而2000年广东省劳资纠纷与争议案件数却相当于江、浙两省之和的79.07%，劳动争议当事人人数为江、浙两省之和的1.71倍。2004年，广东省劳资纠纷与争议案件数和劳动争议当事人人数分别相当于江、浙两省之和的72.30%和1.8倍[①]。可见，广东省企业的机会主义行为的水平要高于江、浙两省。

从争议案件的结构上看，广东接近一半为劳动报酬争议，而江、浙劳动报酬和保险福利的争议各占约1/4，见表4。尤其浙江在所有争议中关于保险福利的争议的比例在2004年高达52%，见表4。2000年，江苏和浙江关于劳动报酬的劳动争议分别为6612和1865件，分别占所有劳动争议的24.69%和28.90%，关于保险福利的劳动争议分别占22.14%和31.24%。而2000年广东省关于劳动报酬的劳动争议为11572件，占广东所有劳动争议的44.04%，是江、浙两省合计的1.37倍，该数字在2001—2004年分别为0.75倍、0.79倍、1.38倍和1.14倍。以上均表明，关于报酬的劳动争议广东远比江、浙地区频发。关于保险福利的争议广东要少于江、浙地区。2000年，广东关于保险福利的争议约相当于江、浙之和的16.19%，2004年该数字达47.71%。这是由于以前大量的人尤其是外来工并未纳入社会保险体系。最近两年法律明确规定外来工也可入社保后，广东的保险和福利的争议在飞速增加，从2000年的1286件上升到2004年的7880件，增长了近4倍。另外，劳动者一旦离开了工作地，转移和接续社会保险关系是一个很大的问题。对外来工来说，流动性很强，一旦离开某个省、市，就很难享受到社会保险的权利。因此，外来工对缴纳社会保险并不关心。相比之下，在江、浙地区，有限的流动性使企业与员工之间形成了较长期的雇佣关系。在这种关系中，职工不仅关注现期的工资收入，更在乎涉及未来预期的保险与福利待遇。一旦企业侵犯了自己的社保权益，就会向劳动仲裁委员会申诉。这些均导致本地员工比外地员工更关注社会保险的法定权益，从而外来工多的地区反而保险福利的争议相对较少。

① 数据来源：根据《中国劳动统计年鉴（2001）》和《中国劳动统计年鉴（2005）》中的数据计算而得。

表4　江苏、浙江与广东省的劳动争议的案件数

（单位：件）

原因	地区	2000年	2001年	2002年	2003年	2004年
劳动报酬	江苏	6612	8103	8981	11173	13564
	浙江	1865	2633	3372	3516	4098
	广东	11572	8102	9811	20335	20167
劳动保护	江苏	3081	3829	5362	5416	—
	浙江	988	1067	2133	3543	—
	广东	4182	3459	4012	5644	—
保险福利	江苏	5928	3977	2745	6828	10306
	浙江	2016	3065	2968	2597	7880
	广东	1286	1058	1393	3139	8676
案件总数	江苏	26776	29682	31184	36675	42528
	浙江	6454	8902	10928	12263	15192
	广东	26274	20348	24061	42228	41732

注：《中国劳动统计年鉴（2005）》中没有劳动保护这一项数据。

资料来源：2001、2002、2003、2004、2005年《中国劳动统计年鉴》。

2. 最低工资标准高低的比较

本文用不同省份的最低工资标准的调整幅度与频率作为地方政府行为的显示性指标。在地方政府制定与调整最低工资标准的范围内，一个地区的最低工资标准定得高低，调整的幅度大小、频率多少等可以反映地方政府的行为取向。各省历年的最低工资数据详见表5。

表5　江苏、浙江和广东的最低工资

（单位：元/月）①

地区	江苏		浙江		广东	
年份	一类	二类	一类	二类	一类	二类
1996	240	200	245	230	320	300
1999	320	290	380	350	450	400
2001	430	360	440	410	450	400
2002	460	370	520	480	510	450
2003	540	450	520	480	510	450
2004	620 *	500	620	560	684 *	574
2005	690 **	550	670	610	684	574

注：* 2003 和 2004 年新订的最低工资标准中，江苏省明确规定最低工资中不含个人缴纳的社会保险费用；2004 年，广东省和浙江省则明确规定最低工资标准包含个人缴纳的社会保险费。这样广东 684 元扣除 155 元个人应依法缴纳的社会保险费后，最低工资标准升幅非常有限。

**2005 年，江苏省则规定新标准含劳动者个人依法缴纳的社会保险费，但是不含住房公积金。

资料来源：各地方劳动局文件及公布于报刊的数据，不一一列举（广东不含深圳、珠海的数据）。

鉴于一个省内地区经济发展水平也有所不同，各省分别制定了几个档次的最低工资标准。比如，江苏和浙江省内都有 3～4 类最低工资标准，广东也有 6～8 类最低工资标准，每次调整时会有所不同。在每个省内，不同的城市也会根据自己的情况选择其中的某一档加以实施。本文选取最高 2 个档次（一类和二类）的最低工资标准适用范围与变化。从绝对标准上，20 世纪 90 年代中期广东的最低工资要高于江浙地区约 25%；而 2001 年之后差距开始缩小；2002 年至 2004 年 12 月广东再次调整最低工资前，则要低于江浙地区。另外，2000 年后，广东省只有广州市区选择了最低工资标准中的最高一档，其余地区，诸如南海、番禺、东莞、中山

① 每个地方调整最低工资时间不一致，如果该年份定了新的标准，则以该年份数据为新的标准。表 5 仅列举了部分年份的数据。

等珠江三角洲地区都选择了二类或更低档次的工资标准。而在江浙地区，有较多的地区选择了最高一档的工资标准，如江苏的南京市区、苏州市区、无锡市区、常州市区等，以及浙江省的杭州市区、温州市区、宁波市区等。尤其是东莞在1996年的最低工资标准是380元/月，和深圳、珠海特区一样高，而到了2002年则采用广东省二类最低工资标准450元/月。东莞是珠三角经济非常发达的外向型经济地区，外来工数目远远超过本地居民，企业多为港澳台投资和外资企业。总体上江浙地区的最低工资标准高于广东省。

从提高的幅度上，虽然2004年经过“民工荒”和媒体的大量宣传之后，广东省政府提高了最低工资标准，但是明确将个人依法缴纳社会保险费归入最低工资，做了社保扣除之后，最低工资上调的幅度是非常有限的。而上海、江苏等地明确规定不包含个人缴纳社会保险费，用人单位应另为其缴纳。

表5显示，在各省实施最低工资标准的1996年，广东省的一类和二类的最低工资标准都比江苏省和浙江省高出大约30%～50%左右。到2003年，广东省最高一档的最低工资标准已低于江苏和浙江。在二类的最低工资标准中，江苏与广东省持平，而浙江超过了广东。从1996年至2005年年底的10年间，广东省最低工资标准调整了6次，江苏省和浙江省分别调整了10次和7次。

深圳市不仅是“两头在外”的外向型经济，更是“三头在外”——依靠外来劳动力的典型地区。2005年，深圳市有户籍人口181.93万人，暂住人口645.82万人[①]。暂住人口是户籍人口的3.54倍。从典型案例的角度，借此可看出地方政府在政绩和社会效用之间的权衡。表6则显示了深圳市最低工资，在这方面，深圳作为最早实施最低工资的地区之一做得非常好。但是，最低工资标准调整的幅度均比较小。如在2003年和2004年，特区内只调了5元和10元；特区外，如宝安、龙岗等外来工大量聚集的工业区，调整幅度更是小，1992—2004年增加了不过200多元，而且与特区内的差距越拉越大，尤其是在1999—2004年的5次调整后只增加了61元，这与深圳市每年经济增长的速度非常不相称。

① 数据来源：深圳市统计局网站。

表6　深圳市历年最低工资调整（1992—2003）

（单位：元/月）

年份	1992	1993	1994	1995	1996	1997	1998	1999	2001	2002	2003
特区内	245	286	338	380	398	420	430	547	574	595	600
特区外	245	286	300	300	310	320	330	419	440	460	460

资料来源：深圳市统计局公布数据。

3. 最低工资标准调整频率和幅度的比较

下面再来看1996—2005年最低工资标准与平均工资水平、GDP、人均GDP及职工平均工资平均年增长率的比较。由于2004年珠三角外来工短缺问题的出现和舆论媒体的大力宣传，使得公众开始关注外来工的生存情况和最低工资的制定，2004年年底、2005年年初，广东各地纷纷调整了最低工资。因此，1996—2003年的数据更具有代表性和说服力。我们将和1996—2005年的增长率数据分别放在表7中以供比较。从表7中很容易就看出广东省和深圳市最低工资的增长率要低于江浙地区。1996—2003年，一类最低工资标准与二类最低工资标准、广东省GDP、人均GDP、职工平均工资水平之间的增长比例是：1.00：0.87：1.61：1.28：1.72，最低工资远远低于其他经济指标的增长幅度。深圳为：1.00：0.69：1.25：0.76：0.82，但是如果以二类最低工资标准与GDP、人均GDP、职工平均工资水平之间的增长率比，结果为：1.00：1.81：1.10：1.20。非常明显，深圳最低工资的增长远低于经济的增长和职工平均工资的增长。与之相比，1996—2003年江苏一类最低工资标准与二类最低工资标准、GDP、人均GDP、职工平均工资水平之间的增长比例为：1.00：1.00：0.90：0.84：1.07，浙江为：1.00：0.98：1.09：1.01：1.44。江、浙地区一类最低工资和二类最低工资之间的差距非常小。而经过2004年后的调整，1996—2005年，广东省一类最低工资标准与二类最低工资标准、GDP、人均GDP、职工平均工资水平之间的增长比例是1.00：0.85：1.62：1.21：1.28，深圳的这些数据增长比例1.00：0.82：1.65：0.77：0.77，江苏省为：1.00：0.96：1.06：1.01：1.10，浙江省是1.00：0.97：1.17：1.07：0.99。显然，与江苏和浙江相比，广东省最低工资标准的增长幅度还是最低的。

表7 1996—2005年最低工资标准、平均工资水平、GDP、人均GDP及职工平均工资平均年增长率的比较

（单位：%）

项目	1996—2003				1996—2005			
	江苏	浙江	广东	深圳	江苏	浙江	广东	深圳
一类最低工资	12.28	11.35	6.89	13.65	12.45	11.83	8.81	12.19
二类最低工资	12.28	11.08	5.96	9.42	11.90	11.45	7.48	10.05
GDP	10.99	12.40	11.11	17.05	13.16	13.89	14.30	20.06
人均GDP	10.33	11.41	8.84	10.37	12.57	12.62	10.63	9.38
职工平均工资*	13.18	16.33	11.85	11.26	13.69	11.73	11.29	3.37

注：*职工平均工资数为全部职工平均工资，除了2003年和2005年深圳市数据为在岗职工平均工资数。

资料来源：根据上两表最低工资数据计算而得；其他数据根据各年份的《中国统计年鉴》和《中国劳动统计年鉴》的数据及2005年来自各地的统计公报的数据计算而得。

（三）相关性解释

把广东省与江浙两省的分类与地方政府和企业在制定和支付工资收入方面的行为联系起来，我们发现，江浙地区作为一个强关系网络地区，是与最低工资标准较高、调整频率较快以及调整幅度较大、企业与员工之间的劳资争议较少相对应的；而广东省作为一个弱关系网络地区，是与最低工资标准较低、调整频率以及调整幅度偏低、企业与员工之间的劳资争议较多相对应的。之所以形成这种对应联系，笔者的理论解释是，由于员工的工资收入是员工有组织的谈判能力、正式制度规则与关系网络作用的函数。在我国现有的经济体制下，一方面，外来劳动力在当地缺乏有组织的谈判能力；另一方面，与保障劳动力工资相关的各种正式规则的制定与实施也是不断完善的过程。这使地方政府与企业在制定与执行正式的制度规则的同时，仍然存在着较大的自主空间。在这种条件下，社会关系网络的强弱对员工工资收入与福利待遇就会产生重要的影响。

具体来说，在广东省与江、浙两省这两个地区人均GDP以及产业结构大致相同的条件下，作为一个强关系网络的江、浙地区，本地员工与本

地成长起来的企业主和政府雇员之间存在或多或少的各种社会关系，诸如亲戚、朋友、街坊邻居等。他们之间构成了一个具有紧密联系的本地人关系网络。在这个关系网络中，每个成员的经济行为都会受到这种关系网络中的价值与道德规范的约束。基于这种关系网络被认为是可实施监督、约束与集体惩罚的第三方机制（格雷夫，2003），地方政府与企业在追求自己收益最大化的同时，也会更多地顾及其他成员的利益。否则，这些地方政府官员和企业主在社会关系网络中的口碑与信誉就会受到损害。因此，地方政府相对较快地调整本地最低工资标准，企业与员工之间的劳资纠纷与争议的案件也相对较少，就是这种强关系网络施加影响的结果。

在江、浙地区，虽然外来工在整个社会总劳动力中也占有一定的比重，但是由于本地员工占有较大的比重，且本地员工与企业、地方政府官员之间的社会关系网络对当地工资水平的形成产生着支配性影响，加上外来工从事的多是市场化企业的工作，因而一般遵循同工同酬的制度规则，即无论本地人与外来人，只要从事相同的职业，一般会获得相同的报酬，因此，江、浙地区的外来工在客观上“搭上了本地员工较高工资水平的便车”，从而获得了相对高于广东省的工资收入。这就是我们观察到的江浙地区的外来劳动力工资水平高于广东省的一个重要原因所在。当然，由于关系网络不同，本地人与外来人在一个地区的就业岗位是不同的，因而在收入分配上会有差别。

随着大量的外来人口、外来劳动力与企业的进入，本地人之间的关系网络约束力也会出现弱化。作为一个弱关系网络约束的广东省，企业、地方政府与外来劳动力之间在签订经济合约之前几乎很少存在相互交往的社会关系。由于缺少这种关系网络约束，地方政府在制定与调整本地最低工资标准时，从本地生产总值与税收收入最大化角度出发，更多地考虑低工资标准作为投资环境的一个优势而如何有利于扩大招商引资，而较少地顾及外来劳动力的利益，加上外来劳动力缺乏有组织的谈判能力的影响，这就造成了这样一种结果，即广东省各地区在20世纪90年代中期根据经济发展水平制定的最低工资标准相对高于江、浙地区，随后的调整幅度一直比较缓慢，以至于在2003年的最低工资标准低于江浙地区。同样，企业与大多数外来工之间除了劳动合约关系之外，几乎没有其他的社会联系。因此，企业在追求利润最大化时，也就不会受到合约关系之外的其他关系网络制约。由于缺少社会关系约束，企业在与员工签订的劳动合约中，往往以当地规定的最低工资标准作为支付的平均水平。据2004年广东省总工会在对珠江三角洲地区外来工工资收入的调查数据显示，外来工中仅一成人的月工资收入达到全省职工的平均水平①；月收入在800元以下的占48.2%，而这已接近广州最低工资水平684元；另外，有13.2%的外来工工资低于500块；76.3%的员工工资低于1000元②。这表明，大量外来工只能获得最低工资标准附近的工资，更有一成多外来工不能达到最低工资标准。此外，由于合约的不完整性，仍然有相当数量的企业在实施劳动合同过程中发生各种违约的机会主义行为，广东省因拖欠工资、少缴社保基金、伤残补偿偏低、欠薪逃匿等所引起的劳动争议案件明显地多于江浙地区就说明了这一点。

五、结论

本文把关系网络纳入效用函数中，从而将经济学与社会学的“嵌入”理论结合起来。通过基于关系约束的效用最大化假说，解释了在我国正式制度规则不断完善过程中，一些经济发展水平与产业结构大致相同的地区里为什么外来工工资水平存在差异的问题，并得出了这样的结论：在缺乏完善的正式制度规则的条件下，一个地区的社会关系网络的强弱程度对外来劳动力工资水平的差异产生着重要的影响。在外来工缺乏有组织的谈判能力条件下，这种影响主要通过具有强势谈判地位的地方政府与企业所受到的关系约束差异反映出来。本文模型本质上指出了：收入分配不仅与市场和双方的谈判能力有关系，也取决于社会人际收益对一个人行为的影响。广东是外向型经济的典型和全国外来务工人员最多的省份，而浙江则是“草根”民营经济的典范，扎根于社区的企业家和政府要比外来的企业家和管理外来劳动力的政府更多地考虑劳动者效用或对于劳动者有更多的同情心。

工资水平的差异会引起外来劳动力的流动，目前相当一部分外来劳动

---

① 《近半外来工月薪不足800 粤外来工生存状况调查》：“在对外来工工资收入的调查中发现，月收入在800元以下（国家纳税标准）的占48.2%，月工资收入在1200元以下的占近8成（78.7%），月工资收入在1600元以下的高达89.4%。”参见《南方都市报》2004年7月6日。

② 引自：广东省总工会于2015年1月19日公布的“广东省进城务工人员劳动经济权益维护和工会组建相关问题”调查，参见《羊城晚报》2005年1月20日。

力由流向广东省转向流入江、浙地区就是对这种工资差异做出的反应。无疑，这种流动会加速两地的正式制度的建立与实施。比如，一部分外来劳动力以“用脚投票”方式离开弱关系网络约束地区，这会促使其加速强化正式制度规则，并将最低工资标准提高到与强关系网络地区大致相同的水平，以改善政府的形象。同时，强关系网络地区吸收了相当一部分外来劳动力，从而会降低关系约束的影响力。为避免类似弱关系网络地区发生的大量劳资争议与纠纷，这也会促使这类地区加速建立正式制度。而正式制度的建立与实施会使关系约束的重要性下降。

然而，关系网络作为正式制度规则的一种重要补充总是客观存在的，不可能完全被替代和取消。这对于处于不同关系网络中的经济行为仍会产生重要的影响。不分析这种经济行为背后的社会关系，就无法找出同样的市场与制度环境下各地区经济主体之间的行为差异。把这种关系网络纳入经济学的分析范围，特别是把经济行为的最大化原则放在不同的关系网络中进行观察与分析，将会使经济学解释更加贴近实际。本文仅仅是从关系网络对形成不同地区工资差异的影响方面做了有益的尝试和探讨。

参考文献

[1] 费孝通．乡土中国生育制度［M］．北京：北京大学出版社，1998.

[2] 格雷夫·埃维纳．经济、社会、政治和规范诸因素的相互关系与经济意义：中世纪后期两个社会的状况［M］//约翰·N．德勒巴克，等．新制度经济学前言．北京：经济科学出版社，2003.

[3] 梁漱溟．中国文化要义［M］．上海：上海人民出版社，2005.

[4] 林南，边燕杰．中国城市中的就业与地位获得过程［M］//边燕杰．市场转型与社会分层．北京：生活·读书·新知三联书店，2002.

[5] 姚先国，赖普清．中国劳资关系的城乡户籍差异［J］．经济研究，2004（7）.

[6] 郑筱婷，王珺．社会关系网络与雇主机会主义行为的实证研究［J］．中国工业经济，2006（5）.

[7] 周大鸣．外来工与“二元社区”——珠江三角洲的考察［J］．中山大学学报（社会科学版），2000（2）.

[8] Akerlof G A. Fairness and Unemployment［J］. American Economic Re-

view, 1987, 78 (2): 44 - 49.

[9] Baker H R D. Chinese Family and Kinship [M]. London: Macmillan, 1979.

[10] Beker G. A Theory of Social Interactions [J]. Journal of Political Economy, 1974, 82 (6): 1063 - 1093.

[11] Bourdieu P. The Forms of Capital [M] //Richardson J G. Handbook of Theory and Research for the Sociology of Education. New York: Greenwood Press, 1986.

[12] Chun H, Graen G. Guanxi and Professional Leadership In Contemporary Sino-American Joint Ventures in Mainland China [J]. Leadership Quarterly, 1997, 8 (4): 451—465.

[13] Coleman J S. Foundations of Social Theory [M]. Cambridge, Mass: Belknap, 1992.

[14] Granovetter M. Economic Action and Social Structure: The Problem of Embeddedness [J]. American Journal of Sociology, 1985, 91: 481 - 510.

[15] Nickell S, Wadhwani S. Insider Forces and Wage Determination [M]. Economic Journal, 1989, 100 (401): 496—509.

[16] Putnam R. Making Democracy Work: Civil Traditions in Modern Italy [M]. Princeton: Princeton University Press, 1993.

[17] Redding S G. The Spirit of Chinese Capitalism [M]. Berlin: De Gruyter, 1990.

[18] Williamson O E. The Economic Institutions of Capitalism: Firms, Markets, relational Contracting [M]. New York: The Free Press, 1985.

（原载《管理世界》2006 年第 8 期，与郑筱婷合著）

是什么因素直接推动了国内地区间的产业转移

一、问题的提出

当前，产业转移与产业承接已成为我国不同地区调整结构、促进发展的政策重点。要使这些政策有效、可行，就需要对推动国内地区之间产业转移的基本因素与机制有一个深入的理解。在现有的文献中，产业转移经常被看成是地区之间要素差价推动的结果。这种差价包括政策优惠程度、工资差距与地价差距三个方面。许多文献讨论了单纯依靠政策优惠差异的局限性。比如，当一个地区在吸引外资方面采取了比其他地区更优惠的政策，并造成一种进入机会的差别时，其他地区就会纷纷效仿，由此导致地区之间的优惠政策趋同。由于地区之间优惠政策的竞次性（race to the bottom）攀比，企业不敢贸然进入；即使进入了，也不会进行长期性投资。所以，这需要把优惠政策差异建立在要素差价的基础上。问题在于，当我们把分析产业转移的注意力集中在地价差距与工资差距时，就需要区分这两种差距各自的适用范围与边界条件，因为这涉及不同的因果联系。找出它们之间在产业转移推动中的差异与联系，既有利于充实现有的产业转移理论，也为蓬勃兴起的国内地区间产业转移的实践与政策提供依据。基于此，本文在对国家之间与国内不同地区之间的产业转移动因进行区分的基础上，提出这样一个观点：在跨国性的产业转移中，两国之间的工资差距是一个直接的推动因素；而在国内不同地区之间，地价差距比工资差距具有更直接的推动作用。这是由于国内地区之间劳动力流动的不同影响所推动的，即地区之间的工资差距引起了劳动力流动，这种流动在缩小了地区之间工资差距的同时，却推动了两地之间地价差距有所拉大，这导致地价上涨较快地区率先推进产业转移，进而对大城市到周边地区的产业结构调整产生连锁性影响。

二、工资差距导致产业转移的适用范围

经济学理论表明，劳动力流动与作为产业转移的资本流动是两种不同的平衡机制。在两地之间存在着工资差距的情况下，两种机制都有可能被选择，如资本从高工资地区流向低工资地区，劳动力从低工资地区流向高工资地区等，从而有利于两地之间的收入平衡。但是，由于资本流动面临的不确定因素往往多于劳动力流动，诸如一个投资者需要考虑的因素有投资环境、制度规则、资源条件、市场波动等，作为一个劳动者需要考虑的流动因素则主要与职业特性和劳动报酬相关，所以大量分散的劳动力流动往往会先发生，而不是资本流动先发生。而一旦劳动力发生了流动，这又对资本流动产生了影响。这样，劳动力流动就成为资本流动的一个前提条件。所以，分析作为资本流动的产业转移，需要从考察劳动力流动入手。

考察劳动力的空间流动都是以两个地区为假设的。当把这两个地区的假设应用于现实经济时，由于两个地区作为国家之间与国内地区之间对劳动力流动存在着巨大的差异，因此，需要对两个地区细分为国家之间与国内不同地区之间。在国内不同地区之间，如果存在着工资差距，就可能引起劳动力流动；在国家之间，即使存在着工资差距，也不一定引起劳动力流动，其原因在于各国对劳动力流动的限制远远超过了国家内部的不同地区之间。当我们把劳动力流动放在这两种细分的环境中，就可以发现它对平衡工资差距和产业转移的不同影响。

首先，两种环境下的劳动力流动存在着较大差别。关于国际移民与国内不同地区的劳动力流动的许多研究结果支持了这种看法。2000 年，我国移民国外的人数为 45. 8 万人，而国内移民数量则高达 1. 2 亿人。在 20 世纪 90 年代后半期，越南移民国外的人口数量不足 30 万人，而其内部移民高达 430 万人（Priya & Grimm，2004）。一些学者考察了美国在 1820—2000 年间移民在总人口中比重的变动后发现，在 1820—1914 年，移民在美国总人口中的比重从 9. 6% 提高到 14. 6%；在 1914—1950 年，这个比重又从 14. 6% 下降到 6. 9%；在 1950—2000 年，这个比重又上升到 9. 8%（沃尔夫，2008）。这种变化表明在交通运输成本持续下降的同时，各国移民政策并没有太大的变化，特别是在第二次世界大战期间还有所强化。其中，限制性的移民政策完全抵消了运输成本的降低，这就导致了移民比

重的变动。相对来说，国内不同地区之间的劳动力流动基本上不存在类似限制国际移民的政策性障碍。所以，随着国内不同地区之间的运输成本不断降低，相对于国际移民来说，国内不同地区之间的劳动力流动规模会越来越大。正如世界银行在2009年的发展报告所指出："尽管国际移民仍然是媒体关注的焦点，但迄今为止最大的移民流是国内不同地区间的移民流，不是农村流向城市的移民流，而是从经济落后地区流向先进地区的移民流。"（世界银行，2009）

其次，劳动力流动差异对工资收入趋同产生了不同的影响。均衡移动模型（Hunt，1993）表明劳动力流动对平衡两地之间工资差距的作用。就像水位落差导致水流一样，只要存在工资水平的落差，就有劳动力流动，直到两地之间工资水平趋同为止。如果劳动力流动规模越大，它们之间的工资差距就缩小得越快。相反，如果劳动力流动规模越小，两地之间工资差距的持续时间就越长，差距也越大。比如，在19世纪初，最富裕国家劳动力的真实工资最多等于最贫困国家的3倍，如今则是15倍以上。至少可以说，这是国际移民流动不易的结果。相反，在国内不同地区，劳动力大量流动在相当程度上导致工资水平的趋同。一些研究结果表明，美国在1820—1860年的40年间，东北部劳动力向中西部的流动使前者比后者的工资差距从高出40%左右下降到不足10%（Margo，2000）。19世纪中期至20世纪初期，法国农村劳动力大量流入巴黎，导致这两个地区工资差距由5倍左右缩小到1倍左右。19世纪后期至20世纪50年代期间，加拿大城乡间工资差距随着劳动力流动也出现了大幅度地缩减。日本的地区收入不平等在1955—1961年间先是上升，随后在1961—1975年期间下降，研究将这种趋同归结于劳动力流动（世界银行，2009）。在20世纪90年代初期，当时西德消除了东德劳动力流入的限制，这使得在1990—2007年间，大约有170万东德居民流入到西德，占了东德1700万人口的1/10。这种流动导致两地之间的生活水平趋同与经济集中（世界银行，2009）。一些研究我国广东省人口流动与工资水平关系的数据显示，作为我国改革开放以来持续流入劳动力数量最多的广东珠三角地区，在20世纪90年代中期雇用一位外来工的月平均工资大约在550～650元之间，这不仅比周边省份农民工工资水平高出30%～45%左右，而且也比我国经济较发达的长三角地区平均工资水平略高一些。10年之后，外来工的月平均工资提高到750～920元之间，大约上涨了200～300元。这不仅缩小了与湖南、四川、江西等地的农民工收入水平的差距，而且与长三角地区农民工月平均工资相比，珠三角地区农民工收入水平却偏低了15%～20%左右（王珺等，2005；万向东等，2006）。许多学者从不同角度解释这种变化的原因，如管理制度不健全、社会保障不到位、地方政府为追求GDP与外资数量的业绩在外资与外来工的利益关系平衡上倾向于外商等，但是外来劳动力大量而持续地流入，所形成的源源不断的劳动力供给不能不说是一个基础性因素。2005年以来，地区之间工资差距的缩小自然会引起流入珠三角地区劳动力数量的减少。近年来，珠三角地区持续出现的“民工荒”就是一个例证。

最后，工资差距的变化导致对产业转移的不同激励。由于劳动力流动差异，国家之间的工资差距是远远大于国内地区之间工资差距的。一些研究数据显示，1998年，美国、日本和韩国制造业的单个劳动力工资水平分别是中国的47.8倍、29.9倍和12.9倍，这远远高于中国不同地区之间的工资差距，中国平均工资最高的省份与最低的省份相差不到2倍（徐佳宾，2005）。如果这种工资差距被看成是对产业转移的一个激励，那么，受到这种激励，产业在国家之间的转移比在国内不同地区之间的转移要强得多。20世纪80年代以来，资本全球化大大快于劳动力市场一体化的进程导致工资差距的长期存在。在资本市场放开和通信网络成本大幅度降低的情况下，这种差距驱使国际的资本流动成倍增长。1950—2000年间的外商直接投资增长率以两倍于全球GDP的速度增长，并且比世界出口增速快了30%～40%（彼得·迪肯，2007）的历史事实就是一个印证。然而，从国内不同地区来看，情况就不同了。因为劳动力跨地区流动缩小了地区之间的工资差距，从而减弱了为追求工资差距驱动的资本流动。对于一些发达经济体来说，目前跨国投资增长的势头超过了国内地区之间企业的投资增长率也印证了这一点。

总的来说，在假设劳动力不可流动的国家之间，工资差距会长期存在，这就构成了对资本流动的基本激励。然而，在劳动力可流动的国内地区之间，工资差距会随着劳动力大量的流动而趋于缩小，因而对资本流动的激励会降低。

三、地价差距的发生机制与影响

虽然国内地区之间的工资差距在缩小，但是产业转移依然会大量地发生。例如，进入2010年，富士康计划从深圳北迁到郑州等地，英特尔关闭在上海的工厂并在成都扩建生产基地，惠普在重庆设立笔记本电脑出口制造基地，联合利华酝酿在湖南设立新厂，海尔、格力、美的和TCL等国内家电巨头也计划或启动在内地建立新的生产基地，等等（李鹏等，2010）。笔者认为，这主要与地区之间的地价差距相关。迪亦戈和维纳布尔斯（Puga & Venables，1999）等人的研究表明，当贸易成本降至很低的水平时，一个公司是否在当地销售和购买已变得无关紧要。这样，公司所在地基本上由地方不动产要素的成本如土地和房地产的成本来决定。从这种观点来看，一个公司发生经营活动的跨地区转移与配置就是土地成本变化的结果。

地价是土地供求相互作用的结果。受到一个地区或城市的土地供给刚性的影响，土地供给不会随着价格的上涨而增加。这样，地区之间的土地价差主要取决于各自土地上承载的不同经济规模与人口数量。这就是人们常说的反映各地区单位面积上产出规模的经济密度。无疑，地区之间的经济密度差异与它们各自的资源禀赋存量是相关的，在资源可流动的条件下，一个地区吸收外部资源的数量对其经济密度产生着重要的影响。特别是当一个地区在快速扩张时，外部资源的流入往往起着决定性的作用。其中，劳动力的流入与流出是影响这两个地区地价变动的一个重要因素。围绕着一个地区之所以能吸引资源、特别是劳动力流入的问题，经济学家们有过许多理论论述。在马歇尔（Alfred Marshall）的模型中，信息与技术溢出、基于产业链联系的要素投入和专业劳动力市场共享这3个因素形成了规模经济对资源流入的重要作用（马歇尔，2005）。刘易斯（Arthur Lewis）的二元经济模型表明，工业部门的快速持续扩张对劳动力的需求使得工业部门的工资水平高于农业部门，从而吸引劳动力从农业流向工业部门（刘易斯，1989）。克鲁格曼（Krugman）论述了在运输成本不断降低的条件下，一个地区选择的行业可能与“历史与偶然性的方式演化”相关（克鲁格曼，2005），一旦产业确定下来，规模报酬递增对资源流向就会发挥作用。其结果是，一些地区不断地集聚资源，而另一些地区则趋于扩散，这就产生了两地之间经济规模的差异，经济地理学在分析生产的空间布局时使用的中心—外围框架就是建立在这个基础上的。

当劳动力等可流动资源更多地集聚到规模收益递增的地区时，这个地区的经济密度会超常增加，作为理论模型的中心角色会不断地得到凸显与强化。当把周边地区的一部分资源吸引过来时，核心地区与边缘地区之间的土地差价也会进一步拉开。由《2009—2010 年全球城市竞争力报告》发布的全球 500 个城市的排列数据显示，一个城市的经济密度与其地价是高度相关的。资源流入越多，经济密度就越高，相应地地价也会更高（倪鹏飞、彼得・卡尔・克拉索，2010）。经过工业化与城市化的发展，我国地区之间的地价差异也开始显现出来。2009 年，北京、上海、深圳和杭州的平均地价分别是 7582、10338、11607、19533 元，而武汉、重庆、西安和沈阳等二线城市的平均地价仅为 2535、2143、2424 和 1885 元。据中国地产指数研究院的数据分析，近几年来一线城市地价每年平均上涨率都在 30% 以上，二线城市则为 10% 的年均增长率。① 国土资源部公布的《2009 年长江沿线经济带各城市地价动态监测报告》显示了长三角经济带地价变动的四个明显的特点。一是 2009 年长江沿线经济带的 14 个城市综合地价增长率为 13.04%，高于全国 105 个城市平均综合地价 5.05% 的增长率。二是 14 个城市的地价水平整体上呈现一种东高西低的走势。三是四大重点城市的综合地价水平明显高于长江沿线经济带其他城市，其中上海市最高，每平方米为 9522 元；黄石市最低，每平方米为 466 元。上海市地价水平是黄石市地价水平的 20.43 倍。四是大城市的商品住房价格涨幅均超过了中小城市。上海市的商品住房价格增长率超过 20%，南京市和重庆市的涨幅都超过了 30%，黄石市、荆州市、宜宾市的商品住房价格增长率在 20% 以下（国土资源部，2010）。再以珠三角地区中的广州与肇庆两个城市的比较为例。2008 年，广州市城镇居民可支配收入为 25316 元，比肇庆高出 85.6%，而广州的平均房价为每平方米 9500～11000 元左右，比肇庆市高出 2 倍以上。② 上述数据表明，各个地区的地价上涨是不平衡的，其中劳动力流入越多、资源集聚越快的城市，

① 根据近几年来国土资源部下属的中国土地勘测规划院公布的《全国主要城市地价状况分析报告》整理而成。

② 根据《广东省统计年鉴（2009）》数据计算和整理。

地价上涨也是越快的。

一些大城市的地价迅速上涨会使其率先调整产业结构。在不同的地价上配置不同的行业始终是经济学家们讨论的一个话题。20 世纪 60 年代，阿朗索（Alonso）在杜能（Von Thunen）的农业区位论基础上提出的竞租理论表明，在单一中心的城市中，同地区的地价随着其到中心区的距离增加而下降。英国学者麦卡恩（McCann，2010）将这个理论应用于城市中的不同产业，进而解释了不同产业在城市空间中的不同分布。当然，现有的理论讨论基本上停留在一种地价与产业分布之间的静态匹配上。然而，一个城市的地价是一个动态的变动过程，如果一个城市的地价上涨得越快，那么这块土地上承载的产业就需要越快地调整。比如，一线城市比二三线城市的地价上涨得快，所以一线城市要加速产业结构调整的压力也会比二三线城市大得多。具体地说，在地价上涨之前，在一线城市中的一些制造业或一些用地较多、附加值较低的服务业或许还有获利的空间，地价上涨后获利空间就会下降。如果企业收入不能弥补地价上涨所带来的成本增加，那么它就会向低成本地区迁移。如果从事这类行业的大多数企业都感受到这种巨大的成本压力，就会引发一线城市的产业结构调整。这种调整是先从不适应高地价的行业、生产环节或经营方式开始的，用日本学者小岛清的话说，这属于“边际产业的转移”。从行业角度看，与服务业相比，制造业与生产加工行业往往占地较多、附加值较低。在高地价冲击下，如果缺乏升级能力，就会率先退出。一项对广州产业用地现状与对策的研究报告结果显示，广州的工业与服务业之间的地均产值大约为 1：2.5。这表明，地价上涨使工业所面临的成本压力远远大于服务业，因而也会率先退出城市中心区。从产业链的角度看，处于“微笑曲线”低端的生产环节也属于占地较多、单位面积附加值较低的环节，在高地价下，这类环节也会率先外迁，而占地规模较少、附加值较高且对市场与知识外溢需求较大的研发与市场营销部门则被保留下来。在服务业的发展形态上，一些占地较多的、附加值较低的传统专业市场可能被挤出去，而附加值较高的专卖店、多功能汇聚的大型商场在城市会扩展开来，等等。当一线城市的土地从用于附加值较低的生产环节、行业转移到更高附加值的生产环节与行业时，大城市的产业结构就发生了变化（Barrios & Strobl，2004）。

四、产业转移的次序与梯度性分布

由于不同地区的地价上涨幅度不同，受到高地价的压力，产业转移往往先从高地价的大城市开始，而不可能全面地推进。那么，在大城市中这些产业或生产环节往哪里转移呢？在不考虑市场因素的假设下，周边地区的腹地是不可或缺的。早在 40 多年前，美国城市经济学家雅各布斯（Jane Jacobs）就阐释了城市的活力在于它与周边地区的经济互动。随着交通设施的改善及运输成本的大幅度降低，这种互动变得越来越紧密。例如，一部分产业转移出去了，但在这个行业就业的大量劳动力依然居住在城市；一些产业的生产环节转移出去了，而一些诸如研发、营销以及总部等环节仍留在城市；同时，受到地价的影响，一些劳动力在城市工作，而在城郊居住；等等。对于一个大城市来说，虽然地价上涨产生了产业转移的动机，但是如果缺乏周边地区的广阔腹地，就容易割断以上几种跨地区的生产与生活联系。在这种情况下，如果执意要推进产业转移，企业所支付的转移成本就会大幅度增加。如果不进行产业转移，这类产业在高地价的大城市中不仅生存不下去，而且由于这类产业转移不出去，也延缓了新产业的培育与成长。30 多年前，刚刚改革开放的珠三角地区成为承接香港劳动力密集型产业转移的腹地，这不仅为珠三角地区的经济起飞提供了许多必要的基础条件，而且推动了香港的产业转型。美国底特律城市的衰落则提供了一个因缺乏腹地而使城市中的一部分产业转移不出来的一个反面例子。

此外，随着运输成本的降低，腹地范围也会不断地扩展。产业转移的半径是与运输成本相关的。运输成本降得越低，产业转移的半径就会越大。同时，大城市向周边地区转移的产业与生产环节的数量也就会越多，这会带来大城市与周边地区的产业分工。比如，大城市把占地较多的生产环节与产业转移到了周边地区，新设置的一些岗位与行业也都与转移到周边地区的生产环节与行业保持着紧密的互动联系。同时，周边地区吸纳了转移过来的产业，一方面增大了自己的经济规模，另一方面也推动了自身的产业结构调整，在承接大城市转过来的产业与生产环节的同时，也把一部分低附加值产业转移到更边远的地区。这就构成了一种基于地价的梯度圈层结构。在这种结构中，具有不同附加值的产业与生产环节配置到不同的圈层之中，从而形成城市与周边地区之间的产业分工。显然，这种分工是以两地之间的经济互动为前提的，而这种互动是以运输成本的大幅度降低为基础的。

不可否认，二三线城市以及更边远的地区也会根据自己的要素价格变动做出结构性调整，但是大都市率先发动的结构调整对于二三线城市或周边地区来说往往构成了一种巨大的冲击力，这会形成一种结构调整的连锁反应。即先从高地价的大城市启动，再到二三线城市，然后是周边地区，最后是更边远的地区等。事实上，20 世纪 90 年代初期的亚洲产业梯度调整就是按照这个机制展开的，先从地价较高的日本开始，当日本的一些产业诸如造船、钢铁、电器生产、电子、机械等转移到韩国、台湾等地时，韩国及台湾对原有的产业进行了调整，把相应一部分劳动力密集型产业转移到东盟国家、中国内地的沿海地区等。20 世纪 90 年代中期，美国的一些电脑公司诸如 IBM、Dell、Compaq 等将生产与设计环节转移到了台湾，台湾又根据自身的优势，把设计环节留下来，而把生产加工环节转移到东莞等地。可见，对于一个地区来说，发展的关键有两点：一是有没有一个具有相当能量的大城市坐落其中，二是这个大城市是否到了因地价上涨而要加快结构调整的时候，这直接影响着周边地区的经济提速。

五、结论与建议

总结上述分析，可以得出这样的结论，劳动力流动差异是区分国家之间与国内地区之间形成产业转移不同激励的基本因素。在国家之间，劳动力流动有限，因而工资差距会长期存在，在各国资本市场不断放开的推动下，这会推动跨国性产业转移的发生。在国内地区之间，劳动力流动会缩小地区之间的工资差距，但是会推高两地之间的地价差距。因此，对产业转移来说，工资差距的作用会减弱，地价差距的作用会增强。与工资差距的作用机制不同，地价差距的作用机制往往从高地价的核心地区率先启动产业转移，然后向周边地区扩散开来。值得强调的是，工资差距与地价差距不是相互孤立的。其中，工资差距导致国内地区之间的劳动力流动，这种流动推高了流入集聚地区的地价，高地价引致该地区一部分产业率先转移。所以，这并不是说，工资差距对产业转移没有作用，只是说，作为推动产业转移的直接因素是地价差距，而不是工资差距。

基于这个结论，笔者提出的政策性建议是，应把大城市作为产业结构调整与地区发展的重心。在20世纪80年代初期，作为国有企业集聚的堡垒，受到体制限制，大城市往往不如中小城市以及周边地区更适合民营企业的发展以及更有活力。在依靠创新推进区域发展的现阶段，经济发展所依赖的资源发生了变化，更多地依靠知识、智力资源和创新带来的发展机会，而这些资源与机会在大城市会比周边地区大得多，这会发生增长重心的空间结构性转变。顺应这种变化，大城市将集聚更多的资源，进而大城市的地价上涨要远远大于中小城市和城郊地区，这将推动大城市率先推进产业结构调整。通过这种调整，将带动更大地区的产业分工体系的构建。当然，本文提出的观点是思路性的，其中许多因果联系的逻辑还要经过翔实的实证检验，诸如劳动力流动与资本流动之间的替代关系、劳动力向大城市的集聚对推高地价的实证影响、地区之间的地价差距与产业结构调整之间的关系、工资差距与地价差距之间的因果联系等，这也是下一步理论研究的重点。

参考文献

[1] 彼得·迪肯. 全球性转变：重塑21世纪的全球经济地图［M］. 北京：商务印书馆，2007.

[2] 国土资源部. 2009年长江沿线经济带各城市地价动态监测报告［OL］. 中国城市地价网，www. landvalue. com. cn，2010.

[3] 克鲁格曼. 新经济地理学在哪里？［M］//克拉克，等. 牛津经济地理学手册. 北京：商务印书馆，2005.

[4] 李鹏，等. 产业西进：新一轮的转移正汹涌而来［J］. 财经国家周刊，2010（7）.

[5] 刘易斯. 劳动力无限供给下的经济发展［M］//刘易斯，施炜. 二元经济论. 北京：北京经济学院出版社，1989.

[6] 马歇尔. 经济学原理［M］. 北京：商务印书馆，2005.

[7] 倪鹏飞，彼得·卡尔·克拉索. 2009—2010年全球城市竞争力报告——创新：城市竞争力的不竭之源［M］. 北京：社会科学文献出版社，2010.

[8] 世界银行. 2009年世界发展报告：重塑世界经济地理［M］. 北京：

清华大学出版社，2009.
[9] 马丁·沃尔夫. 全球化为什么可行 [M]. 北京：中信出版社，2008.
[10] 徐佳宾. 产业升级中的中国劳动成本优势 [J]. 经济理论与经济管理，2005 (2)：23 -28.
[11] Deshingkar P, Grimm S. Voluntary Internal Migration: An Update [R]. London Overseas Development Institute, 2004.
[12] Margo R A. Wages and Labor Markets in the United States [M]. Chicago: University of Chicago Press, 2000.

（原载《学术研究》2010 年第 11 期，该文被《高等学校文科学术文摘》2011 年第 1 期转载）

中国经济的发展阶段、企业组织与金融体制改革

正确地判断我国经济发展中的阶段性变化，对于把握发展中的问题、趋势以及制定下一步的发展与改革政策具有重要意义。本文从工业发展的一般理论与国际经验分析了我国现阶段经济发展所处的阶段性；然后从比较的视角考察了我国与世界其他国家在重化工业发展与大企业成长之间的互动异同；最后，在分析了这种互动对我国经济发展与结构所产生的影响基础上，找出我国下一轮的经济体制改革的重点领域与推进方向。通过分析，本文认为，现阶段我国处于重化工业的发展阶段。重化工业发展与大企业成长之间的互动是这个发展阶段的共同特征。鉴于我国金融与资本市场的发育与金融体制的改革滞后，进入这个行业的大企业组织主要是国有企业及国有控股公司，这种发展与经济转轨相结合，就形成了我国现阶段以竞争为主的轻纺工业和以国有企业及国有控股企业垄断为主的重化工业并存的经济体制特征。显然，这意味着我国基于市场取向的经济转轨尚未完成。下一步的重点在于将市场竞争引入重化工业领域，为了实现这个目标，市场化并购是一条基本途径。要推进市场化并购的大量发生，资本市场的培育与金融体制的改革势在必行。

一、重化工业的发展阶段

经济学对发展阶段有许多分类的方法，按照人均收入水平划分阶段是一种常用的工具。世界银行（2009）根据各国收入水平差距，把人均国内生产总值在996美元以下作为低收入国家，人均国内生产总值在996～3945美元之间为下中等收入国家，人均国内生产总值在3946～12195美元之间为上中等收入国家，在此之上为高收入国家。2011年，我国人均国内生产总值达到5500美元，广东为7990美元左右。这种方法直观、简洁，不过如果离开了结构性指标的支撑，那就不能有效地反映在一国和地区收入增长中的质量变化，因为结构指标反映的是一个国家和地区在市场经济下要素资源从低收入部门转向高收入部门的结果，通过资源再配置，

结构会发生变化。在这种结构的变化中，人均收入得到提高。所以，一般把人均收入水平与结构变动结合起来，成为人们衡量地区发展阶段的基本指标。结构性指标主要包括产业结构、就业结构、要素结构、工业结构等。配第—克拉克定理揭示了随着人均收入水平的提高，劳动力从第一产业转向第二产业，再从第二产业转向第三产业的过程。库兹涅茨的经验研究不仅证明了配第—克拉克定理，而且提出了产业结构变动受人均国民收入变动的影响。波特根据所考察国家的发展历程，从推动增长的要素结构角度将经济发展分成资源推动、资本推动、创新推动与财富推动等四个阶段。钱纳里在考察了主要工业国家制造业内部各部门的地位与变动机理的基础上，将经济发展分为准工业化阶段（初级产品生产阶段）、工业化实现阶段（包括工业化初级阶段、工业化中级阶段、工业化高级阶段）和后工业化阶段（包括发达经济初级阶段、发达经济高级阶段）。霍夫曼根据近20个国家工业内部结构的时间序列计算分析，指出消费资料工业的净产值与资本资料工业的净产值之比，即霍夫曼比例是不断下降的，据此将工业化进程划分成4个发展阶段等。

根据以上的阶段划分理论，特别是工业化阶段分期的理论，国内一些学者对我国当前的工业化阶段进行了测算，并得出如下的结论：与其他同等收入水平的国家相比，我国工业比重是偏高的，但是还没有到下降的转折点。其中，工业内部的重化工业比重上升具有合理性（金碚等，2011）。这表明，工业内部的结构变化是判断与解释我国产业结构变动的特点与阶段的一个基本依据。本文也用我国轻重工业结构比重变化对当前的工业发展阶段做一个简要的判断。

30年来，我国轻重工业结构比重的变化大约经历了三个阶段。第一阶段是1978—1991年，我国轻重工业的比重从43：57调整为各占一半的格局。这主要是党的十二大确定的“扶持轻纺工业、矫正重化工业过重”政策推动的结果。第二阶段是1992—2000年，我国重化工业占工业总产值的比重经过两年的快速上升，然后总体稳定在60%左右。这种调整主要是随着人均收入水平的提高，居民对耐用消费品的需求增加，从而导致以家用电器为核心的机电工业迅速发展，以及突破基础设施和基础工业瓶颈制约的基础工业拉动的结果。第三阶段是2000—2010年，我国轻重工业比重出现持续向重化工业倾斜的趋势。我国重化工业比重已达到72.4%，这又比2000年上升10个百分点以上。

之所以出现这种重化工业比重的快速上升，一种观点认为，这是资源要素结构相对价格变化的结果，诸如劳动力短缺与资本相对过剩引起的两种要素的相对价格变化推动了资本替代劳动力的大量发生。而这种相对价格的变化并不完全反映资源禀赋的变化，而是价格相对扭曲的结果，因而我国重化工业的发展条件并不成熟（陈佳贵，2007）。笔者认为，这种观点一方面只强调了供给因素的作用，而忽视了需求结构变动的影响。事实上，自20世纪90年代中期我国经济进入了以买方市场为特征的发展时期以来，非耐用消费品和日常工业制品市场相对饱和，需要创造新的市场需求来推动增长。除了扩大出口之外，国内市场需求结构已发生三个明显的变化：一是轻纺工业中机器与设备的更新改造；二是汽车与房地产市场对钢铁、机械设备等重化工业产品的需求增加；三是交通、运输等基础设施整体推进重型机械装备制造业等的全面增长。这种需求结构的明显变化成为重化工业快速发展的重要动力。如果缺少这种需求结构的转变，即使资本与劳动力的相对价格发生了变化，也不一定能发生重化工业的快速发展。一些学者（金碚等，2010）计算了21世纪头10年我国重化工业的企业利润率高于轻纺工业的数据，这个事实支持了这个判断。另一方面，即使从供给视角来看，把21世纪以来的重化工业快速发展看成是相对要素价格扭曲的结论还需要进一步商榷。因为我国劳动力价格已开始转入上升的通道。2002—2010年期间，我国职工平均工资每年增长率达到了15%，特别是在2008年应对国际金融危机之后，这个指标增长得更快。在一定意义上说，这反映了我国劳动力资源供求结构的变化。具体来说，2004年以来，我国取消了农业税，使得农民收入有所提高，这带动了进城打工的农民工工资预期上升，农民工工资预期上涨又拉动了城市职工工资收入增长。相对于资本价格来说，整个社会的工资水平持续上涨又导致资本与劳动要素价格的相对变化。所以，不能简单地将解释计划经济时期重化工业超前增长的理由用于21世纪头10年的重化工业的发展上来。

从21世纪头10年的重化工业的生产周期来看，大多数项目处在规划、布局与开工阶段，诸如钢铁、能源、石化、汽车、造船、机械装备制造业等，这意味着我国重化工业的发展还处于成长阶段。随着这些重化工业项目的正常生产与运营，我国以重化工业为特征的工业化发展还将持续10年甚至更长的时间，这将成为我国各地区可持续发展的产业基础，也成为地方间经济竞争的重要领域。

二、大型企业的国际比较

随着重化工业阶段的推进，企业组织结构也发生了明显的变化。其中一个最基本的变化就是大企业作为主要的推动者在这个阶段扮演着日益重要的角色。从近200年来的世界工业化历史来看，钱德勒所说的具有大量生产与配送的资本密集与规模依赖的大企业是在与第二次产业革命的互动中登上经济舞台、扮演领导者的角色，并产生日益重要的经济影响。之所以大企业没有在第一次产业革命中产生，而更多地出现在了第二次产业革命中，这主要与二次产业革命之间的差异有关。第一次产业革命是蒸汽机的出现与使用，使生产动力由人力转向了机器。这些机器主要用于纺织、服装等轻纺工业。到19世纪后期，以电力为基础的交通和通讯系统的完善带来了新一轮的生产工艺与产品的技术创新。这些技术所带来的发展潜力主要体现在前所未有的产品质量与配送能力上，而新的铁路、轮船、电报以及有线网络使得这种配送成为可能。按照钱德勒的说法，第二次产业革命所带来的经济影响要比第一次产业革命更为广泛。由于第二次产业革命主要发生在化工、钢铁、机械、仪器仪表等重化工业部门，所以，进入这类行业的企业资本规模往往比服装、纺织等轻纺行业的企业组织要大得多。对于我国来说，重化工业阶段也需要大企业充当主角，但是与经历了重化工业阶段的市场经济国家相比，我国进入重化工业领域的大企业在发展动力、融资机制与企业经济性质等三个方面都存在着明显的不同。

首先是发展动力的差异。兴起于19世纪中后期的重化工业是大企业技术创新推动的结果。钱德勒就明确地指出，大企业聚集的产业集团是由第二次产业革命的资本密集、依赖规模的新技术创造转变过来的。经历了100多年的发展，世界范围的重化工业体系已进入技术水平较成熟时期，而我国正处在重化工业的成长阶段，这就决定了在资本密集、规模依赖的重化工业发展中，我国是作为跟随者而不是领导者和推动者的角色。与技术进步的领导者与推动者相比，跟随者的技术创新风险较少，只要有足够的资本规模，就可以通过对标准化的技术引进、吸收、模仿、改良等手段，来推动重化工业的发展。因此，作为跟随者的重化工业发展动力主要来自需求结构的变化，而不是技术进步的推动。钱德勒对第二次产业革命中美国、欧洲等国家的比较研究发现，作为推动者的美国在创业者与公司的数量上远远比作为跟随者的欧洲大多数国家要多得多，与美国相比，作为跟随者的法国、意大利、西班牙等国家更多地以国有企业的形式直接投资于这些重化工业领域。之所以如此，是跟随者降低了在技术创新中的不确定性，因此，当他们的企业进入资本密集的产业领域时，政府就起了更为重要的作用。对于我国来说，虽然一些国有控股公司技术创新动力与意识不强，但是这并不妨碍它们进入重化工业领域，因为只要能够获得足够的融资规模就够了。2006 年 12 月，我国国有资产监督管理委员会公布，将维持对诸如国防、电力电网、石油化工、电信、煤炭、民航、航运等 7 大行业的绝对控制，以及保持对基础性和支柱产业领域的较强控制力，包括机械、汽车、信息技术、建筑、钢铁、冶金、化工等。

其次是融资机制的差异。公司发展史表明，仅靠企业的自我积累是无法适应重化工业项目对集聚资本与分散风险的巨大需求的，而股份公司则是一种扩大融资、降低风险的有效组织方式。最早的股份公司产生于 17 世纪初的海上贸易，为降低海上贸易风险、避免过度的商业竞争而通过募集股份资本成立的荷兰东印度公司，就具备了一定的有限责任公司特征，诸如具有法人地位，成立董事会，股东大会是公司最高权力机构，按股分红，实行有限责任制等。但是，股份公司的大规模发展发生在 200 年后的第二次产业革命时期。为筹集铁路、公路以及通信设施建设资金，美国产生了一大批靠发行股票和债券筹资的筑路公司、运输公司、采矿公司和银行，股份公司逐步进入了主要经济领域，并成为经济活动中的主要组织方式。世界 500 强企业成长的历史经验表明，几乎所有的大企业都不是靠自我积累扩张的，而是在资本市场上通过并购与重组实现的。在资本市场上的并购与重组是加速资本流动与转移、实现企业扩张的有效机制[①]。如果缺少资本市场，在没有其他的资本动员渠道可选择的体制下，企业的成长就不适应重化工业的发展需求。对于我国来说，现阶段的金融体制与制度环境还不能为不同所有者之间在资本市场上发生大量的资产并购与重组提供低交易成本的支持。一方面，产权界定与转让的交易成本过高，这包括定价标准、交易程序转让手续与法律依据等方面的规则，都存在着不清

① Glovanni Dosi：《组织能力、公司规模与国民财富：从一个比较视角的几点评论》，见钱德勒（Alfred D. Chandler）主编：《大企业与国民财富》，柳卸林主译，北京大学出版社 2004 年版，第 475 ～486 页。

晰、不确定的环节与盲点，这使产权并购与重组困难重重，特别是基于代理人控制的国有及国有控股公司在产权交易与转让方面更加复杂，这在相当程度上制约了国有与民营企业之间的产权重组。另一方面，以国有及国有控股的银行信用体系为主、间接融资为基本特征的金融体制，在动员大量的民间资本通过并购重组把分散的企业构筑成大型企业方面，也存在着诸多的限制与障碍。换句话说，这种金融体制主要支持了信贷规模更多地流向各级政府以及国有和国有控股企业。事实也是如此，30 年来，我国全社会固定资产投资额年均增长率在 20%～25% 之间，其中各级政府直接投资和以各级国有项目公司为名义的间接投资做出了重要的贡献。一项研究表明，2000—2007 年间，国有及国有控股企业融资利息率为 1.6%，而民营企业从银行获得的贷款的利率为 4.68%[①]。虽然后者比前者高出了 2 倍以上，但是民营企业从银行获得的信贷额累计不足 20%，这意味着 80% 以上信贷资源流向了国有及国有控股公司[②]。一项研究结果显示，自 20 世纪 90 年代后期以来，国有企业单位员工资本占有量大幅增加，目前几乎是民营企业的 4 倍以上[③]。北京大学国家发展研究院与阿里巴巴集团在 2011 年 10 月对珠三角地区上万家中小企业融资的问卷调查结果显示，53.03% 的中小企业完全依靠自有资金的周转，而无任何外部融资。46.97% 的中小企业有借贷历史，但这些借贷还包含了信用卡与房贷项目。其中，经营规模在 500 万元以下的企业在银行与信用社贷款的比重占 23.13%，经营规模在 3000 万元以上的企业在银行与信用社的贷款比重就达到了 66.3%，这意味着规模越大的企业，在银行的贷款比重也是越大的。

最后是企业经济性质的差异。在资本市场发育有限条件下，政府的引导作用对于重化工业是不可缺少的。这种作用主要体现在政府用信贷、财政津贴等杠杆手段来引导企业将更多的资源投入到自己确定的产业目标领域。日本与韩国重化工业发展的历史实践提供了这个方面的案例。20 世纪 50 年代和 70 年代，日本与韩国在以家族企业为主的基础上分别提出了

---

① 天则经济研究所的研究报告：《国有企业的性质、表现与改革》，第 46 页，2011 年 4 月 12 日。

② 刘小玄、周晓艳：《金融资源与实体经济之间配置关系的检验：兼论经济结构失衡的原因》，载于《金融研究》2011 年第 2 期。

③ 参见 OECD：*Economic Survey of China* 2010，p. 110.

重化工业的发展目标。由于非银行的金融机构相对较弱，这给了政府用财政津贴与信贷等杠杆来引导私有领域完成重化工业发展规划的空间。对于家族企业来说，面对这种难以抵制的信贷与津贴激励，更多地采取了适应重化工业发展的行动。当然，“二战”以后采取这种引导机制的国家有很多，诸如西班牙、阿根廷等，但是成功的不多，而日本与韩国是少数成功的案例，究其原因，与他们把国际市场竞争力作为目标的激励体制有关。对比日本与韩国的发展经验，两者也是有差异的。与日本财阀相比，韩国的大企业集团内部没有自己的银行，因而韩国政府比日本政府有更大的权力范围①，因而对企业激励与规范的影响力会更大一些。与日本和韩国相比，我国各级政府在发展重化工业中所动员与引导企业的经济性质是不同的。1998—2007 年间，我国国有工商企业从 23.8 万家降至 10.6 万家，而实现的利润从 850 亿元上升为 1.3 万亿元②，这意味着单个企业实现的利润额从 35.7 万元上升到了 1226.3 万元，9 年增长了 33 倍以上。如果以 10% 的净资产收益率计算，净资产的规模大约从单个企业平均 350 万元向上升到 1.23 亿元。再假设每个企业负债率为 50%，每个企业的总资产规模大约从 700 万元升至 2.5 亿元。相比来说，民营企业的资产规模就小得多。目前中国有 970 万家民营企业，其注册资本总额为 25 万亿元，平均每家不到 300 万元。具体以广东为例，2010 年，广东民营企业数量占全国的比重达到 11% 以上，而广东重化工业占工业总产值的比重比全国平均水平低 10 个百分点上。2000—2010 年间，广东民营企业数量从 18.4 万户增至 94.82 万户，增长了 4.61 倍，每年平均增长率为 16.5%，而平均每个民营企业的注册资本规模从 102 万元增至 196 万元，年均增长率为 6.7%。这表明，现阶段广东的民营企业对经济的贡献主要是靠企业数量的增加来实现的，而不是靠企业规模的扩大来推动的。2009 年，广东民营企业注册资本在 1000 万元以上的有 30224 户，占私营企业总量的 3.7%；2010 年上升为 37775 户，占 4%。与 2005 年相比，这个指标仅提高 1.5 个百分点。2010 年，广东民营企业注册资金上亿元的有 2081 户，

---

① Alice H. Amsden：《韩国：企业集团和企业家型政府》，见钱德勒（Alfred D. Chandler）主编：《大企业与国民财富》，柳卸林主译，北京大学出版社 2004 年版，第 369 页。

② 国家统计局：《我国经济社会 30 年发展成就系列报告》，www.sydsw.net/Archive/view.aspx? sort=0001。

占私营企业的比重为0.2%。两种所有制企业规模的比较表明，相对于民营企业来说，国有企业及国有控股企业更容易进入技术门槛和资本密集度都比较高的行业。一项对国有企业改革的研究显示我国国有企业在石油石化、电力、通信、航空运输、钢铁、机械设备制造、造船等行业占据主导地位的事实印证了这一点（天则经济研究所，2011）。而民营企业进入的行业领域则具有明显的差异，再以广东民营企业进入的行业为例，2010年，工业、批发零售和贸易业两大行业实现增加值分别为7865.75亿元、3670.94亿元，占整体民营经济的比重分别为40.1%、18.7%。而建筑业，交通运输、仓储和邮政业，以及金融业增加值占民营经济的比重分别为2.6%、3.7%和0.8%，这比2009年分别下降了0.3个、0.5个和0.1个百分点。

总之，在重化工业的发展需求日益增长中，现阶段的金融体制使国有企业及国有控股企业更有条件进入依赖规模、资本密集型的重化工业，而跟随者的角色又降低了国有企业对创新的压力，因此，重化工业阶段创造了国有企业组织扮演重要角色的机会。

三、经济改革的深化思路

分析表明，国有企业及国有控股企业成为近年来我国重化工业发展的主要经济主体，而民营企业并没有完全适应这种产业发展的需求。这主要是由现有的行政垄断、以国有企业为主的金融体制性质与资本市场发育不足所决定的。这种行政垄断主要体现在政府通过制定正式的产业清单，使不同所有制企业在进入所谓的基础性、战略性等重化产业的差异上，如鼓励国有企业在这些行业中要保持绝对或较强的控制力等（World Bank，2012），这就意味着民营企业在进入这些部门的规模不允许“过大”。而以国有银行为主的金融体制保证了大量的金融资源以较低的成本流向这些行业中的大型国有企业。虽然国有企业经营绩效低于民营企业，但是在这种行政垄断与金融体制的信贷偏好下，国有企业及国有控股企业不仅能持续且规模不断扩大。如果这种格局进一步持续，这种行政垄断会转化为以国有企业及国有控股企业为主体的行业垄断，并不断地强化这种垄断的部门利益，打破这种垄断就会变得越来越困难。因为打破重化工业的垄断毕竟不同于轻纺工业。在轻纺工业中，只要放开市场准入，民营企业凭借自己的积累与亲朋好友的借款以及“星期六工程师”的帮忙就可以较容易地进入，而重化工业即使放开了市场准入，在技术门槛与资本规模限定下，民营企业也未必能有效地进入。正如钱德勒在分析美国大型企业在重化工业中的变动特征时指出，这些行业的进入壁垒是如此之高，以至于很少有公司可以打破它们的垄断①。

概括地说，30 年来，当我国的大部分轻纺工业已跨入竞争性行业时，相当一部分的重化工业却具有垄断性特征。这种垄断主体主要是国有经济。这种以竞争为主的轻纺工业和以国有垄断为主的重化工业并存构成了我国现阶段的一个经济体制特征。这个体制特征是我国经济改革滞后于发展的结果。1998 年，党的十五大就提出了“有进有退”地实现国有经济布局的战略性调整，即国有经济要从一般竞争性领域退出，投入“涉及国家安全的、自然垄断的、提供公共产品的行业以及支柱产业和高新技术产业”，并成为其中的重要骨干企业。但是，在“执行了一段时间的十五大方案后，大概到了 2003 年、2004 年，改革就停止了”②。而各地区为追求 GDP 增长而上项目、重投资的发展动机依然十分强劲，由此导致在重化工业快速增长的同时，体制改革没有相应地跟上。显然，按照有效竞争的市场经济运行逻辑来看，这种经济体制是没有改革到位的。接下来，如何在重化工业引入市场竞争机制，这就是经济体制改革的重点。如果不及时推进以此为重点的经济改革，正在扩展中的垄断力量会逐步固化为一种垄断性利益群体，这将使改革变得越来越困难。这也需要加速推进重化工业部门引入市场竞争机制的市场化改革。

首先，要持续地推进国有经济在产业结构中的战略性调整，破除国有企业和国有控股企业在一些重化工业中的垄断。1999 年，党的十五届四中全会通过的《中共中央关于国有企业改革和发展若干重大问题的决定》提出了“从战略上调整国有经济布局和改组国有企业”的指导方针。2005 年，国务院颁布了允许私营企业进入国有企业垄断行业、基础设施领域、社会公益性行业等的原则。2006 年，把战略性产业明确地确定为军工、电网电力、石油石化、电信、煤炭、民航、航运等 7 个部门，并指

① 参见钱德勒（Alfred D. Chandler）主编：《大企业与国民财富》，柳卸林主译，北京大学出版社 2004 年版，第 76 页。

② 吴敬琏：《政治不改革，经济改革落实不了》，载于《中国经济周刊》2012 年第 8 期。

出了国有经济对这些部门实行绝对控制力，也要对一些基础性支柱性产业实现相对控制，诸如装备制造、汽车、信息技术、建筑、钢铁、基础金属、化工产业等。这样，民营企业进入这些重化行业就面临各种障碍与限制。其结果是，国有经济在这些行业中的垄断就不可避免。所以，面对现阶段一些重化工业的垄断格局，还是要沿着党的十五大提出的对国有经济布局进行战略性调整的道路持续地走下去。事实上，2010 年 7 月 1 日，国务院常务会议确定了《鼓励民资通过兼并重组进入垄断行业的竞争性业务领域》的基本原则，其目的是放宽民营企业进入重化工业的市场准入，强化重化工业领域的竞争，通过并购与重组，淘汰落后产能，推进产业升级，提高企业竞争力。正如世界银行在《2030 年中国》的报告所指出的，诸如电信、电力与电网等曾作为战略性的行业，随着技术进步已变为竞争性行业了；一些基础性行业，诸如煤炭和航空运输等也有一些民营经济有能力参与其中了。那么，收缩到什么范围呢？一般来说，只要民营企业有动机进入的行业，就应以民营经济进入优先；只有民营企业不愿意进入的、社会发展又离不开的公共性行业，国有经济才必须要进入。所以，不与民争利是国有经济推动市场经济发展的基本要求。除非一些改制后的国有经济已变为一种预算硬约束的独立经济实体，这样在割断了与政府的特殊联系后，就可以与民营企业处于平等的市场竞争平台上。

其次，要大力培育资本市场，推动市场化的企业并购与重组。资本市场是加速企业存量资产流动与重组的基本机制。如果资本市场发育缓慢，企业之间的资产并购与重组就不可能大量发生。到 2011 年年底，我国 2400 多家的上市公司中的总市值达到 24 万亿元，占当年 GDP 的 51.2%，已经成为全球市值排名第三的股票市场。但是，仔细观察可以发现，以关联性、资产套现、再融资等为主的重组较多，而以控股权转让为主的并购并不多，这意味着我国通过市场并购形成的企业集中还没有大量的发生。在资本市场发育有限情况下，如果企业重组可能发生，那就只能在相同的所有制企业范围内产生，这就非国有企业范围莫属，因为每个民营企业都是一个独立的不同所有制的组织，在缺乏一个有效的产权明晰及产权转让的交易费用较高条件下，诸如定价机制、转让手续复杂等，民营企业之间的并购也不容易大量发生。对于国有企业来说，虽然不同层次的政府所有不容易用行政手段随意捏合，但是同一层次内不同部门之间，诸如在省属和市属的不同行业国有资产之间，政府用行政手段实现整合就容易得多。

虽然未来不可能排除这种整合方式与机制，但是如果资本市场并购与重组发展缓慢，那么大量的企业重组都在国有企业之间实现，国有部门垄断就不可避免。所以，要抑制这种方式的大量出现，一方面，要用好 2008 年发布的《反垄断法》，以法律为准绳，对所有的企业合谋要有限定；另一方面，要鼓励以资本市场为主的企业并购与重组的快速发展。而要做到这一点，就必须鼓励与引导更多的民营企业进入资本市场，如果民营企业不能进入资本市场，就不容易利用资本市场产生大量的并购行为。同时，还要大幅度地降低企业进入与退出资本市场的门槛，增加资产的流动性，为资本市场上的企业并购创造有利的市场环境。

最后，要加快以间接融资为主的银行体制的变革，创造公平竞争的金融市场环境。资本市场的成长是一个长期的过程。在短期内还需要着眼于以现存的间接融资为主的银行体制。在我国高储蓄率长期存在的条件下，以国有银行为主的银行体制通过低利率将储蓄资源更多配置到国有及国有控股部门，而民营企业所受到的各种贷款限制较多、融资机会少且融资成本较高。而民营企业已成为我国多种经济成分中的一个重要组成部分，如果民营企业不能从正规渠道获得必要的贷款，那就只能从民间市场获得资源。而民间市场的借贷行为缺乏合法性保障，交易费用就会很高。一般来说，正规银行借贷的门槛越高，民间交易费用也很高，风险也越大。显然，作为一种典型的金融抑制体制已经不适应我国收入水平不断提高、对投资需求不断增大、企业与消费者个人的资产流入与流出日益频繁的开放需求。要适应这种新需求，需要在以下几个方面加速改革。第一是加速利率市场化。利率市场化不仅有助于金融机构按照企业来运行，促使金融提供多样化的金融产品与服务，而且有利于改变目前的金融抑制体制下储蓄与贷款利率偏低、国有企业获得贷款利率偏低、民营企业融资成本偏高的不合理现象，从而促进资金更多地向高效率部门流动，提高资金的配置效率，推动经济结构优化。第二是发展多层次的金融体系，拓展民间融资渠道。现有的大型国有银行为主的银行体制并不适应大量中小企业的市场化资产流动与重组，基于社会资本的社区银行、村镇银行、城市商业银行、农村信用社、小额贷款公司、以会员信用支撑的网上信贷平台等对拓展中小企业的融资是必不可少的。这就要大力鼓励这些机构与组织的发展，推动民间融资合法化，从而降低中小企业在民间融资的风险与成本。第三是大力推进债券市场，加速资产流动。经过多年的发展，我国债券市场已初步形成包括国债、央行票据、金融债、地方城市投资建设债券、企业债券、公司债、短期融资债、中期票据、非金融企业债务融资工具等多种类型的市场体系，但是现有的资产转移与分散风险能力距离债券市场的发展目标还有相当差距，下一步的发展重点应大力推进信贷资产证券化通过，大幅度地降低不同的资产类型之间相互转换的交易成本，加速资产的有效流动、转移与分散风险。

参考文献

[1] 陈佳贵. 中国工业化进程报告——1995—2005 年中国省域工业化水平评价与研究 [M]. 北京：社会科学文献出版社，2007.

[2] 金碚，吕铁，李晓华. 关于产业结构调整几个问题的探讨 [J]. 经济学动态，2010 (8).

[3] 林重庚，迈克尔·斯宾塞. 中国经济中长期发展和转型：国际视角的思考与建议 [M]. 北京：中信出版社，2011.

[4] World Bank. 2030 China: Building a Modern, Harmonious, and Creative High-Income Society Conference Edition [R]. 2012.

（原载《广东社会科学》2012 年第 4 期，该文被《新华文摘》2012 年第 22 期全文转载）

创新驱动发展与上市激励机制

当现代经济增长越来越依赖创新时，引导社会资源更大程度地流入创新活动就变得越来越重要。这不仅需要加大政府优先采购政策，设立公共创新基金以及加强公共技术服务体系建设，诸如孵化器、公共技术平台等，更重要的是，要构建一个能最大限度地激发创新热情的激励机制。那么，什么样的激励机制更有利于促进社会的资源更多地流向创新活动呢？这需要从创新活动的特性入手。

一、创新的本质及破解的思路

英国经济学家斯旺（2013）认为，发明是一种新想法的诞生，而创新就是这种新想法的商业利用。如果这种新想法得不到商业利用，发明就永远不会变成创新。这种说法既说清楚了发明与创新之间的区别，也隐含着这样一层含义，即创新作为一种新想法转向商业的投资性质。不经过一定的投资开发，新想法是不可能转变为商业生产的，这就涉及投资决策。

对于企业来说，把创新活动与一般性生产活动做一个对比，就可以发现两者之间的异同。从相同特征来看，无论是研发性投资还是诸如厂房和设备、广告与研究等在各项用途上投资支出，都是现在发生的，而这些支出所获的预期回报却是未来的。正如经济学家鲍莫尔（1997）所说，企业决定购买某种设备，本质上不是出于设备的设计如何具有独创性，或者能够节省燃料等诸如此类的原因，而是根据这些设备日后到底能给企业带来多大的经济回报。通过投入大致可以测算出预期的产出与回报，这将成为投资决策的基本依据与激励。

所不同的是，与一般生产活动相比，创新投入不容易测算出产出成果与回报率。一方面，企业对研发投资的预期是不确定的，比如，企业并不清楚投入多少钱、持续研发多长时间能将实验室研发出来的产品转化为可商用的产品，也不清楚可商用的新产品与预期是否一致。另一方面，市场对新产品的反映与接受程度也是不确定的。比如，在消费者可选择的情况下，他愿意花多少钱来购置具有新功能的产品？换句话说，消费者是否愿意支付更多的钱来购买这些新产品？等等。纳尔逊和温特等（1997）认为，这种不确定性的产生不仅仅是因为缺乏与已知事件的发生有关的信息，更根本的是还包括并存在尚不知道如何解决的技术经济问题。这不仅大大降低了事前分析的价值，诸如在新市场或变化的市场上进行调研的机会成本可能非常高昂，而且进行项目和计划评估的预测（成本、价格、销售量等）都变得不可靠，特别是在预测新产品的财务前景的时候更是无能为力。一项涉及 19 个化学、药品、电器、石油实验室的 200 个项目调查对新产品成功率的经验研究表明，在新产品所经过的技术成熟、商业化和在市场上成功的三个阶段中，研发实验室所从事的全部项目中，平均只有 57% 能达到技术成熟的预期目标；在所有转入生产的项目中，完全市场化的还不到 1/3（31%）。这就是说，最初开发的所有项目中，只有 12% 可以为公司带来利润回报，大多数商业化的产品没有赚取足够的回报以摊平开发和生产成本（Mansfield et al.，1971）。特别是 20 世纪 90 年代以来，电子信息技术与互联网的广泛应用提高了研发活动的技术与资本门槛，诸如开发一个新的电脑系统、汽车或者微处理器新片动辄需要数十亿美元等，在这种情况下，仅靠个人的资本积累、技术兴趣与能力已无法适应这种需要。同时，伴随着研发投入与技术复杂性的增大，创新的失败率与风险也会相应地增大，即使有能力支出研发费用的少数大型跨国企业也不愿意独自投入。

此外，知识产权保护制度与实施对新产品的收益回报率也产生着重要的影响。知识产权保护制度与实施程度并不对一般产品与服务的收益回报率产生影响，但却是决定新产品投资回报率的一个重要因素。如果知识产权制度得不到有效实施，创新者的利益得不到保护，就会影响企业对研发投入的决策。可见，创新产出的不确定性会影响到研发投入决策，进而导致创新投入不足，这被看成是创新活动不同于其他经济活动的本质属性（奥沙利文，2009）。

破解创新成果不确定的思路主要有三个方面。一是将创新活动从偶然的、随机的个人行为变为连续的组织行为，增强学习、积累与创造能力，提高创新成功率。这种转变一方面反映了国民经济对创新活动的依赖性日益增强，另一方面也反映了创新活动对科技进步加快的适应性。二是利用集聚形成的知识外溢，增强企业之间的互动与交流，减少创新成果不确定性的可能性，诸如网络与集群等。波特把集群看成是区域创新系统的观点，解释了知识外溢对创新活动的重要性。这种知识外溢主要来自非编码的缄默知识。因为当科技进步使可编码知识越来越容易获得时，缄默知识对创新活动与创新能力就变得越来越重要，运输成本的下降提供了人们为缄默知识而聚集的条件。这也是费里德曼所说的当世界变平的同时，创新活动出现空间集中化趋势的原因所在。三是把创新作为开放的系统，动员具有不同能力、思想、技能与资源主体加入到创新活动中，他们之间形成共担风险、共享收益的合作关系，以此提高知识的吸收与创新能力。进化理论表明，给定系统中的各种因素越丰富，它们之间的组合形式就越多，就越能创造出更复杂的创新。这种逻辑一直被用来解释为什么在古代种族和人口众多的欧亚大陆居民逐渐变得比其他人口较少、相对封闭的种族更具有创新性和技术上的先进性。一些演化理论学者将这个逻辑用于分析企业，从而解释了产业成长阶段的企业合作数量为什么远远大于产业成熟阶段的原因。在这三种思路中，前两个方面都有了比较清晰的发展路径与理论逻辑，诸如熊彼特提出的创新模式从Ⅰ型向Ⅱ型的转变、新经济增长理论与新经济地理理论对集聚与创新关系的阐释等。相对来说，人们对第三个思路的理解还停留在浅层次上，这表现为现有的研究仅仅强调了创新对合作的迫切需求，但是还没有构建出一套可行的为创新而合作的激励机制。特别是伴随着收入水平的提高与专业分工的细化，技术与投资能力分布于不同主体的情况日益增加，换句话说，创新者不一定是投资者，投资者也不一定是懂技术专业的创新者。在创新者与资本所有者发生分离的情况下，构建一个什么样的合作机制促使资本所有者愿意参与到创新活动中，这成为第三种思路深化的关键。不解决这个问题，创新投入不足的局面难以改变。

二、股权合作与上市激励

作为一门研究决策的科学，经济学一直关注不确定性对决策的影响。新古典经济学主要讨论的是参数的不确定性。经济学家在处理不确定性时，一般会对一系列的不确定性事件假设一个概率分布，借助这些概率分布，他们可以通过加权平均对不确定性的经济决策进行确定性的计算。在一个封闭和确定性的世界里，基于概率论估计的合理决策是行动的一个可行基础。在存在着不确定性的环境下，决策是经验性的。而由于创新活动缺少参考性，所以这种经验型决策就变得很有限。此外，新古典经济学只关注了在不确定环境中一个经济主体如何做出决策的问题，而忽视了在这种环境中具有不同资源与能力的经济主体之间如何合作的机制设计问题，不考虑这个问题，不同资源的所有者就不可能变为创新活动的参与者，也不可能将创新风险分散给不同的参与者。

新制度经济学把不确定性作为一个影响因素纳入到可选择的合约决策分析中。2009 年诺贝尔经济学奖获得者、美国加州大学伯克利分校的威廉姆森用资产专用性、不确定性与交易频率等三个纬度之间的组合界定了古典契约、新古典契约与关系契约等边界，指出了基于交易成本的组织内部化与外部化的选择策略（威廉姆森，2008）。在他的理论中，这种不确定性是指某个人知道一些事而其他人不知道等信息不对称问题，可能会给交易双方带来机会主义行为，并威胁到各自利益，因而他提出了内部化替代市场交易的策略选择。但是，他对不确定性的分析没有考虑技术与自然等方面的风险。在这个问题上，张五常的研究比威廉姆森向前推进了一步。他以农作物生产的合约安排为研究对象，把自然风险引入到合约选择的理论之中，并将威廉姆森所说的资产专用性、不确定性与交易频率等三个因素归纳到交易费用这个概念之中，这样自然风险与交易费用就成为决定土地合约形式的两个基本因素。在他看来，农业中存在分成合约、定额合约与工资合约等三种形式。在这些可选择的土地合约中，他从规避风险的行为假设出发，在预期的平均收入水平相同的条件下，由于农业生产过程存在许多不可控的外部因素，诸如气候条件与病虫害等，这会使预期的农业收成具有不确定性，分成合约被看成是双方分担风险的主要合约形式（张五常，2010）。

把关于在不确定环境下决策选择的理论进展与创新活动结合起来，有三个观点对于理解创新产品的激励机制是有帮助的。一是在不确定的环境下，产品与服务的市场交易是受限制的，这是由双方不容易形成可交易的定价所决定的。处于向商业转化中的创新性产品适用于这种情况，一方面，新产品功能尚需进一步开发方可明确，而这种开发存在着不确定性；另一方面，价格尚需规模化生产方可下降，处于价格变动之中的新产品也缺乏市场吸引力。所以，这类产品不容易像成熟的产品一样可发生大量的市场交易。二是不确定性有不同的类型，因而对决策的影响也会有所不同。比如，在一些人知道而另外一些人不知道的信息不对称情况下，多自制而少合作是降低风险的思路取向；在由自然风险带来的不确定性环境中，就不能用内部化思路，合作可能是更有效的一种办法。Alchian 和 Woodward（1988）认为，在存在着不确定性的环境中，合约是比交换更有效的一种安排。因为“交换是资源产权的转换，它不涉及承诺或潜在的未来责任。与此对照，契约则是对未来履行做出的承诺”。创新产出的不确定性属于后一种类型，而不是前一种类型，创新活动的合作普遍性远远大于其他领域的事实印证了这一点。三是在合作机制的构建中，合约是联结不同参与者的基本制度安排。面对不确定的环境，选择什么样的合约方式是更有效的？张五常的研究结论表明，与其他合约方式相比，分成合约更适合产出不确定性。对于每个参与者来说，这既可分享到创新可能成功带来的一部分收益，也分担着创新活动失败的相应风险。

但是，创新活动具有自身的特殊性，这种特殊性表现在，在不同资源、能力与技术的参与者结合中，拥有技术的创新者往往会动员并利用拥有资本的投资者，而不是相反。这主要是由技术专用的复杂性以及由此带来的信息不对称所决定的。当创新者掌握着合作的主导权时，投资者凭什么会把自己的资本交给技术专用性较强而自己并不十分了解的创新者使用呢？显然，仅靠分成合约还不足以激励投资者进入创新活动，这需要在分成合约的基础上进一步强化激励机制。

股票市场具有这种强激励功能，当创新性公司的私人股份通过上市转换为可交易的股票时，这给股东带来了高收益的机会。拉让尼克（2011）认为，这种高收益主要来自股票上涨而非分红，即使是高派息率情况下，股利收益的绝对值也没有多少。在股票上涨时，投资者通过卖出股票获得收益，这成为风险资本流入创新型企业的强大诱因。由于公司上市，拥有资本的投资者可以兑现后退出，才会激励投资者以分定不争的股权方式做出投入创新活动的决策，创新者要动员投资者进入创新活动，也自然把获得首次公开募股（Initial Public Offerings，IPO）资格作为一个重要的吸引力。这种以股权融资、上市兑现的激励机制是其他金融来源方式如自有资金、银行贷款等都不可比的。当然，在通过上市获得高收益激励的同时，也存在着高风险，如创新型公司是否能如期上市，上市后能否有较好的差价收益，股票兑现是否能找到有利的时机等。

这种机制不是人为地设计出来的，而是一种偶然的发现。早在 60 年前，由美国研究与发展基金（ARD）资助的美国数字设备公司上市，该基金持有的7万美元原始投资价值变成了3700万美元，这极大地激励了美国私人资本以风险投资流入到创新型企业。自此以后，风险资本在美国硅谷与市场发达经济体中得到了广泛应用。目前，风险资本已成为衡量一个国家与地区创新活动的一个重要标志。一项研究显示，1989—1999年间，整个欧盟的风险投资占GDP的比例从0.04%增加到0.12%，美国则从0.11%增加到0.59%，这些数据从一个侧面解释了这个时期美国比欧盟更有创新活力的原因所在。以色列被认为是世界上最有创新活力的国家，一个重要原因是风险投资基金的持续快速发展。2008年，以色列人均风险投资资本额为270美元，大约是美国的2.5倍、英国的5.5倍和中国的55倍多。到2010年，以色列在美国纳斯达克海外上市公司已达到70多家，远远超过日本、加拿大等国家。自美国的金融危机后，纽约市试图争当美国头号科技创新中心，抓手之一就是风险投资基金的发展且见到了成效。2009年以前，风险投资在美国硅谷以外的地方很少，一些高新技术企业纷纷从美国各地迁入硅谷。2011年以来，500多家高新技术企业在纽约得到风险资本的支持，这促使高科技企业陆续迁回纽约。国内的深圳案例也印证了这一点。深圳被认为是国内最具创新活力的城市。到目前为止，深圳的科技型企业就超过3万家，国家级高科技企业达到4700家，位居全国一线城市前列。针对深圳的创新实践，许多人都提出这样一个疑问，为什么深圳的科研机构与研发人员数量都不如一些一线城市雄厚，但是它却摘取了这个创新型城市的桂冠呢？一个重要因素是深圳的风险投资基金数量远远走在全国各省市的前列，使高新技术企业在这里找到风险投资基金的可能性远远大于其他地区。目前，深圳市登记注册的VC（Venture Capital，风险投资）/PE（Private Equity，私募股权投资）机构超过3500家，机构数量与管理资本额均占全国的1/3以上。这吸引了众多的创新项目到深圳进行孵化与转化。

三、理顺利益相关者之间的关系

围绕着创新活动与上市激励之间的联系，需要理顺以下三个方面的利益相关者关系。

首先是创新者、投资者与风险资本之间的关系。对于创新者来说，化解独家承担的创新风险需要以股权方式引入投资者。而投资者之所以愿意进入，这取决于股权收益，特别是上市兑现。由于分散的投资者缺乏专业化信息能力，风险投资基金公司成为在成熟的市场经济下开展创新活动的主要方式。如果创新型企业上市数量有限，风险投资基金公司的供给就会短缺，创新者找到风险资本的机会就会大幅度减少。在这种情况下，创新活动只能依赖自有资金与银行贷款。而这两种资金来源并不能有效地化解创新风险，这样创新活动必然会受到极大限制。《2015年中国企业家成长与发展专题调查报告》显示，企业研发投入占收入比重从2008年的4.7%上升为2014年的6.7%。根据调查的结果，在企业创新资金中，源于自有资金的投入为90.8%，银行贷款为41.6%，政府专项资金为24.9%，而股市筹集、发行债券、国内风险投资与国外风险投资的比重明显偏低。其中依靠自有资金投入进行创新的企业从2000年的84.7%上升为2014年的90.8%，得到政府专项资金进行创新的企业从17.8%上升到24.9%。这反映了我国风险资本发展已不适应创新活动的需求。在民间储蓄充裕的现阶段，制约风险资本发展的主要因素是上市门槛较高，致使一批新兴产业和高科技产业的优质企业如百度、阿里巴巴、腾讯等，到美国、香港等地上市。2014年，美国直接融资占比平均为89.93%，香港直接融资占比平均为81.51%，而我国直接融资占比近年来平均仅为14.93%。2014年，我国人均持股价值为2.7万元，按照官方汇率计算，这仅相当于美国2007年人均持股额8.7万美元的近30%。显然，这种直接融资规模还不足以支撑创新活动的全面开展。

其次是政府、孵化器与创新型企业之间的关系。近年来，为扶持创新项目与活动，政府设立的孵化器像过去兴办园区一样在各地如雨后春笋一样地发展起来。总结这个实践，有些孵化器可以有效地运转下去，有些却难以维持。通过比较发现，不同的运行结果来自两个差别，一是体制，二是服务与收益之间的平衡。从体制上看，如果把孵化器看成是公共品，诸如办公场地、创业导师、种子基金等方面的服务都由公共财政提供，虽然它没有生存压力，但也降低了为生存而竞争的动机。如果把它作为自负盈亏的组织，就涉及服务与收益之间的平衡。比如，提供高质量及专业化的创业指导、数量较多的种子基金、租金较低的办公场地等，这些都意味着支出增加、租金减少。如果场地租金作为唯一的收入来源，那么量入为出的运转使其不得不尽量减少在各方面的开支，其结果是降低创新项目进入孵化器的吸引力。新项目的减少又容易导致租金提高，以维持运行；租金提高又进一步抑制新项目流入，进而陷入恶性循环。对于孵化器来说，要实现租金标准的降低、服务质量的提高，出路只能是扩大收入来源。可行的办法是使孵化器具有风险投资功能，比如，先选择孵化中有潜力的项目，然后进行股权投资。通过上市，将持有的股票卖出兑现，以获取回报。即使不能上市，孵化出来的项目用于商业化生产，也给持股者带来收益。在现实经济中，一旦投资收益成为孵化器的重要收入来源时，民营资本就有动机经营孵化器。这既可以从孵化的项目中找到有利的投资机会，也有利于提高孵化器服务质量。这就是当前孵化器经营效果存在差异的根源所在。比如，深圳的 GDP 占全国总量的 1/40，而孵化器数量却占了全国的 1/16。其中，一半以上已由民营企业经营与管理。在广州，孵化面积达到 500 万平方米以上的 85 家孵化器中，民营孵化器占到 64%。这表明，在深圳与广州的孵化器建设中，除了数量增加与面积扩大外，经营机制转换也是没有被忽视的一个重要方面。

最后是高科技企业中的投资者、管理者与一般员工之间的关系。从公司治理的演变看，经理人持股起源于 20 世纪 30 年代后期，这是公司的高薪管理层为了避税而发展起来的。20 世纪 60 年代以来，企业使用股票作为一种报酬方式，主要分给高管人员。但是，从 20 世纪 90 年代开始，以电子信息技术为代表的美国许多高科技企业，诸如微软、戴尔、英特尔、甲骨文、思科、苹果等将自己的股票分发给公司的几乎所有工作人员，而且股票形式所占员工收入的比重也不断增大（拉让尼克，2011）。到了 21 世纪，股票期权已经不再被认为是经理人员独有的特权。与传统的生产企业相比，在高科技企业中，大多数是受过高等教育的员工，在劳动力市场上，他们有着高度的潜在流动性，所以股票期权也成为吸引高素质人才，并激励其为提高个人收益而努力的必要工具。当然，由于历史、文化与制度约束不同，各国的劳动力市场的活跃程度也有所不同，在诸如日本等国家中，即使没有给予技术人员股票期权方式，他们也不一定广泛流动。但是，在激励人力资本的创造力方面，是否使用这种工具，会产生不同的效果。有资料显示，美国高科技公司几乎 100% 都实行了股票期权激励机制。在日本，一般的生产性企业大约有 2% 实行股票期权机制，在高科技企业中，这个比重达到 15%（拉让尼克，2011）。这意味着日本的高科技企业比一般生产企业更多地使用股票激励方式，但是与美国的高科技企业相比，还存在较大的差异。正如美国学者拉詹与津加莱斯等人所说：“当更少的资产被共同拥有的时候，用所有权去激励雇员变得更加容易，部分是因为雇员拥有更大份额的投资，部分是因为股票的价格与他们控制的要素更加紧密相连。因此，当与所有权相关的控制权逐渐消失的时候，所有权提供激励的作用增加了。”因此，创新型企业不能像传统企业一样，随着职级的晋升而带来报酬增加，这只能通过提供股票期权来吸引高技能劳动力，一旦公司上市或卖给上市公司，这些股票期权将获得巨大增值。

四、结论与建议

综上所述，在经济增长对创新活动的依赖性日益增加的情况下，创新产出的不确定对创新投入的影响要引起高度重视，否则会制约企业对创新投入的增长。出路在于，找到一种能有效动员民间资本投入创新活动的激励机制。这种机制就是通过上市兑现引入投资者，投资者以风险资本方式，把分散的民间资本有效地动员与整合起来，同时与创新者建立股权合作的组织机制。只有这样，才能分散创新风险，增强创新投资的激励。要实现这个目标，扩大以风险资本为主要方式的直接融资，增加公司上市机会是不可缺少的。只有这种机制得以确立，才能激励投资者为上市兑现而投入。缺少这种激励或激励力度不够，都无法形成全社会创新活动的开展。

笔者由此建议，建立一个有利于全面推进创新活动的激励机制。第一，金融体制创新要先行。英国经济学家希克斯在梳理与归纳经济史理论逻辑后发现，“发端于英国的工业革命中的技术早已出现，只有在出现金融市场后，工业革命才真正发生”。事实上，这个顺序也适用于创新活动。在收入水平不断提高且创新者与投资者发生分离的情况下，只有有效地动员民间资金用于创新活动，才能支撑其广泛地开展起来，所以金融体制改革是推动创新活动的基本前提。第二，要把以直接融资为主的多层次资本市场建设放在首位。只有畅通股权融资渠道，打通创新与金融之间的联系，才能激励大量的民间资本流入股市并通过股市转到创新者手中，进而推动创新活动的广泛展开。第三，要降低创新型企业的上市门槛，适时地推出上市公司从审批制转变为注册制，扩大中小板、创业板、新三板以及股权交易市场机会，创造更多的风险资本的退出机会，以形成更大范围的上市激励机制。

参考文献

[1] 奥沙利文. 金融与创新 [M] //法格博格，等. 牛津创新手册. 北京：知识产权出版社，2009.

[2] 彼得·斯旺. 创新经济学 [M]. 上海：格致出版社，2013.

[3] 拉让尼克. 创新魔咒：新经济能否带来持续繁荣 [M]. 上海：上海远东出版社，2011.

[4] 拉詹，津加莱斯. 新型企业的治理 [M] //李维安，张喜俊. 公司治理前沿：第一辑. 北京：中国财政经济出版社，2003.

[5] 纳尔逊，温特. 经济变迁的演化理论 [M]. 北京：商务印书馆，1997.

[6] 威廉·鲍莫尔. 资本主义的增长奇迹——自由市场创新机器 [M]. 北京：中信出版社，2003.

[7] 威廉姆森. 经济组织的逻辑 [M] //威廉姆森，温特. 企业的性质：起源、演变和发展. 北京：商务印书馆，2008.

[8] 希克斯. 经济史理论 [M]. 北京：商务印书馆，2007.

[9] 张五常. 佃农理论 [M]. 北京：中信出版社，2010.

[10] Alchian A A, Woodward S. The Firm is Dead; Long Live the Firm: A Review of Oliver E. Williamson's The Economic Institutions of Capitalism [M]. Journal of Economic Literature, 1988, 26 (1): 65 - 79.

[11] Mansfield E, Rapoport J, Schnee J, et al. Research and Development in the Modern Corporation [M]. New York: W. W. Norton, 1971.

（原载《学术研究》2015年第12期）

附录

王珺主要著述目录

一、个人专著

［1］《外向经济论》，广东人民出版社1992年版。

［2］《经济开放的道路——东南亚国家经济开放顺序研究》，广东人民出版社1999年版。

［3］《政企关系演变的实证研究》，中山大学出版社2000年版。

［4］《企业经理角色转换中的激励制度研究——兼论国有企业“官员型经理”向企业家型经理的转变》，广东人民出版社2002年版。

二、主编或合著的著作

［1］《中山大学“985”工程产业与区域发展研究哲学社会科学创新基地丛书》，共7册，经济科学出版社2008年版。

［2］《市场制度与企业重组——对珠江三角洲地区的理论与实证研究》，社会科学文献出版社2008年版。

［3］《技术创新与集群发展——我国专业镇经济的技术创新机制研究》，经济科学出版社2008年版。

［4］《产业集聚与区域经济协调发展研究》，经济科学出版社2012年版。

［5］《珠三角产业集群发展模式与转型升级》，社会科学文献出版社2013年版。

［6］《广东专业镇技术创新服务平台运作机制与作用研究》，经济科学出版社2014年版。

［7］《创新驱动与广东发展》，广东经济出版社2016年版。

三、发表的主要论文

［1］《论制造业的比较国际竞争力》，载《经济研究》1991年第

6 期。

［2］《国有企业的经济绩效分析》，载《经济研究》1996 年第 8 期。

［3］《论转轨时期国有企业经理行为与治理途径》，载《经济研究》1998 年第 9 期。

［4］《新时期广东经济外向发展的选择》，载《广东社会科学》1998 年第 3 期。

［5］《转变的环境与决策的转变》，载《广东社会科学》1998 年第 5 期。

［6］《中小企业专业化发展与网络》，载《学术研究》1999 年第 9 期。

［7］《广东经济的发展道路与前景》，载《中山大学学报》（社会科学版）1999 年第 5 期。

［8］《政企关系演变的实证逻辑——我国政企分开的三阶段假说》，载《经济研究》1999 年第 11 期。

［9］《国有企业的改制能力分析》，载《中山大学学报》（社会科学版）2000 年第 2 期。

［10］《经济特区在两次经济开放中的作用》，载《学术研究》2000 年第 9 期。

［11］《论专业镇经济的发展》，载《南方经济》2000 年第 12 期。

［12］《论珠江三角洲经济的持续发展》，载《广东社会科学》2001 年第 3 期。

［13］《双重博弈中的激励与行为——对转轨时期国有企业经理激励不足的一种新解释》，载《经济研究》2001 年第 8 期。（该文被北京天则经济研究所编的《中国经济学 2001》全文转载，由上海人民出版社 2002 年 12 月出版；2003 年 8 月南开大学出版社出版的《委托—代理与机制设计：激励理论前沿专题》全文转载；被《新经济杂志》2005 年第二期转载）

［14］《论簇群经济的阶段性演进》，载《学术研究》2002 年第 7 期。

［15］《产业组织的网络化发展——广东专业镇经济的理论分析》，载《中山大学学报》（社会科学版）2002 年第 1 期。

［16］《企业簇群的创新过程研究》，载《管理世界》2002 年第 10 期。

[17]《制造业适应性调整与竞争力提升——对广东发展机械装备工业的战略性思考》，载《广东社会科学》2003 年第 2 期。

[18]《社会资本结构与民营企业成长》，载《中国工业经济》2003 年第 9 期。

[19]《集群制造与创新：在中国走向“世界工厂”中的作用》，载《学术研究》2004 年第 7 期。

[20]《产业集群与企业成长》，载《中山大学学报》（社会科学版）2004 年第 6 期。

[21]《社会资本与生产方式对集群演进的影响—— 一个关于企业集群的分类与演进框架的讨论与过程》，载《社会学研究》2004 年第 5 期。

[22]《增长取向的适应性调整：对地方政府行为演进的一种理论解释》，载《管理世界》2004 年第 8 期。

[23]《产业集群中的地方技术组织行为研究》，载《中山大学学报》（社会科学版）2005 年第 4 期。

[24]《有限外部化：技术进步对企业边界的影响》，载《中国工业经济》2005 年第 10 期。

[25]《国有企业股份化改制的新阶段：微观机制与宏观环境的适应性互动》，载《广东社会科学》2005 年第 6 期。

[26]《衍生型集群：珠江三角洲西岸地区产业集群生成机制研究》，载《管理世界》2005 年第 8 期。

[27]《广东和江浙地区外来工工资的比较研究》，载《管理世界》2006 年第 8 期。

[28]《中国制造”：特征、影响与升级》，载《学术研究》2007 年第 12 期。（该文被《新华文摘》2008 年第 7 期全文转载）

[29]《集群经济中的关系合约与稳定性机制研究》，载《中山大学学报》（社会科学版）2008 年第 1 期。

[30]《转轨时期的非正式产权保护与私营企业的发展》，载《中山大学学报》（社会科学版）2008 年第 5 期。

[31]《基于组织路径的体制转轨逻辑——对我国体制改革 30 年的理论思考》，载《广东社会科学》2008 年第 6 期。

[32]《珠三角经济一体化的动力机制与实现标志》，载《学术研究》2009 年第 8 期。

［33］《整体化战略与整体化机制》，载《南方经济》2009 年第 3 期。

［34］《基于效率与优势的珠三角工业结构变动——1997—2006 年间珠三角地区工业结构变动的实证分析》，载《学术研究》2009 年第 2 期。

［35］《技术服务组织与集群企业技术创新能力的形成：以南海西樵纺织产业集群为例》，载《管理世界》2009 年第 6 期。

［36］“Interaction and Innovation in Cluster Development：Some Experiences from Guangdong Province，China”．In：Bernard G，Lecler Y. Asian Industrial Clusters，Global Competitiveness and New Policy Initiatives. Singapore：World Scientific Publishing，2009.

［37］《我国经济转轨时期地方官的趋中行为假说与解释》，载《中山大学学报》（社会科学版）2010 年第 1 期。

［38］《关于新时期经济特区的发展定位问题》，载《南方经济》2010 年第 8 期。

［39］《企业所有权结构与产业集群的形成》，载《管理世界》2010 年第 4 期。

［40］《是什么因素直接推动了国内地区间的产业转移》，载《学术研究》2010 年第 11 期。（该文被《高等学校文科学术文摘》2011 年第 1 期转载）

［41］《产业集群对企业成长的影响——基于中国制造业企业数据的实证研究》，载《中山大学学报》（社会科学版）2012 年第 1 期。

［42］《中国经济的发展阶段、企业组织与金融体制改革》，载《广东社会科学》2012 年第 4 期。（该文被《新华文摘》2012 年第 22 期全文转载）

［43］《地区收入差异与产业结构调整——对广东实践的分析》，载《学术研究》2012 年第 4 期。

［44］《财政行为波动影响产业结构升级了吗？——基于产业技术复杂度的考察》，载《管理世界》2012 年第 9 期。

［45］《城市地价与产业结构的适应性调整》，载《学术研究》2013 年第 10 期。

［46］《配置效率的提升与大都市区的发展》，载《华南师范大学学报》2014 年 06 期。

[47]《转向适应创新战略的市场经济体制：方法、演变与路径》，载《华南师范大学学报》（社会科学版）2015 年第 6 期。

[48]《创新驱动发展与上市激励机制》，载《学术研究》2015 年第 12 期。